P9-DUH-197

Anicius Manlius Severinus Boethius wurde zwischen 476 und 480 n. Chr. geboren. Er gehörte dem Kreis römischer Vornehmer an, die sich wohl als Verwaltungsbeamte dem König Theoderich zur Verfügung stellten, aber insgeheim die Wiederherstellung der römischen Herrschaft in Italien erhofften. Von seinem Herrn hochgeehrt, war er erfolgreich in dem Bemühen, ganze Provinzen oder Personen vor Unterdrückung durch ostgotische Mächtige zu schützen. Als er sich für den Konsular Albinus einsetzte, wurde gegen Boethius die Beschuldigung erhoben, er habe die *libertas Romana* wiederherstellen wollen, was als politische Konspiration mit dem oströmischen Herrscher angesehen wurde. Boethius ist nach längerer Haft ungehört auf Befehl Theoderichs des Großen wohl Ende 524 n. Chr. hingerichtet worden.

Sein meistgelesenes und zu allen Zeiten beachtetes Werk wurde die *consolatio philosophiae*, die Boethius während seiner Inhaftierung verfaßte. Der Autor wählte dabei die Form eines Dialoges, den er mit der Frau Philosophia führt. Dem Prosatext sind 39 Gedichte in verschiedenen Metren eingefügt. Boethius erweist sich in Aufbau und Inhalt der Schrift als genauer Kenner des antiken Bildungserbes. Seine Gedichte bleiben ganz der neuplatonischen Geistigkeit verpflichtet, die von der Nachwelt eher christlich verstanden und gedeutet wurde.

insel taschenbuch 1215
Boethius
Trost der Philosophie

BOETHIUS
TROST DER
PHILOSOPHIE

Zweisprachige Ausgabe
Aus dem Lateinischen
von Ernst Neitzke
Mit einem Vorwort von
Ernst Ludwig Grasmück
Insel Verlag

Umschlagabbildung: *Boethius*.
Darstellung des spätantiken Philosophen
im *Evangeliar Heinrichs des Löwen, Fol. 172 r*

insel taschenbuch 1215
Erste Auflage 1997
© Insel Verlag Frankfurt am Main und Leipzig 1997
© für die Übersetzung: Verlag Philipp Reclam jun. GmbH & Co., Stuttgart
Mit freundlicher Genehmigung des Philipp Reclam Verlags
Alle Rechte vorbehalten
Vertrieb durch den Suhrkamp Taschenbuch Verlag
Umschlag nach Entwürfen von Willy Fleckhaus
Druck: Nomos Verlagsgesellschaft, Baden-Baden
Printed in Germany

1 2 3 4 5 6 – 02 01 00 99 98 97

INHALT

PHILOSOPHIAE CONSOLATIO
TROST DER PHILOSOPHIE

PHILOSOPHIE ALS TROST?

Politisch standen die Zeichen in den Jahren 523 - 526 bereits auf Sturm. Mindestens über einigen Familien der römischen Senatsaristokratie hatte sich der Himmel verdüstert. Wohl im Zusammenhang mit der Wahlanzeige des neuen Papstes Johannes nach Konstantinopel (523) war ein Schreiben des *consularis* und *patricius* Albinus an den Kaiserhof von den Spitzeln der Ostgoten abgefangen worden, die Albinus und einen Teil des Senats zu Rom politisch kompromittierten oder wenigstens kompromittieren sollten. Jedenfalls wurde Albinus konspirativer Absichten in Verbindung mit Konstantinopel bezichtigt, vor Theoderich des Hochverrats angeklagt und schließlich zum Tode verurteilt.

Boethius, zu diesem Zeitpunkt als *magister officiorum* dem Titel nach einer der höchsten Beamten der Zivilverwaltung und entsprechend einflußreich, war nach Verona geeilt, um für Albinus einzutreten und sich schützend vor den Senat zu stellen. Aber der Versuch seiner Demarche bei den Ostgoten bewirkte das Gegenteil: Er bot seinen Gegenspielern am Hofe Theoderichs die Möglichkeit, ihn selbst und schließlich auch seinen Schwiegervater Symmachus in die Anklage wegen Hochverrats einzubeziehen. Der Prozeß, dessen Einzelheiten wir nicht kennen, weil die Verteidigungsschrift des Boethius an Theoderich (wohl schon früh) verlorengegangen ist, verlief für Boethius äußerst ungünstig. Außer seinem Schwiegervater Symmachus dürfte er vom gesamten Senat zu Rom im Stich gelassen worden sein. Möglicherweise war der Senat gezwungen worden, durch die Fünf-Männer-Kommission unter dem Vorsitz des Stadtpräfekten Eusebius ein Urteil herbeizuführen. Ob es durch das Consistorium oder den Comitat Theoderichs zu einer eigenen Urteilsfindung oder einer Bestätigung des vielleicht erfolgten Urteils der Senatskommission gekommen ist, muß dahingestellt bleiben. Eine Vollstreckung des Urteiles anzuordnen lag allein in der Hand des Königs. Während der Untersuchung, in der Boethius selbst nicht gehört worden war, befand sich dieser wohl schon, wie auch nach der Verurteilung, unter Hausarrest im Baptisterium bei der Kirche »in agro Calventino« nahe bei Pavia. Der Prozeß gegen die drei Senatoren Albinus, Boethius und Symmachus, alle hoch angesehen und aus bedeutenden Familien, richtete sich zugleich an die Adresse des Kaisers und der Regierung zu Konstantinopel. Denn auch für König Theoderich war es politisch schwieriger geworden: Die Beilegung des kirchlichen Schismas hatte Roms Isolation beendet und die Gemeinschaft mit der Kirche von Konstantinopel wiederhergestellt. Das politische Gleichgewicht hatte sich zuungunsten der arianischen Ostgoten verschoben, weil die römische Kirche der Verteidigung durch Theoderich gegenüber Konstantinopel nicht mehr bedurfte. Die kirchenpolitische Wendung am Kaiserhof, die bald nach der Machtübernahme des Kaisers Justinus (518 - 527) durch dessen Neffen und späteren Nachfolger Justinian im antiarianischen Sinn und mit ersten Maßnahmen eingesetzt hatte, drohte Theoderich politisch in die Defensive zu drängen, was die Ostgoten um so empfindlicher treffen mußte, da durch den unvorhergesehenen Tod Eutharichs die Nachfolgefrage offenstand und die auswärtigen dynastischen Verwicklungen bei den Burgundern und den Vandalen in Nordafrika das Minderheitenproblem der arianischen Germanen verschärften. Der politischen Hinwendung zum »Katholizismus« waren

Theoderichs Tochtersohn in Burgund und des Königs Schwester in Nordafrika zum Opfer gefallen.

Die Verurteilung des Albinus und der Prozeß gegen den *magister officiorum* Boethius sowie den in Konstantinopel hochgeschätzten *patricius* und *primus senatus* Symmachus mußten als deutliche Warnung vor einer Zuspitzung des Konflikts in Folge der ersten antiarianischen Maßnahmen in der östlichen Reichshälfte gegenüber dem Kaiserhof gewertet werden. Daß dies nicht genügend fruchtete, wird erkennbar, als wenig später im Jahr 525 der Inhaber der *prima sedes*, der *papas* und Bischof von Rom, Johannes, sich – begleitet von vier römischen Senatoren zum Teil von höchster Nobilität – im Auftrag Theoderichs zu Verhandlungen an den Kaiserhof verfügen mußte. Als der Papst unverrichteter Dinge nach Ravenna zurückkehrte, wurde er hier festgehalten, wo er auch im Mai 526 verstorben ist. Der bald danach eingetretene Tod des Theoderich (526) und die offensiven, religionspolitisch motivierten militärischen Maßnahmen Justinians seit 527 brachten die Wirren in dem ›Kampf um Rom‹ erst eigentlich zum Ausbruch, die in der Eroberung der Stadt durch die Ostgoten unter Totila im Jahre 535 und in der Einnahme durch Belisar im Auftrag Kaiser Justinians 552 gipfelten. Doch vorher, also wohl noch vor 526, waren zunächst Boethius und wohl einige Zeit später auch Symmachus hingerichtet worden. Während der vorangegangenen Haft bei Pavia entstand das Abschiedswerk »Trost der Philosophie«.

»Der ich Gedichte voreinst in fröhlichem

                         Eifer geschaffen,

Klageweisen voll Gram bin ich zu singen gedrängt.

Einst, da mich treuloses Glück mit eitlen Gaben

                         beschenkte,

hat eine Stunde des Leids fast schon das Haupt mir
gebeugt.
Nun, da es finster verhüllt die trugvolle Miene
gewandelt,
ist mir das Dasein zum Fluch, dehnt sich mir lästig
die Zeit...«
(S. 9 - 11).

Mit diesen elegischen Versen eröffnet Boethius sein
Werk, das er in formalem und zugleich hochartifiziellem
Wechsel von Prosa und Hymnen in fünf Büchern komponiert. Wie es vor ihm Martianus Capella getan hatte, folgte
er dabei Varros »Satura Menippea«, einer literarischen Gattung, die aus einer Mischung von Gedichten in verschiedenen
Versmaßen und Prosa bestand. Dem ob seines
Schicksals in Lethargie versunkenen Boethius erscheint die
Personifikation der Philosophie in Gestalt einer Frau »von
nicht klar erkennbarem Wuchs. Denn bald begnügte sie
sich mit dem gewöhnlichen Maß, bald aber schien sie oben
mit ihrem Scheitel den Himmel zu berühren« (S. 11). Sie
kommt als *magistra virtutum*, um die Musen zu vertreiben
und Boethius auf den Weg der Wissenschaft zurückzuführen. Die Eitelkeiten der Erde können – nach Weisung der
Frau Philosophia – nicht Gegenstand des forschenden
Geistes sein; dessen Ziel besteht nur in dem Sich-selbst-
Erkennen, in dem Erkennen des höchsten Ziels, aller
Dinge und schließlich in der Erkenntnis der Gesetze, die
die Welt lenken. Die Philosophie ist als Lehrmeisterin des
Boethius und als die eigentliche Herrscherin gekommen,
um mit ihm die Beschwerlichkeit zu teilen, die er »um (ihres) mißliebigen Namens willen auf (sich) genommen« hat
(S. 19). Ihr zerrissenes Kleid trägt die Spuren ihrer Gegner,
denn der »philosophische Pöbel« hat ihr Gewand zerfetzt.

Auch Sokrates hat mit ihrem Beistand den Sieg im ungerechten Tod errungen; und wer erinnerte sich nicht eines
Canius, Seneca und eines Soranus, die unter den Tyrannen
Caligula, Nero und Caracalla ein ähnliches Schicksal erlitten hatten?

In abgeschiedener Muße (*otia secreta*) habe er sich, so
schreibt Boethius, der *philosophia*, der Wissenschaft von
den menschlichen und göttlichen Dingen, gewidmet. Ge-
treu der Auffassung Platos, der Philosoph solle den Staat
lenken, habe auch er, Boethius, sich bereitgefunden, mit
seinem Wissen dem Staat zu dienen. Dabei habe ihn niemals etwas vom Recht zum Unrecht gebracht (S. 25). Ihm
gehe es allein um die Freiheit des Gewissens gegenüber
den Mächtigen, wenn es gelte, das Recht zu schützen. Nun
laute die Anklage, er habe Roms Freiheit angestrebt (*libertatem sperasse Romanam*). Zusätzlich wird er des *sacrilegium*
beschuldigt. Ihm aber sei es nur darum gegangen, die
Wahrheit zu erklären (*vera proferre*). Aber niemals frage die
große Masse der Menschen nach dem genauen Sachverhalt; sie urteile stets nach dem Ausgang der Dinge. Doch
die Welt werde von Gott regiert. In ihm gründe die Freiheit,
auch die Freiheit des Gewissens, wenn es das Recht zu
schützen gelte.

Das ist die Situation, in der sich Boethius auf Grund von
Verurteilung und Haft befindet. Es handelt sich um die
Jahre 523/24. Boethius stand im Zenit seines Lebens und
seiner beruflichen Karriere, als er bei dem Versuch, sich
schützend vor den des Hochverrates angeklagten Albinus
zu stellen, durch seine Gegner am Hof des Theoderich
ebenfalls der *laesa maiestas* angeklagt wurde, nachdem er
bis zu diesem Zeitpunkt in der Gunst des Theoderich ge-
standen hatte.

Werfen wir daher einen kurzen Blick auf die allgemein- und kirchenpolitischen Umstände, die zu den Verwicklungen geführt haben, in die Boethius hineingezogen wurde. Als Kaiser Zeno und Patriarch Acacius von Konstantinopel angesichts der theologischen Widerstände im Osten des Reichs einsehen mußten, daß die Definition von Chalcedon als Einheitsbekenntnis der Reichskirche nicht (mehr) durchzusetzen war, kam es im Sinne eines theologischen Kompromisses 482 zum sogenannten »Henotikon«, einem Edikt Zenos, das zunächst für die Kirchen Ägyptens gedacht war und die *pax ecclesiae* wiederherstellen wollte. Dieser Erlaß vermied eine Ablehnung des Tomus Leonis, des Lehrschreibens Leos I. von Rom (an Flavianus von Konstantinopel) mit seiner Aussage von den beiden Naturen, der menschlichen und der göttlichen, in der einen Person des Logos (Christus), nahm aber ebensowenig die alexandrinische Formel von der »einen fleischgewordenen Natur« des Gott-Logos auf. Die großen Kirchen des Ostens gingen relativ geschlossen auf die Idee des Henotikons ein. Für Rom aber bedeutete dies einen kirchenpolitischen Sieg Konstantinopels. Obwohl dem Westen das Edikt gar nicht mitgeteilt worden war, vollzog Rom den Bruch mit Konstantinopel. Zwar suchten die dem Bischof Acacius von Konstantinopel nachfolgenden Patriarchen den Kontakt (und damit die kirchliche Gemeinschaft) mit Rom wieder aufzunehmen, aber die Spaltung, das »acacianische« Schisma, sollte von 484 bis 519 andauern. Ein theologisches Dokument des Severus zur Auslegung des Henotikon und ein späteres scharfes Mahnschreiben des Kaisers Anastasius (491-518) erschwerten dabei die Verständigung mit Rom zusätzlich.

In Rom hatte Felix III. durch die Mehrheit der Senatspartei die Cathedra Petri von 483 bis 492 inne. Von ihm war 484 die kirchliche Gemeinschaft mit Konstantinopel aufgehoben worden. Odoakar und nach ihm Theoderich, der König der Ostgoten, boten Rom, das auf seinen ursprünglichen Sprengel reduziert war, Rückhalt gegenüber Konstantinopel, so daß Gelasius, Diakon und dann Nachfolger des Felix (von 492-496), aus dieser geschwächten Lage und der Sorge um einen möglichen Vorrang des Patriarchenstuhls von Konstantinopel der Herrschergewalt (*potestas regalis*) provozierend die Autorität des römischen Bischofs (*auctoritas sacrata pontificum*) gegenüberstellte. Papst Anastasius II. (496-498), der Nachfolger des Gelasius und wie Felix dem Senat nahestehend, suchte die Verständigung mit Konstantinopel, die durch seinen Tod nicht zustande kam. Die nachfolgende Spaltung der römischen Kirche bei der Doppelwahl des Presbyters Laurentius durch die kaisertreue Mehrheit des Senats einerseits und des Diakons Symmachus andererseits, der nach erheblichen und keineswegs unblutigen Wirren schließlich Anerkennung und die Billigung des Theoderich fand, verstärkte die Spannung. Unter dem nachfolgenden Papst Hormisdas konnte das Schisma 519 beigelegt werden, so daß Roms Anschluß an die Reichskirche wieder gegeben war und Theoderichs politische Rolle als Verteidiger (*defensor*) der römischen Kirche entfiel.

Seit den militärischen Verwicklungen, die sich seit 476, unter Odoakar, mit Ostrom ergeben hatten, war die Situation Roms gegenüber Konstantinopel ohnehin politisch erschwert. Die Ermordung des letzten, von Konstantinopel (für den Westteil des Reichs) legitimierten Kaisers Nepos und die Absetzung des zum Kaiser gemachten Kindes Romulus Augustulus durch den Heerführer Odoakar

(476) hatten Kaiser Zeno veranlaßt, Theoderich, der als Sohn des Ostgotenkönigs Thiudemer seine Jugend als Geisel in Konstantinopel verbracht hatte, im Jahre 488 zum *magister militum* und *patricius* für Italien zu ernennen. Nach dem Sieg Theoderichs über Odoakar (493) kam es zur Herrschaft der Ostgoten in Italien. In Folge der Annäherung Roms unter Papst Anastasius an Konstantinopel erlangte Theoderich von Kaiser Anastasius die Anerkennung als Vasallenkönig (im Sinne eines Föderatenverhältnisses).

Während der Militärherrschaft Odoakars wurde Boethius wohl zwischen 476 und 480 geboren. Wir besitzen nur spärliche Nachrichten über sein Leben, von denen wir die meisten Angaben dem ersten und zweiten Buch seiner »Consolatio« entnehmen müssen. Erwähnt wird Boethius ferner bei Cassiodor und in den Excerpta Valesiana. Darüber hinaus gibt es einen Briefwechsel des Ennodius mit Boethius.

Als Mitglieder der Gens Anicia hatten sein Vater und Großvater höchste Staatsämter bekleidet. Sein Vater war Konsul des Jahres 487. Nach dessen frühem Tod genoß Boethius Erziehung und Bildung im Hause des Quintus Aurelius Memmius Symmachus (Konsul d. J. 485), dessen Boethius rühmend gedenkt. Immerhin ist Boethius' Gelehrsamkeit in jungen Jahren bereits so groß gewesen, daß Theoderich früh auf ihn aufmerksam wurde und ihn mehrfach mit Staatsgeschenken für Aufträge bedachte. Boethius führte das Konsulat des Jahres 510 sine collega. Es gelang ihm, beim König mehrfach erfolgreich zu intervenieren, wenn die Bedrückung einzelner Provinzen durch korrupte Höflinge ihm unerträglich erschien. Wohl um 521 ernannte Theoderich ihn zum *magister officiorum.*

Eine besondere Auszeichnung erfuhr Boethius, der mit
Rusticiana, einer Tochter des Symmachus, vermählt war,
als deren beide Söhne noch als Knaben zu Konsuln des
Jahres 522 ernannt wurden. Boethius dankte dies dem
König mit einer entsprechenden Laudatio.

Besser als das einigermaßen kurze Leben des Boethius
kennen wir sein umfangreiches Werk, auch wenn einige
Schriften seit dem Mittelalter verloren sind. Das besondere
Interesse des Boethius galt dem Quadrivium. Von den Arbeiten dazu sind aber nur die kleinen Werke zur Arithmetik
und zur Musik erhalten. Der leitende Gedanke für die Arbeiten der Übersetzung und Kommentierung zumal des
Aristoteles durch Boethius bestand in der Absicht, die griechische Bildung den Römern und der lateinischen Wissenschaft verfügbar zu machen. Die griechische Sprache zu
beherrschen war im Rom des Boethius keine Selbstver-
ständlichkeit mehr. Boethius verfolgte mit seiner Übersetzung der Schriften und Kommentare das für die Spätantike
charakteristische Anliegen, die Möglichkeit einer Harmo-
nisierung von Plato und Aristoteles aufzuzeigen. Er erhob
den Anspruch, es einem Porphyrius, einem Proklus und
dessen Schülern gleichzutun. Rom sollte Athen und Alexandria in Wissenschaft und Bildung nicht nachstehen. Neben den philosophischen Abhandlungen haben offensichtlich die mathematischen die Zeitgenossen besonders
beeindruckt, obgleich er auch in diesen keineswegs origi-
nell, sondern von seinen Vorlagen (z.B. von Nikomachos
von Gerasa) abhängig war. Von den philosophischen
Schriften sind uns Übersetzung und Kommentar zu den
Hermeneutika des Aristoteles in zwei unterschiedlichen
Ausgaben erhalten. In diesen Arbeiten dürfte Boethius von
Porphyrius und Syrianus abhängig sein. Dem Kommentar

zur von Marius Victorinus in Dialogform verfaßten Übersetzung der Einführung (Isagoge) des Porphyrius in die
logischen Schriften des Aristoteles und dem fünf Bücher
umfassenden Kommentar zur eigenen Übersetzung dieser
Isagoge folgte der Kommentar zu den Kategorien des Aristoteles in vier Büchern, die wohl 510, im Konsulatsjahr des
Boethius, geschrieben worden sind. Die Erklärungen zu
den Analytika des Aristoteles sowie die Bücher zu der To-
pik des Aristoteles und die Kommentare zu Ciceros Topica
sind zeitlich nicht ganz sicher einzuordnen. In allen diesen
Schriften bleibt Boethius von seinen Vorlagen abhängig.
Als selbständige Schriften wollte er die zu den Syllogismen
verstanden wissen. Mehr noch als Martianus Capella und
vor allem Cassiodor bedeutete Boethius für die frühmittel-
alterliche Zeit des lateinischen Westens die wichtigste
Quelle für die Kenntnis des Aristoteles. Seine Schriften
wurden für die Logik der nachfolgenden Zeit und für die
Bildung der lateinischen philosophischen Terminologie
von großer Bedeutung.

Eine Sonderstellung im Werk des Boethius nehmen die
vier authentischen theologischen Traktate ein. Wir dürfen
wohl davon ausgehen, daß diese Schriften, mindestens das
einem Diakon Johannes gewidmete Werk »Contra Eutychen et Nestorium«, im Zusammenhang mit den Bemühungen des Papstes Hormisdas zur Beilegung des acacia-
nischen Schismas um 515 verfaßt worden sind. Boethius ist
in diesen Schriften wesentlich von dialektischem Interesse
geleitet, um die dogmatischen Positionen wie Lehrsätze
der Philosophenschulen zu erklären.

Am ungewollten Ende der schriftstellerischen Tätigkeit
steht seine die späteren Zeiten so beeindruckende Schrift
»De consolatione philosophiae«. Die Abschiedsschrift ist

wohl als literarisches und philosophisches Testament nach dem erfolgten Todesurteil gedacht. Die Schrift gilt aber ebensosehr dem Versuch, mit dem ganzen Potential seiner Bildung sein Schicksal zu bewältigen und den Gegnern seine Überlegenheit zu demonstrieren, wie dem Ziel, sein wissenschaftliches Anliegen mit aller Gelehrsamkeit und Kunstfertigkeit noch einmal zum Ausdruck zu bringen. Die formale Komposition von Lehrabschnitten und poetischen Texten als deren Überhöhung erhält dabei vorrangige Bedeutung.

Im ersten Buch der Consolatio erfahren wir gewisse Einzelheiten, die die Feindschaft am Hofe Theoderichs erkennen lassen. Da des Boethius Verteidigungsschrift an Theoderich nicht erhalten ist, lassen sich die Vorkommnisse jedoch kaum rekonstruieren. Deutlich wird nur in der Angabe der Namen Conigast und Triggwila, zwei ostgotischen Hofbeamten, daß es um die Vergeltung für eine frühere Niederlage geht, die beide durch eine Intervention des Boethius erlitten haben (S. 27). Diejenigen, die durch den Ankläger Cyprianus als falsche Zeugen aufgeboten werden (ebd.), wie z. B. Gaudentius und Opilio, waren von ihrem König verbannt worden. Sie versuchten offensichtlich, durch ihre belastenden Aussagen eine Rehabilitation zu erlangen. Tatsächlich begegnen uns auch zwei der Genannten wenig später in hohen öffentlichen Ämtern.

Die politischen Zusammenhänge, die zu dem Prozeß führten, dürften indes bedeutend komplizierter gewesen sein: Die wiedererrichtete reichskirchliche Einheit und die Interessen der byzanzfreundlichen Fraktion innerhalb des römischen Senats gaben Anlaß zu dem Vorwurf, Roms Freiheit wiederherstellen zu wollen. Ein Zusammengehen von römischer Kirche und einer Mehrheit des Senats läßt sich seit den Bestrebungen des Papstes Hormisdas und der schließlichen Beilegung des Schismas nicht übersehen. Roms Eigenständigkeit und Bedeutung unter dem Aspekt, die *res publica Romana* im eigentlichen Sinne zu repräsentieren und die Hüterin der *religio Romana*, des wahren Glaubens, zu sein, sollten zurückgewonnen und allen Beteiligten im Osten wie im Westen deutlich gemacht werden. Wenn also der Ostgotenkönig als Beschützer (*defensor*) der römischen Kirche gegenüber dem Hof von Konstantinopel überflüssig geworden war, gewannen auch die Interessen des Senats, die Kontakte mit Konstantinopel zu intensivieren, für die bisherige Schutzmacht konspirativen Charakter. Der katholikenfreundliche und damit der arianischen Sache abträgliche Kurs am Hof von Burgund durch Bischof Avitus von Vienne und die Rückberufung der katholischen Bischöfe Nordafrikas aus dem Exil nach der Zerschlagung des arianischen Vandalenreichs durch Belisars Truppen mußten die ganze politische Aufmerksamkeit Ravennas finden. Die intransigente Haltung der Katholiken, als Theoderich von ihnen nach dem Brand der Synagogen in Rom und Ravenna deren Restitution forderte, trug zumindest oppositionellen, wenn nicht gar provozierenden Charakter. Auch wenn Theoderich bis zur Stunde die politische und militärische Macht in Händen hielt, ließ sich das Alarmierende der Situation nicht übersehen, obgleich der König bis zu diesem Zeitpunkt im zivilen Bereich und in der Beachtung der römischen Rechtsgrundsätze politische Vorsicht und Klugheit bewiesen hatte, die auch in den unerfreulichen Vorgängen nach der Doppelwahl des Presbyters Laurentius und des von auswärts gekommenen und in Rom zum Diakon avancierten, grobschlächtigen Symmachus zur Geltung gekommen war. In der schließlichen Anerkennung des Symmachus als Bischof von Rom auf Grund eines sehr fadenscheinigen Vorschlags der verbliebenen Synodalen kann die Tendenz des Theoderich abgelesen werden, sich Rom im Sinne einer Politik des Gleichgewichts verfügbar zu halten.

Sein großer Plan, die einzelnen Germanenstämme zu einer Koalition unter ostgotischer Führung zusammenzubringen, war allerdings bereits an dem Frankenkönig Chlodwig, dessen mindestens partiellem Vormachtstreben gegenüber den fränkischen Stämmen und dessen Konversion zum katholischen Bekenntnis gescheitert. Zwar hatte Theoderich die eigene Herrschaft im Sinne eines dynastischen Prinzips durch die kaiserliche Adoption seines Schwiegersohns Eutharich zu sichern gewußt, aber der unerwartete und vorzeitige Tod Eutharichs brachte, im Falle des Todes des Königs selbst, die Gefahr unerwünschter Machtkämpfe mit sich. Die Sicherung und Repräsentation der Herrschaft Theoderichs, die sich nicht zuletzt in seinen Bauten vor allem in Ravenna ausdrückten, mußten nach 518/19, also nach dem Regierungswechsel in Konstantinopel und der Beilegung des Schismas, gefährdet erscheinen. Dies konnte dem römischen Senat natürlich nicht entgehen: Bei aller realpolitischen Machtlosigkeit und Beschränkung auf das überkommene stadtrömische gesellschaftliche Leben mit der bedeutungslosen Eigenverwaltung, der Garantie der städtischen Versorgung und der Ausrichtung der traditionellen Spiele bot sich den Mitgliedern des Senats und der Kirche nun wieder die Möglichkeit der Orientierung zum Hof von Konstantinopel. Senat und Kirche von Rom stellten somit für die Ostgoten erneut nicht berechenbare Größen dar. Es wurde zu einer offenen Frage, auf wessen Seite die Römer standen. Der Verdacht konspirativen Verhaltens und damit der gegen Boethius erhobene Vorwurf, die »Freiheit Roms« herbeizuwünschen, bedurften ausdrücklicher Widerlegung. Genau dieses aber ist Boethius nicht gelungen. Unter der Last des Urteils und in einer sehr vagen Hoffnung auf eine Begnadigung durch den König versuchte er, in der höchst sublimen Form der von ihm gewählten Consolatio sowohl den drohenden Tod zu meistern als auch ein Fazit seines bis dahin ebenso verwöhnt luxuriösen wie gelehrten Lebens zu ziehen. Er sieht sich in einer Situation, die der eines Sokrates und politisch der eines Seneca nicht unähnlich ist. Es ist ihm wichtig, unter den bisherigen Kronzeugen seines Lebens, zumal Plato und Aristoteles, mit den Mitteln höchster Geistigkeit einen feigen Senat und einen König, der nicht der Weisheit der Philosophen folgt, wissen zu lassen, daß für ihn Platos Wort gelte, Philosophie zu treiben sei höchste Einübung in das Sterben.

Alles, was Boethius seiner Mitwelt in der Form gelehrter Erörterung und poetischer Sublimation als Vermächtnis hinterlassen wollte, findet sich in den fünf Büchern seiner Schrift, die er »Tröstung durch die Philosophie« nennt. Natürlich sind es seine eigenen Reflexionen, die er jedoch nicht in Soliloquien ausbreitet, sondern für die er die Form des platonischen Dialogs wählt, den die Personifikation der Philosophie in Gestalt einer erhabenen Frau mit dem ganzen Gewicht ihrer Worte, die gleichsam Offenbarungscharakter tragen, mit Boethius führt. Diesen umgeben zwar noch die Musen, um ihm seine Traurigkeit zu nehmen. Die Philosophie aber vertreibt sie, weil sie die »Krankheit« der Seele des Boethius, der sich in seiner Trübsal von der Philosophie abgewandt hat, nicht zu heilen vermögen. Es ist nicht mehr die Zeit der Musen, sondern die Stunde der Wahrheit, in der sich die Seele (der Geist) des Menschen des letzten Ziels bewußt werden muß. Was jetzt noch zählt, ist allein die ewige Wahrheit. Die Bücher der Tröstung sollen erklären, worin diese Wahrheit, die das Ziel der Seele ausmacht, besteht.

Nachdem die Musen ihn verlassen haben, entfaltet Boethius im ersten Buch sein Schicksal, aber nicht nur in dem Verhängnis, das sein Leben zunichte zu machen droht, sondern auch in dem Glück und der Auszeichnung, die seinem Leben bis zu seinem politischen Sturz widerfahren sind (S. 23). Auf Grund seines großen Reichtums konnte er in uneingeschränkter Muße sein Leben der Wissenschaft widmen. Die Aufzählung der einzelnen Abschnitte seines Lebens geben uns den schon genannten Aufschluß. Die *otia secreta*, auf die er verweist und die die Zeit seines Lebens bis zu seiner politischen Laufbahn umfassen, dürften zugleich die politische Zurückhaltung erkennen lassen, die Boethius – vielleicht in der Folge des symmachianischen Schismas in Rom – noch im ersten Jahrzehnt des 6. Jahrhunderts geübt hat. Es waren die Jahre seiner ersten großen wissenschaftlichen Erfolge, die ihm das hohe Ansehen von allen Seiten eingetragen haben. Jetzt will er darlegen, daß Reichtum, Ehre und Ruhm nicht die wahren Güter sind. Die Philosophie allein vermag aus der Befangenheit des irdischen Körpers und der Disharmonie der Erde herauszuführen und den Blick des forschenden Geistes zum Himmel zu lenken. Der erste Schritt der Heilung, die die Philosophie dem an seiner Verirrung leidenden Boethius angedeihen lassen will, besteht in der Selbsterkenntnis. Der zweite Schritt soll den Gefangenen auf das Ziel des Menschen, die Erkenntnis der Wahrheit, hinweisen.

In den folgenden Büchern wird die Philosophie Boe-

thius von Stufe zu Stufe geleiten, um ihn – so will es d
Aufbau des Werks – zur Freiheit des Geistes zu führe
Nicht Klage ist angebracht, sondern Arznei wird gebote
die heilend wirken soll. Diese zu verabreichen vermag n
die Philosophie, die Nährerin und Lehrmeisterin aller T
gend ist. Sie will mit dem Verurteilten die Bürde teilen, d
dieser um ihres verhaßten Namens willen auf sich genor
men hat. Auch Sokrates hat mit ihrem Beistand in ung
rechtem Tod den Sieg errungen. Auf sie, die Weishe
haben alle vertraut, die je einer Tyrannenherrschaft zu
Opfer gefallen sind. Gott ist es, der die Weisheit als Inb
griff aller Philosophie im Geist der Weisen angesiedelt h
Ein einziges Wesen, nämlich Gott allein, regiert den g
samten Kosmos. Er hat dem Universum, dem Makroko
mos, Harmonie und Ordnung gegeben. Die Unordnu
des Mikrokosmos, die Torheit der menschlichen G
schichte, vermag nur der zu erkennen und zu überwinde
der um das letzte Ziel des Geistes weiß, die Erlangung d
Glückseligkeit, die in dem Summum bonum besteht. D
Philosophie belehrt Boethius, daß es nur einen wahr
Herrscher gibt. Wenn der Geist sein Ziel auf ihn, d
Schöpfer der Gestirne, richtet, erlangt er die letzte Freihe
In dieser gründet die Freiheit des Gewissens, die in d
Gleichgültigkeit gegenüber den Mächtigen besteht, we
es gilt, das Recht zu schützen. Die Kritik an König The
derich, die in diesem Abschnitt steckt, ist wohl nicht :
überhören.

Der Aufbau der einzelnen Bücher ist so gestaltet, d
die Erörterung der einzelnen Probleme oder die Darlegu
gen aus dem Mund der Philosophie je nach ihrem Gewic
in Versen, meistens einem Hymnus, zusammengefaßt w
den. Diese formale Struktur soll das Gewicht der einzeln

Themen erhöhen. Boethius ergreift in Versen nur dreimal selbst das Wort; zweimal im ersten und einmal im fünften Buch. Alle übrigen poetischen Texte (*carmina*) werden der Philosophie in den Mund gelegt. Das erste Buch, das mit Versen beginnt, besteht aus sieben Gesängen und sechs Prosastücken. Wenn demnach der wahre Sachverhalt von Anklage und Verurteilung durch schriftliches Niederlegen der Erinnerung anvertraut werden soll, ermöglicht diese Darstellung, an Gott die Bitte zu richten, derselbe Friede wie im Himmel möge auf Erden herrschen. Die Welt werde doch von ihm regiert, und er sei der Ursprung aller Dinge. Die weitere Darlegung soll das Ziel benennen. Wenn Boethius mit dem fünften Gesang des ersten Buches wie in den Eröffnungsversen das Wort ergreift, um der Klage ob des erfahrenen Unrechts Ausdruck zu geben, antwortet die Philosophie im letzten Gesang desselben Buches in anrührenden Versen, die Boethius auf den Weg zum Ziel führen sollen: »Sind sie von düsteren Wolken verfinstert, können die Sterne fürder nicht leuchten. (…) Du selber, willst du deutlichen Blickes Wahrheit erkennen, rechtlichen Laufes ziehn deine Straße: scheuche die Freuden, Furchtsamkeit scheuche, Hoffnung vertreibe, Schmerz sei dir ferne!« (S. 51-53). Denn wo Freude und Furcht, wo Hoffnung und Schmerz herrschen, dort liegt die Seele in Banden.

Damit ist zugleich die Überleitung zum zweiten Buch gegeben, das die Unbeständigkeit des Glücks erörtert. Beständigkeit ist dem Wesen der Fortuna fremd. Angesichts ihrer wechselnden Launen erweist sich alles, was wir Menschen Glück nennen, als eitel. So richtet sich das erste Gedicht des zweiten Buchs gegen Fortuna, weil sie für das Flehen des Elends taub und den Tränen gegenüber blind ist. Wie in der antiken Tragödie steigert sich die Philosophie durch ihre Ausführungen gleichsam zu einem Weheruf über Fortuna. Selbst wenn Boethius seinen Reichtum, die Würden seiner Ämter, sein familiäres Glück und die Ehre des Konsulats seiner beiden Söhne bedenkt, so bleibt doch gültig, daß der letzte Tag des Lebens selbst für ein dauerhaftes Glück eine Art Tod bedeutet (S. 64-68). Der nachfolgende Gesang bestätigt dies mit seinen Versen: »Eines nur liegt fest als Gesetz für ewig: nichts Geschaffenes kann bestehen« (S. 71). Selbst das, was für den Römer das Höchste ist, die *dignitas*, der Ruhm einer erfolgreichen Ämterlaufbahn als Staatsmann, bedeutet nicht viel angesichts der unendlichen Räume der Ewigkeit. Wo der Geist von seinem irdischen Gefängnis gelöst wird, vermag er frei dem Himmel zuzustreben.

Den acht Prosaabschnitten des zweiten Buches entsprechen acht Gesänge. Diese fassen inhaltlich die Thematik der Lehrabschnitte zusammen. Das Versmaß, das die Erhabenheit, das Gewicht oder die formale ästhetische Schönheit bestimmt, richtet sich nach dem Inhalt der Aussage. Zu einer neuen Höhe führend, wird z. B. in dem siebten Gesang des zweiten Buchs die Unsterblichkeit der Geistseele gefeiert. So lehrhaft und artifiziell in dem üblichen Stil der Konsolationsliteratur die Darlegung des zweiten Buchs ist, um die irdischen Güter als Adiaphora darzutun, so beredt wirkt das Gesagte und das Bild vom sich ständig drehenden Rad der Fortuna, das in mittelalterlicher Zeit große ikonographische Bedeutung gewonnen hat. Obgleich wenig ingeniös, vermochte der Stoff dieses zweiten Buchs mit seinem Ausmaß an antiker Bildung die mittelalterliche Welt zu beeindrucken. Ganz der antiken Trostvorstellung verhaftet blieb die Aussage, dem Menschen nütze – angesichts des schwankenden Charakters der Fortuna – eher ein widriges Geschick als das Glück in seiner ganzen Unbeständigkeit. Die einzige Kostbarkeit unter den irdischen Glücksgütern bestehe in Freunden.

Buch 3 mit seinen zwölf Prosastücken und ebensovielen Liedern bildet von der philosophischen Erörterung her den Höhepunkt der »Trostschrift«. Die Philosophie will Boethius nun zu dem hinführen, was als das wahre Glück (*vera felicitas*) bezeichnet werden kann. Ziel aller Bemühungen ist immer die Glückseligkeit (*beatitudo*). Sie ist *summum bonorum, cuncta quae intra se bona continens* (S. 112) – das höchste der Güter, das alle Güter in sich birgt. Nur die *beatitudo* ist dem Schmerz und der Trübsal nicht unterworfen. Bar allen Besitzes findet der Geist seine Freiheit für das Ziel, die Liebe zum Guten. Von Stufe zu Stufe wird die Erörterung geführt, um die vorgelegte These durch drei Vernunftschlüsse zu erhärten. Den einzelnen in den Prosatexten erörterten Themen entsprechen in sich steigernder Form die Hymnen. Alles menschliche Streben ist auf ein einziges Ziel, das Glück zu erlangen, ausgerichtet. Es gibt nur ein Gut, das nichts zu wünschen übrigläßt; also besteht die Glückseligkeit in dem Gut, das alle Güter in sich enthält. Die Zusammenfassung geschieht in dem eindrucksvollen Hymnus: »Und keinem ist je seine Ordnung verbürgt, was den Anfang nicht mit dem Ende verband und sich nicht zu beständigem Kreislaufe schloß« (S. 121). Die zweite Konklusion dieses dritten Buches will sagen, daß alle irdischen Güter, selbst die Freundschaft der Könige, niemals befriedigen können und zu den Eitelkeiten der Erde gehören. Nur in dem höchsten Gut besteht das wahre Glück; deshalb postulieren alle irdischen Güter die Existenz des höchsten Guten, das mit Gott identisch ist. Wie man vom Unvollkommenen auf das Vollkommene schließt, so nur kann die Existenz Gottes bewiesen werden. Es kann nichts Besseres als das Vollkommene, das Gott selbst ist, gedacht werden. In einer dritten Schlußfolgerung wird deshalb dargelegt, daß Gott der Ursprung aller Dinge ist und das vollkommen Gute in sich umschließt. In dem vollkommenen Guten besteht das wahre Glück; mithin sind Gott und das wahre Glück identisch. Jeder, der die Glückseligkeit erlangt, ist durch Teilhabe Gott. Die Gedankenschritte werden von den Hymnen begleitet, die einem Gebet gleichen – wie im »Timaeus« Platos – und sich an den Vater aller Dinge richten. So klingt der sechste Gesang des dritten Buchs fast wie ein Schöpfungslied: »Aller Menschen Geschlecht in der Welt ist durchweg ähnlichen Ursprungs: Einer allein ist Vater des Alls, und nur er leitet das Ganze. Er gab Phoebus den Strahlenglanz, gab dem Mond auch seine Sichel, gab der Erde das Menschenvolk wie die Sterngruppen dem Himmel. Er umschloß mit den Gliedern den Geist, den vom Thron droben er sandte. Somit zeugte ein edler Keim allzumal sterbliche Menschen« (S. 139). Fast noch eindringlicher heißt es im neunten Hymnus dieses Buchs: »Du bist es, der die Welt regiert nach ewigem Ratschluß, Erde und Himmel erschuf und die Zeit seit ältesten Tagen fortschreiten läßt und voll Festigkeit sorgt, daß das All sich bewege; denn nicht äußerer Antrieb vermochte, aus flüchtigem Stoffe auszugestalten sein Werk, sondern nur das Urbild des eignen, lautersten Guten … Du beläßt die bewegende Seele der Welt in der Mitte dreifach gestufter Natur und gliederst die Kräfte im Gleichmaß … Vater, vergönne dem Geist einen Sitz in den seligen Höhen, weise den Urquell des Guten, erneue die frühere Klarheit, daß nur auf dich allein sich richten die Blicke des Geistes. Laß vergehen die irdischen Nebel und

drückenden Lasten, und deinen Glanz laß strahlend leuchten; denn du bist das Lichte, bist den Frommen friedvolle
Ruhe; du bist ihnen Ende, Anfang und Förderer, Führer
und Pfad und Markstein in einem« (S. 155 - 159).

Auch wenn dieser Hymnus in seiner Schönheit ganz
neuplatonisch komponiert ist, kann nicht übersehen werden, daß der Verfasser der genannten theologischen Traktate hier die überraschende Formulierung wählt: »Aus der
Mitte der Dreinatur entläßt du die Seele« (S. 155). Mit
»Seele« haben wir wohl die Entsprechung zum griechischen »Nous« vor uns, so daß an allen Stellen, an denen
»Seele« in der deutschen Übersetzung gesagt wird, die Vorstellung von der unsterblichen Geistseele, dem Logos
gleich, mitzudenken ist. Höhepunkt des dritten Buchs und
gleichsam die Achse der ganzen Schrift ist dieser neunte
Hymnus, der mit den Schlußversen in der Betonung der
requies tranquilla piis Sinn und Zweck der Tröstung, einer
noch ausstehenden Tröstung, nennt. Doch es bleibt danach noch die Frage zu klären, wie Gott erkannt wird. Das
Eine und das Gute sind dasselbe. So wird das Gute als das
Ziel aller Dinge bezeichnet und durch den nachfolgenden
Hymnus bestätigt (S. 157). Wenn die einzelnen Hymnen,
äußerst wirksam als Zäsuren eingesetzt, nicht jeweils die
Erörterung der einzelnen Prosaabschnitte pointiert zu-
sammenfaßten, wirkte die ganze Abhandlung des Themas
wie ein schulmäßiger Traktat über die *beatitudo*. Vergleichen
wir dazu den folgenden Abschnitt: Weil Gott gut ist, ist das
perfectum bonum in Gott enthalten. Da nun das vollkommene Gute auch die wahre Glückseligkeit bedeutet, liegt
notwendig die wahre Glückseligkeit im höchsten Gott
(*summus deus*). In Gott besteht die Glückseligkeit. Der
Mensch wird glückselig, indem er durch Teilhabe (die)

Gottheit erlangt. Wie aus einem Exil vermag auf die Weise der Teilhabe der Geist (die Seele) aus den Fesseln des Irdischen zurückzukehren. Die *beatitudo* wird in dem Hymnus als »Ruhe (für) euch von den schweren Plagen« und als »Hafen zu Rast und stiller Einkehr« bezeichnet (S. 171).

Der nächste Abschnitt stellt die Frage nach dem Erkennen Gottes gemäß der platonischen These, daß das Eine und das Gute dasselbe sind. In ihm besteht das Ziel aller Dinge. An den Beispielen aus der Natur kann abgelesen werden, daß sie einem jeden gibt, was ihm zuträglich ist, und sich dafür einsetzt, daß nichts untergehe, solange es zu dauern vermag. Der folgende Hymnus (S. 180 - 182) dient der Bestätigung, daß das Gute das Ziel aller Dinge ist. Der letzte lehrhafte Abschnitt handelt dann vom Problem des Bösen. Wenn Gott allmächtig ist, dann gibt es nichts, was er nicht zu tun vermag. Da er aber das Böse nicht tun kann, so ist das Böse ein Nichts (*nihil*). Der wunderbare Kreis göttlicher Einfachheit, in dem das *unum* und das *simplex* zusammengehören, erlaubt, im Anschluß an Parmenides, die *forma divinae substantiae*, die *forma* der göttlichen Substanz, zu bestimmen. Boethius hatte bereits in seinen theologischen Traktaten die Voraussetzung für diese seine Bestimmung gegeben. Im letzten Lied, dem zwölften Gesang des dritten Buchs, der voller antiker Mythologie ist und dessen zeitgenössische Wirkung heute nur schwer nachempfunden werden kann, wird das dritte Buch abgeschlossen. Niemand, der zu dem höchsten Licht aufschauen, dessen Geist in die wahre Heimat zurückkehren will, darf zurückblicken. Der Auftakt dieses letzten Hymnus, eines Orpheus-Liedes, verfehlt allerdings auch heute seine Wirkung nicht. Zugleich stellt dieses Gedicht die Verbindung zu dem Beginn des vierten Buchs her, das die Philosophie als

Wegweiserin bezeichnet, die zum wahren Licht geleitet. Sie wird die Richtung angeben, die nach Hause, in die wahre Heimat führt.

Buch 4 muß sich mit den Paradoxien befassen, die sich aus dem vorher Gesagten ergeben. Es besteht aus sieben Prosaabschnitten und sieben Gedichten. Zeigt Buch 3 die Gestalt der wahren Glückseligkeit auf, die in dem Guten selbst besteht, so geht es im ersten Abschnitt des 4. Buches um die Behauptung, die Guten seien immer die Mächtigen. Um dies erkennen zu können, bedarf der Geist der Schwingen, die ihm den Weg in die Heimat ermöglichen. Denn Gute und Schlechte streben nach dem Guten. Aber nur die Guten können das Gute erlangen; deshalb sind die Guten allein mächtig. Wie sehr auch die Schlechten toben mögen, der Weise geht seines Kranzes nicht verlustig. Bis auf die Wiederholung, daß diejenigen, die glückselig sind, Götter (*dei*) genannt werden müssen, wirkt der gesamte Abschnitt eher langatmig, sehr schulmäßig und mit geringem Bezug zu den Gedanken der *consolatio*. Der dritte Abschnitt betont, alles Sein sei eines und das eine das Gute. Für das Streben nach Glückseligkeit gilt, daß derjenige die Tugend nicht verlassen darf, der dem Götterstand zustreben will. Das Ziel, das mit dem vierten Abschnitt angestrebt wird, besteht in der Behauptung, daß die Macht der Bösen nichtig sei. Die These vom Elend und Unglück der Schlechten mag noch Dantes Vorstellung von den zur Hölle Verdammten beeinflußt haben. Boethius greift die sokratische Sinnvorgabe auf und betont, der sei armseliger, der das Unrecht begehe, als der, der es erleide.

Der nächste Punkt, den es im Sinne der Theodizee zu behandeln gilt, besteht im Nachweis für den Grund aller Ordnung; denn nichts ist planlos und nichts ist Zufall. Das zu erkennen ist von entscheidender Bedeutung. Nur das, was uns verborgen bleibt, bringt dem Herzen Verwirrung. Für den, der sich um Erkenntnis bemüht, stellt sich die schwierigste Aufgabe, die im weiteren Verlauf der Abhandlung erörtert werden soll, nämlich die Frage nach der Vorsehung, dem Plan der göttlichen Ordnung sowie nach dem Vorherwissen Gottes (*providentia*) und der Freiheit des menschlichen Willens. Alles, was bewegt wird – und hier folgt Boethius ganz der Tradition –, erhält Ursache, Ordnung und Form aus der Beständigkeit des göttlichen Geistes. In der reinen göttlichen Intelligenz beruht die Vorsehung. Auch das Schicksal (*fatum*) ist der Vorsehung unterworfen. Gott ist der Lenker allen Geschickes. Er bewegt Himmel und Erde und bestimmt die Lebensschicksale der Menschen. Dem menschlichen Geist soll es genügen, nur das zu erkennen, was er zu erfassen vermag. Der Mensch besitzt Einsicht und Vernunft (*ratio*), aber das Wissen Gottes (*intelligentia*) bleibt menschlicher Einsicht verborgen. Der folgende, anrührende Hymnus (S. 259-262) mit seinen Versen: »So schau empor zur Höhe des Himmels; dort bewahren ja den ewigen Frieden des Alls der Sterne feste Gesetze« täuscht darüber hinweg, daß der Verfasser keine eigentliche Lösung anzubieten weiß. Es bleibt bei der doch recht dürftigen Behauptung, jedes Geschick sei gut. Der letzte Gesang des 4. Buches (S. 266-268) schließt die vorangegangene Erörterung mit der Verheißung ab, dem winkten die Sterne, der die Erde besiege (*superata tellus sidera donat*).

Immer noch geht es um den Weg der Rückkehr des Geistes in sein Vaterland. Deshalb will Buch 5 die noch offenen Fragen nach dem Zufall, nach dem Vorauswissen Gottes und der Willensfreiheit des Menschen lösen. Boethius versucht hier, mit Hilfe des Aristoteles zu argumentieren, um die These aufstellen zu können, es gebe keinen Zufall und keine Willkür. Nach dem zweiten Gesang des fünften Buchs, der das Verhältnis von Vorsehung und freiem Willen aufgreift, wird das Thema im dritten Abschnitt (S. 278-288) behandelt. Für seine Antwort bezieht sich Boethius wesentlich auf die Aussagen der Stoa zur Vorsehung, obgleich die angebotene Lösung von der Erkenntnis des Ganzen und seiner Teile in ihrer wenig befriedigenden schulischen Darlegung überdeckt wird von der die Wirklichkeit überhöhenden Äußerung, das Gebet könne die Verbindung des Menschen mit dem unzugänglichen Licht herstellen. Die mangelnde Erkenntnis wird ersetzt durch den Austausch zwischen Mensch und Gott in Form des Gebets als Ausdruck der Hoffnung wie der Bitte (*inter homines deumque commercium sperandi scilicet ac deprecandi*) (S. 287). Die Vernunft (*ratio*) ist der menschlichen Art eigen. Die höchste Einsicht (*intelligentia*) kommt nur Gott zu. Die menschliche Vernunft bleibt dem göttlichen Geist untergeordnet. Sie vermag sich nur der höchsten Einsicht entgegenzustrecken (vgl. carm. 5; *in sublime feras animum*). Dieser Abschnitt und der voraufgegangene, in dem es um die Universalia geht, bieten eine geschlossene Einheit, sind aber am wenigsten mit den Gedanken einer Consolatio verbunden. Im Nachfolgenden geht es nicht nur um die Frage der göttlichen Substanz, sondern auch um die Definition von der Ewigkeit Gottes und der des Kosmos, der zwar von nicht endender Dauer, aber nicht wie sein Schöpfer ewig ist. Boethius wendet sich also gegen die Behauptung von einer Gleichewigkeit oder Göttlichkeit des Kosmos. Er stellt in diesem Zusammenhang den griechischen Begriff »aionios« für die Ewigkeit Gottes dem Be-

griff »aidios« für den Kosmos gegenüber (S. 311 f.). Der
Schluß dieses letzten Buchs (pros. 6), der die durch die
providentia Gottes nicht beeinträchtigte Willensfreiheit der
Sterblichen betont, bleibt ohne eine Zusammenfassung in
Versen. Er stellt auch keinen Rückbezug her, sondern endet mit einem letzten mahnenden und belehrenden Satz.
Es ist deshalb in der Literatur schon mehrfach die Frage
erörtert worden, ob die »Trostschrift« unvollendet geblieben oder von einer zweiten Hand zu Ende gebracht worden sei. Es kann durchaus die Überlegung angestellt
werden, ob sich in Buch 4 und 5 nicht schulmäßige Erör-
terungen niedergeschlagen haben, die vom Verfasser nicht
völlig neu entworfen worden sind. Innerhalb des Buchs 5
läßt carm. 3, wie im Buch 1, Boethius selbst noch einmal zu
Wort kommen und stellt so einen Bezug zum Anfang der
Schrift her. Die Lösungen, die die Bücher 4 und 5 anbieten,
mögen sowohl auf dem Gedanken der *paideia* durch die
Philosophie beruhen, wie dies in dem letzten Gedicht
(carm. 5) zum Ausdruck kommt, als auch in der Absicht
gründen, Werbeschrift (Protrepticus) für die Philosophie zu
sein. In die stoische Auffassung vom vorauswissenden
Gott und der ewigen Gegenwärtigkeit seines Schauens, in
der Vergangenheit, Gegenwart und Zukunft als Zeitlichkeit
in eins fallen, mischt sich die neupythagoreische Auffassung von der Belohnung der Guten und der Bestrafung der
Bösen. Gebet und Hoffnung auf Gott werden, wenn sie
richtig sind, nicht vergeblich und unwirksam bleiben. Den
Lastern zu widerstehen und die Tugend zu pflegen, also
rechtschaffen zu sein, ist notwendig angesichts der Erkenntnis, daß der Mensch vor den Augen des allessehen-
den Richters handelt. Natürlich konnten diese Ausführungen ohne Schwierigkeit christlich verstanden werden.

Thematik und inhaltliche Geschlossenheit vom sechsten Abschnitt des vierten Buchs bis zum Ende des fünften Buchs machen deutlich, wie sehr der Autor auf das philosophische Rüstzeug, das mit den früheren Schriften bereitgelegt worden war, zurückgreifen konnte. Das gilt nicht zuletzt für die Abhandlung des Problems von den »Universalia« wie für das von der »göttlichen Substanz«. Die Bedeutung der *forma divinae substantiae* läßt sich nicht angemessen darstellen, ohne die Ausführungen im (theologischen) Traktat »Contra Eutychen et Nestorium« entsprechend zu berücksichtigen, in dem es u. a. um die Bestimmung der Begriffe Person, Natur und Substanz geht.

Wir wissen nicht, wie die »Consolatio« des Boethius von den Zeitgenossen aufgenommen worden ist und welche Wirkung sie erzielt hat. Das mag auch an der politischen Unsicherheit nach dem Tode Theoderichs und den bald einsetzenden Unruhen liegen. Unter Theoderichs Enkel Athalarich ist das konfiszierte Vermögen den Familien des Boethius und des Symmachus zurückerstattet worden. Wenn die Überlieferung zutrifft, scheint Rusticiana, die Gemahlin des Boethius, nach dem Tod der Amalaswintha (535), der Tochter Theoderichs, für die Hinrichtung ihres Ehemanns – vielleicht auch wegen der angeblich qualvollen Art der Hinrichtung – und die ihres Vaters grausame Rache geübt zu haben.

Anders als die bald nach ihrem Erscheinen vielbeachtete »Römische Geschichte« des Quintus Aurelius Memmius Symmachus, die verlorengegangen ist, sind die meisten Schriften des Boethius, so auch der »Trost der Philosophie«, erhalten geblieben. Sie erlangten für das Mittelalter vom 9. bis zum 12. Jahrhundert, nicht zuletzt wegen der

Aristotelesübermittlung, kaum zu überschätzende Bedeutung. Das gilt für Philosophen von Alkuin über Abaelard bis zu Alanus ab Insulis. Auch Otto III. und Gerbert von Aurillac, der spätere Papst Silvester II., haben Boethius ihre Ehrerbietung gezollt, und Dante hat ihm in seiner »Göttlichen Komödie« einen Platz im Vierten Himmel eingeräumt. Denn die Zeit nach Papst Silverius (536/537), dem Sohn des Papstes Hormisdas, und erst recht die Epoche seit und nach Papst Gregor I. haben den unter einem arianischen König hingerichteten Boethius als Märtyrer für die Rechtgläubigkeit angesehen, nicht zuletzt deshalb, weil die »Consolatio philosophiae« als Inbegriff christlicher Frömmigkeit gelesen und verstanden worden ist, auch wenn vereinzelte Stimmen im Mittelalter vor dem »Platonicus« gewarnt und damit die christliche Deutung als zu vordergründig erkannt haben.

Boethius selbst hat sich zweifellos in die Reihe der Märtyrer-Philosophen eingereiht sehen wollen. In einem unlauteren Gerichtsverfahren nicht gehört, wollte er – im Sinne der ›freimütigen Rede vor Tyrannenthronen‹ – seine Sicht der Dinge als ›die Wahrheit‹ sagen. Sein Werk wollte mit der ganzen Überlegenheit der Bildung die Philosophie als die eigentliche Möglichkeit der Sinndeutung des Lebens und als den Weg des Geistes (der Seele) zu Gott mit letzter Autorität, nämlich der stolzen Vergangenheit Roms und dem Geist Griechenlands, vor aller Öffentlichkeit darlegen. Auch wenn der thematische und stilistische Einfluß Ciceros und Senecas – zumal im Blick auf die *tranquillitas animae*, die »Ruhe der Seele« – unverkennbar ist und stoische Ethik, neupythagoreisch beeinflußt, wie dies im Neuplatonismus nach Porphyrius üblich geworden war, vor allem die Ausführungen des vierten und fünften Buchs geprägt hat, sollte das Abschiedswerk mehr sein als ein literarischer Beitrag zur Konsolationsliteratur wie die Schriften eines Cicero, Seneca oder Plutarch: In der »Consolatio« geht es auch um eine Art »Confessio«. Aber die »Confessiones« des Augustinus beabsichtigten mit der Beschreibung des Wegs der ihr Ziel, Gott, das *summum bonum*, suchenden Seele in der Glut der Sprache letztlich eine Lobpreisung. Die Consolatio des Boethius hingegen bedeutete ein Bekenntnis zur politischen und schriftstellerischen Tradition Roms und zur Geistigkeit Athens. Nur das auf unterschiedliche Weise angestrebte Ziel beider »Bekenntnisse« bleibt gleich: die Unsterblichkeit des Geistes und die »Glückseligkeit« (*beatitudo*) als Ruhe der Seele in Gott, als die Gottwerdung durch Teilhabe (*participatio*).

Für Boethius ist die Philosophie der alleinige Weg zu Gott, die einzige Möglichkeit, alles Irdische hinter sich zu lassen und zum Ausgangspunkt, das heißt, in den »Heimathafen« zurückzukehren. Angesichts des Todes zählen nur die Existenz Gottes und die Unsterblichkeit der Seele (des Geistes). Glückseligkeit erlangt der Mensch nicht durch eine ruhmvolle Ämterlaufbahn, in deren Genuß, dem *otium cum dignitate*, einst der Stolz der Römer bestanden hatte. Für den Jünger der Philosophie lag das Ideal des Lebens in einem *otium cum pietate* als dem einzig angemessenen Zustand, um zur Selbsterkenntnis durch das Verstehen der ewigen Weisheit zu gelangen. Geschult an Aristoteles und durch die eigenen Arbeiten zum Syllogismus, meinte Boethius die Paradoxien des irdischen Daseins theoretisch auflösen zu können. Wo die menschliche Vernunft keine Antwort mehr geben konnte, nahm der Verfasser seine Zuflucht zu Plato. Die Harmonie und planvolle Ordnung des Kosmos und die alle Zeitlichkeit und kreatürliche Vernunft überwindende und in sich bergende Einsicht und Weisheit Gottes verwiesen den Geist des Menschen darauf, seine Seele in Hymnen zum »Lenker der Gestirne« zu erheben. Es steht außer Frage, daß gerade dies christlich gelesen werden konnte, auch wenn Boethius in seinen Ausführungen zu den zentralen Themen, über die ihn die Philosophie als Trösterin belehrte, sich weitgehend in direkter oder vermittelter Weise als Schüler des Proklus zu erkennen gegeben hat. Er konnte nicht ahnen, daß er – Nachfahre und Repräsentant des »alten« Roms – dem »Geiste Griechenlands«, durch dessen Rezeption Rom noch einmal als *caput mundi* gelten sollte, ein Denkmal setzte, wenige Jahre bevor Kaiser Justinian, der Herrscher des »neuen« Roms, die Akademie zu Athen für immer schloß. Boethius wußte, daß nicht mehr wie einst die Tempel der Götter den Stolz Roms ausmachten; sie waren geschlossen, manchmal zerstört oder zu Kirchen umgewandelt, wie es vor allem mit den ehemaligen Tempeln, die Dedikationen einer der angesehenen Familien an eine Gottheit darstellten, geschehen war. An die Stelle der Götter waren die von den Christen erkorenen *patroni* getreten. Der Ort des nach Gott, dem *summum bonum*, forschenden und ihn verehrenden Geistes fand sich für Boethius jetzt in den Bibliotheken. Sie gewährten die *otia secreta*. Sie ließen aus der Seele, aus dem unsterblichen Geist des Menschen die Hymnen aufsteigen, in denen die einzig angemessene Verehrung der Gottheit bestand. Vielleicht wollte Boethius dies unter Beweis stellen.

In der strengen Komposition seines Werks, dem Trost durch die ihn leitende Philosophie, entspricht dem Stufenaufbau der Themen die Bedeutung und die Schönheit seiner Verse und Hymnen, die vom fünften Gesang des ersten Buchs über das siebte Lied des zweiten Buchs zu dem Höhepunkt in dem sechsten und neunten Hymnus des dritten Buchs in sich steigernder Form verkettet sind, um das Ziel (Buch 4, carm. 6) zu erreichen: »So schau empor zur Höhe des Himmels; dort wahren ja den ewigen Frieden des Alls der Sterne feste Gesetze« (S. 259).

Nicht das Medium der Sprache und die Gewalt des Wortes wie bei Augustinus, sondern die formale Ästhetik werden von Boethius als Instrumentarium benutzt, um Zweck und Bedeutung seines Werks herauszustellen. Er erweist sich in seiner Schrift zweifellos als ein Aristokrat des Geistes. Aber der Inhalt wirkt wie der matte, goldene, doch noch wärmende Glanz der Sonne am Abend eines zu Ende gehenden Tages, einer dem Untergang geweihten Kultur. Die Symbiose von Neuplatonismus und Christentum, die Boethius bekundet und die sich kaum stärker denken läßt, macht deutlich, worin das bestanden hat, was wir die geistige Kultur des Abendlandes nennen. Auch wenn seine Reflexionen das reale Sterben nicht leichter machen konnten, so blieb doch die Überhöhung des Todes durch den Glauben an die Unsterblichkeit der Seele, eingekleidet in die bewegend fromme Schönheit seiner hymnischen Verse.

Von der Weisheit, die Boethius uns lehren will, könnten wir mit den Worten Günter Kunerts sagen: »…Weisheit pflanzt sich nicht fort: sie ist das fruchtlose Ende, zu dem jeder nur einzeln gelangt auf seinem einsamen Weg.«

Ernst Ludwig Grasmück

Selig, wer nach Schicksalsschlägen,
nach Leiden, nach bitteren Sorgen,
die der Freude am Irdischen entspringen,
die Pfade des Geistes betrat
und den Gottglanz der Tiefe schaute.
Mühevoll ist es, das Herz ganz auszurichten
mit der ganzen Schwungkraft
der nach oben führenden Liebe.

Aus: *Synesius*, 9. Hymnus,
(übers. von J. Gruber und H. Strohm)

Bibliographische Angaben

BEUTLER, R., Art. Proklos, in: RE XXIII/1, 1957, 186 - 247.

BOETHIUS, A. M. S., Philosophiae consolatio, Bieler, L. (Hg.), Turnholti 1957 (= CCL 94).

BOETHIUS, A. M. S., The Consolation of Philosophy with an English Translation by S. J. Tester, Cambridge, Massachusetts, London 1978 (= Loeb Classical Library 74).

BOETHIUS, A. M. S., Trost der Philosophie. Aus dem Lateinischen übersetzt, mit Einleitung und Anmerkungen versehen von E. Neitzke, Stuttgart 1959.

BOETHIUS, A. M. S., Trost der Philosophie, lateinisch – deutsch. Hg. u. übers. v. E. Gegenschatz u. O. Gigon. Eingel. u. erl. v. O. Gigon, München – Zürich 1969.

BOER, W. DE (Hg.), Romanitas et christianitas. Studia Iano Henrico Waszink a. D. VI Kal. Nov. a. MCMLXXIII XIII lustra complenti oblata, Amsterdam u. a. 1973.

BROWN, P., Macht und Rhetorik in der Spätantike, München 1995.

COMPENHAUSEN, H. V., Lateinische Kirchenväter, Stuttgart ⁶1981.

CAPPUYNS, M., Art. Boèce, in: DHGE IX, 1937, 348 - 380.

CASPAR, E., Geschichte des Papsttums, Bd. 2: Das Papsttum unter byzantinischer Herrschaft, Tübingen 1933.

CHADWICK, H., Boethius. The Consolations of Music, Logic, Theology and Philosophy, Oxford 1981.

COURCELLE, P., La Consolation de Philosophie dans la tradition littéraire. Antécedente et postérité de Boèce, Paris 1967.

FUHRMANN, M./GRUBER J. (Hgg.), Boethius, Darmstadt 1984 (= WdF 483).

GIBSON, M. T. (Hg.), Boethius. His Life, Thought and Influence, Oxford 1981.

GODET, P., Art. Boèce, in: DThC II/1, 1905, 918 - 922.

GRILLMEIER, A., Jesus der Christus im Glauben der Kirche, Bd. 2/1: Das Konzil von Chalcedon (451). Rezeption und Widerspruch (451 - 518), Freiburg – Basel – Wien 1986.

GRUBER, J., Art. Boethius, Anicius Manlius Severinus. I. Leben und Werke, in: LMA II, 1983, 308 - 312.

HÄRING, N. M., Art. Boethius, Anicius Manlius Severinus. II. Wirkungsgeschichte im Mittelalter, (1) Philosophie und Theologie, in: LMA II, 1983, 312 - 314.

POZZI, L., Art. Boethius, in: TRE VII, 1981, 18 - 28.

PROKLOS, The Elements of Theology. A Revised Text with Translation, Indtroduction and Commentary by E. R. Dodds, Oxford ²1963.

STEIN, E., Histoire du Bas-Empire, Bd. 2: De la disparition de l'empire d'occident à la mort de Justinien (475 - 565), Paris 1949.

PHILOSOPHIAE CONSOLATIO
TROST DER PHILOSOPHIE

PHILOSOPHIAE CONSOLATIONIS

LIBER PRIMUS

Carminia qui quondam studio florente peregi,
　　Flebilis heu maestos cogor inire modos.
Ecce mihi lacerae dictant scribenda Camenae
　　Et veris elegi fletibus ora rigant.
Has saltem nullus potuit pervincere terror,
　　Ne nostrum comites prosequerentur iter.
Gloria felicis olim viridisque iuventae
　　Solantur maesti nunc mea fata senis.
Venit enim properata malis inopina senectus
　　Et dolor aetatem iussit inesse suam.
Intempestivi funduntur vertice cani
　　Et tremit effeto corpore laxa cutis.
Mors hominum felix, quae se nec dulcibus annis
　　Inserit et maestis saepe vocata venit.
Eheu, quam surda miseros avertitur aure
　　Et flentes oculos claudere saeva negat.
Dum levibus male fida bonis fortuna faveret,
　　Paene caput tristis merserat hora meum.

TROST DER PHILOSOPHIE

ERSTES BUCH

Der ich Gedichte voreinst in fröhlichem Eifer geschaffen,
  Klageweisen voll Gram bin ich zu singen gedrängt.
So gebieten es mir die schmerzgepeinigten Musen,
  durch den elegischen Sang wahrhaft zu Tränen gerührt.
Wenigstens diese vermochte der Schrecken nicht
                            zu besiegen,
  daß sie nicht meinem Weg treulich bis hierher gefolgt.
Bildeten sie vordem einer glücklichen Jugendzeit Zierde,
  sind sie mir trübem Greis nun in Bedrängnis ein
                            Trost.
Unerwartet ja kam, vom Unheil beschleunigt, das Alter,
  und es vermehrte der Schmerz nur noch die Bürde
                            der Zeit.
Allzuzeitig umgibt das ergrauende Haar mir den Scheitel,
  und die erschlaffte Haut zittert am welkenden Leib.
Selig der Menschen Tod, der nicht in den heiteren Jahren,
  der zum Betrübten kommt, welcher so oft ihn ersehnt.
Doch wie taub bleibt sein Ohr, wie kehrt er sich ab
                        von dem Elend!
  Augen, von Kummer genäßt, drückt er gefühllos
                            nicht zu.
Einst, da mich treuloses Glück mit eitlen Gaben
                            beschenkte,
  hat eine Stunde des Leids schon fast das Haupt mir
                            gebeugt;
nun, da es finster verhüllt die trugvolle Miene gewandelt,

Nunc quia fallacem mutavit nubila vultum,
  Protrahit ingratas impia vita moras.
Quid me felicem totiens iactastis, amici?
  Qui cecidit, stabili non erat ille gradu.

Haec dum mecum tacitus ipse reputarem querimo-
niamque lacrimabilem stili officio signarem, astitisse
mihi supra verticem visa est mulier reverendi admodum
vultus oculis ardentibus et ultra communem hominum
valentiam perspicacibus, colore vivido atque inexhausti
vigoris, quamvis ita aevi plena foret, ut nullo modo nostrae crederetur aetatis, statura discretionis ambiguae.
Nam nunc quidem ad communem sese hominum mensu-
ram cohibebat, nunc vero pulsare caelum summi verticis
cacumine videbatur; quae cum altius caput extulisset,
ipsum etiam caelum penetrabat respicientiumque hominum frustrabatur intuitum. Vestes erant tenuissimis filis
subtili artificio indissolubili materia perfectae quas, uti
post eadem prodente cognovi, suis manibus ipsa texuerat.
Quarum speciem, veluti fumosas imagines solet, caligo
quaedam neglectae vetustatis obduxerat. Harum in extremo margine Π Graecum, in supremo vero Θ legebatur
intextum. Atque in utrasque litteras in scalarum modum
gradus quidam insigniti videbantur, quibus ab inferiore ad
superius elementum esset ascensus. Eandem tamen vestem

ist mir das Dasein zum Fluch, dehnt sich mir lästig
                                        die Zeit.
Weshalb habt ihr so oft mich glücklich geheißen,
                                        ihr Freunde?
Ach, wer gefallen ist, ging wahrlich nicht sicheren
                                        Schritts.

Während ich dies schweigend bei mir selbst über-
dachte und die tränenreiche Klage mit dem Griffel
niederschrieb, dünkte es mich, daß mir zu Häupten eine
Frau erschien: von sehr verehrungswürdigem Aussehen
mit funkelnden und über die gewöhnliche Fähigkeit des
Menschen hinaus durchdringenden Augen, von frischer
Farbe und unverbrauchten Kräften, obwohl sie doch in so
vorgerücktem Alter stand, daß man keinesfalls eine Ange-
hörige unseres Zeitalters in ihr sehen konnte, und von
nicht klar erkennbarem Wuchs. Denn bald begnügte sie
sich mit dem gewöhnlichen menschlichen Maß, bald aber
schien sie oben mit ihrem Scheitel den Himmel zu berühren. Und wenn sie ihr Haupt noch höher erhoben hätte, so
wäre sie bis in den Himmel selber vorgestoßen und hätte
sich den Blicken der ihr nachschauenden Menschen völlig
entzogen. Ihr Gewand war aus den zartesten Fäden und
mit sauberster Kunstfertigkeit aus unzerstörbarem Mate-
rial gefertigt und, wie ich später durch ihr Geständnis
erfuhr, von ihren eigenen Händen gewebt; sein Äußeres
war, was bei verräucherten Ahnenbildern gewöhnlich ist,
wie infolge von Alter und Unachtsamkeit nachgedunkelt.
In seinem unteren Rande war ein griechisches Π, im oberen aber ein Θ eingewebt zu sehen; und zwischen beiden
schien eine Art von treppenförmig angelegten Stufen an-
gedeutet zu sein, auf denen ein Aufsteigen vom unteren

violentorum quorundam sciderant manus et particulas,
quas quisque potuit, abstulerant.

Et dextra quidem eius libellos, sceptrum vero sinistra
gestabat.

Quae ubi poeticas Musas vidit nostro assistentes toro
fletibusque meis verba dictantes, commota paulisper ac
torvis inflammata luminibus: Quis, inquit, has scaenicas
meretriculas ad hunc aegrum permisit accedere, quae dolores eius non modo nullis remediis foverent, verum dulcibus insuper alerent venenis? Hae sunt enim, quae infruc-
tuosis affectuum spinis uberem fructibus rationis segetem
necant hominumque mentes assuefaciunt morbo, non li-
berant. At si quem profanum, uti vulgo solitum vobis,
blanditiae vestrae detraherent, minus moleste ferendum
putarem. Nihil quippe in eo nostrae operae laederentur.
Hunc vero Eleaticis atque Academicis studiis innutritum?
Sed abite potius, Sirenes usque in exitium dulces, meisque
eum Musis curandum sanandumque relinquite.

His ille chorus increpitus deiecit humi maestior vultum
confessusque rubore verecundiam limen tristis excessit. At
ego, cuius acies lacrimis mersa caligaret nec dinoscere pos-
sem, quaenam haec esset mulier tam imperiosae auctorita-
tis, obstupui visuque in terram defixo, quidnam deinceps
esset actura, exspectare tacitus coepi. Tum illa propius
accedens in extrema lectuli mei parte consedit meumque
intuens vultum luctu gravem atque in humum maerore

zum oberen Buchstaben erfolgen könnte. Dasselbe Gewand hatten jedoch die Hände gewisser gewalttätiger Menschen zerrissen und die Teile, soviel jeder nur konnte, davongeschleppt. Auch trug sie in der rechten Hand Bücherrollen, in der linken ein Zepter.

Als sie nun die Musen der Dichtkunst neben meinem Lager stehen und mir den Text für meine Klageweisen vorschreiben sah, da ergrimmte sie und sprach mit finster blickenden Augen: Wer hat diesen Huren vom Theater den Zutritt zu diesem Kranken gestattet, die seine Schmerzen nicht nur mit keinerlei Heilmitteln lindern, sondern durch ihr süßes Gift obendrein vermehren wollen? Sie sind es nämlich, die durch das unfruchtbare Gestrüpp der Leidenschaften die Saat der fruchtverheißenden Vernunft vernichten und den Geist der Menschen an die Krankheit gewöhnen und nicht ihn von ihr befreien. Ja, wenn eure Schmeichelreden einen Unwissenden, wie bei euch üblich, verführten, so würde ich das für weniger bedenklich halten. Denn bei einem solchen würde meinen Bemühungen nicht zu nahe getreten werden. Nun aber diesen Mann, der mit dem Studium der Eleaten[1] und der Akademie[2] groß geworden ist? Verschwindet also, ihr Sirenen[3], deren Süße nur Verderben bringt, und überlaßt ihn meinen Musen zur Pflege und zur Heilung.

Derart ausgescholten, senkte die Schar den Blick betrübt zu Boden, und durch Erröten ihre Beschämung verratend, verließ sie traurig die Schwelle. Ich aber, dessen Gesicht von vielen Tränen umflort war und der nicht erkennen konnte, wer denn diese Frau von so gebieterischer Würde wäre, erstaunte und schickte mich mit zur Erde gesenktem Blick an, schweigend darauf zu warten, was sie wohl weiter tun werde. Da trat sie näher heran,

deiectum his versibus de nostrae mentis perturbatione
conquesta est.

> Heu quam praecipiti mersa profundo
> Mens hebet et propria luce relicta
> Tendit in externas ire tenebras,
> Terrenis quotiens flatibus aucta
> Crescit in immensum noxia cura!
> Hic quondam caelo liber aperto
> Suetus in aetherios ire meatus
> Cernebat rosei lumina solis,
> Visebat gelidae sidera lunae
> Et quaecumque vagos stella recursus
> Exercet varios flexa per orbes,
> Comprensam numeris victor habebat.
> Quin etiam causas, unde sonora
> Flamina sollicitent aequora ponti,
> Quis volvat stabilem spiritus orbem,
> Vel cur Hesperias sidus in undas
> Casurum rutilo surgat ab ortu,
> Quid veris placidas temperet horas,
> Ut terram roseis floribus ornet,
> Quis dedit, ut pleno fertilis anno
> Autumnus gravidis influat uvis,
> Rimari solitus atque latentis
> Naturae varias reddere causas:
> Nunc iacet effeto lumine mentis
> Et pressus gravibus colla catenis

setzte sich auf das untere Ende meines Ruhebettes, be-
trachtete mein trauervolles und im Schmerz zum Boden
gesenktes Gesicht und klagte über die Verwirrung meines
Geistes in dem folgenden Gedicht:

Wehe, wie stürzte hinab tief in den Abgrund
kraftlos der Geist und beraubt eigener Klarheit!
Abseits in finsterer Nacht liebt er zu wandeln,
wenn, im Gebrause der Welt nur noch gesteigert,
ins Unermeßliche wächst schädliche Sorge,
er, der den Himmelsraum offen zu sehen
und ihn frei zu durchziehn vormals gewöhnt war,
der das Sonnengeleucht rosiger Frühe
und den Glanz erschaut eisigen Mondes.
Und jedwedes Gestirn, das seine Bahnen
wiederkehrend umkreist weithin im Weltall,
hat er erfaßt und die Zahl zwingend errechnet.
Selbst auch die Gründe, weshalb tosende Stürme
wild aufwühlen der See ebenen Spiegel,
welcher Lebenshauch wohl wende den Erdball,
warum das Sonnengestirn rötlich erwachte,
um im hesperischen[4] Meer unterzutauchen,
was dem Frühling wohl bringt lindere Lüfte,
daß er mit rosigem Blust ziere die Erde,
wer es gibt, daß im Jahr üppigster Ernte
traubenträchtig der Herbst fruchtbar dahinströmt:
dies zu ergründen gewöhnt und zu den Quellen
der verborgenen Natur niederzusteigen,
liegt er nun kraftlos da, Dunkel umgibt ihn,
und es drücken den Hals lästige Fesseln;

>   Declivemque gerens pondere vultum
>   Cogitur heu stolidam cernere terram.

Sed medicinae, inquit, tempus est quam querelae. Tum vero totis in me intenta luminibus: Tune ille es, ait, qui nostro quondam lacte nutritus, nostris educatus alimentis in virilis animi robur evaseras? Atqui talia contuleramus arma, quae, nisi prior abiecisses, invicta te firmitate tuerentur. Agnoscisne me? Quid taces? Pudore an stupore siluisti? Mallem pudore, sed te ut video stupor oppressit. Cumque me non modo tacitum sed elinguem prorsus mutumque vidisset, ammovit pectori meo leniter manum et: Nihil, inquit, pericli est, lethargum patitur, communem illusarum mentium morbum. Sui paulisper oblitus est, recordabitur facile, si quidem nos ante cognoverit. Quod ut possit, paulisper lumina eius mortalium rerum nube caligantia tergamus. Haec dixit oculosque meos fletibus undantes contracta in rugam veste siccavit.

>   Tunc me discussa liquerunt nocte tenebrae
>   Luminibusque prior rediit vigor.
>   Ut, cum praecipiti glomerantur nubila coro
>   Nimbosisque polus stetit imbribus,
>   Sol latet ac nondum caelo venientibus astris,

ach, und die Augen, gesenkt unter der Schwere,
schauen gezwungen nur nichtige Erde.

Doch jetzt, sagte sie, geht es mehr um Arznei als um
Wehklagen. Und dann mit dem vollen Blick ihrer Augen
zu mir gewendet: Bist du es, der du einstmals mit meiner
Milch gesäugt und mit meiner Nahrung großgezogen die
Kraft eines mannhaften Geistes erreicht hattest? Und hatte
ich dir nicht Waffen zur Verfügung gestellt, die dich mit
ihrer unüberwundenen Stärke beschützt hätten, wenn du
sie nicht vorher weggeworfen hättest? Erkennst du mich?
Weshalb schweigst du? Aus Beschämung oder aus Betroffenheit? Ich wünschte, aus Beschämung, aber wie ich sehe,
hat Betroffenheit dir die Kehle zugeschnürt. Und da sie
mich nicht nur schweigsam, sondern unfähig zu reden und
stumm sah, so näherte sie ihre Hand sanft meiner Brust
und sagte: Es hat keine Gefahr, er leidet an Lethargie[5], der
allen getäuschten Geistern gemeinsamen Krankheit. Er
hat seiner für kurze Zeit vergessen; er wird sich leicht
wieder erinnern, wenn er mich erst einmal erkannt hat.
Und damit er das kann, will ich ihm ein wenig die
Augen blank machen, weil sie von einer Wolke irdischer
Dinge getrübt sind. So sprach sie und trocknete meine
von Tränen fließenden Augen mit einer Falte ihres Kleides.

Schon zerrann mir die Nacht, die Nebelschleier
                                     vergingen,
  wiedergewann ich das Licht meines Augenpaars:
Wie durch des Corus[6] Gewalt die Wolken zu Haufen
                                 sich türmen,
  dichtes Regengewölk unterm Himmel hängt,
wie sich die Sonne versteckt, keine Sterne droben
                                 erscheinen

> Desuper in terram nox funditur;
> Hanc si Threicio Boreas emissus ab antro
> Verberet et clausum reseret diem,
> Emicat et subito vibratus lumine Phoebus
> Mirantes oculos radiis ferit.

Haud aliter tristitiae nebulis dissolutis hausi caelum et ad cognoscendam medicantis faciem mentem recepi. Itaque ubi in eam deduxi oculos intuitumque defixi, respicio nutricem meam, cuius ab adulescentia laribus obversatus fueram, Philosophiam. Et: Quid, inquam, tu in has exsilii nostri solitudines, o omnium magistra virtutum, supero cardine delapsa venisti? An ut tu quoque mecum rea falsis criminationibus agiteris?

An, inquit illa, te, alumne, desererem nec sarcinam, quam mei nominis invidia sustulisti, communicato tecum labore partirer? Atqui Philosphiae fas non erat incomitatum relinquere iter innocentis. Meam scilicet criminationem vererer et, quasi novum aliquid accideret, perhorrescerem? Nunc enim primum censes apud improbos mores lacessitam periculis esse sapientiam? Nonne apud veteres quoque ante nostri Platonis aetatem magnum saepe certamen cum stultitiae temeritate certavimus eodemque superstite praeceptor eius Socrates iniustae victoriam mortis me astante promeruit?

und die dunkele Nacht auf die Erde sinkt –
Boreas[7] dann sie zerstiebt, entsandt aus Thrakiens
                                        Höhlen,
    und wieder öffnet den Tag, der verschlossen war,
endlich, funkelnd von jähem Lichte, Phöbus[8] hervortritt
    und die Augen erschreckt durch die Strahlenglut.

Nichts anders zerstreuten sich die Nebel meiner Trübsal;
ich schlürfte Licht des Himmels und ermunterte meinen
Geist, die Gesichtszüge meiner Ärztin zu erkennen. Als
ich ihr so meine Augen zuwendete und den Blick fest auf
sie richtete, da sah ich meine Ernährerin wieder, in deren
Haus ich von Jugend an ein und aus gegangen war: die
Philosophie, und ich sagte: Warum bist, Lehrerin aller
Tugenden, von deinem erhabenen Sitz herunter in die
Verlassenheit meines Exils gekommen? Etwa dazu, daß du
mit mir zusammen angeklagt und von falschen Anschuldi-
gungen gehetzt werdest?
    Sollte ich denn, sprach sie, dich, mein Pflegekind, im
Stich lassen und die Beschwerlichkeit, die du um meines
mißliebigen Namens willen auf dich genommen hast,
nicht mit dir teilen? Es wäre für die Philosophie vielmehr
unrecht gewesen, einen Unschuldigen auf seinem Wege
unbegleitet zu lassen. Sollte ich wohl eine Anschuldigung
fürchten und davor zurückschrecken, als wäre das etwas
Neues? Meinst du denn, daß die Weisheit angesichts der
Sittenverderbnis jetzt zum ersten Male von Gefahren be-
droht wäre? Haben wir nicht auch bei den Alten, vor der
Zeit unseres Platon, oftmals einen schweren Kampf mit
der unbedachten Dummheit gekämpft? Jener zwar blieb
am Leben. Doch hat nicht sein Lehrer Sokrates[9] unter
meinem Beistand den Sieg über einen ungerechten Tod

Cuius hereditatem cum deinceps Epicureum vulgus ac
Stoicum ceterique pro sua quisque parte raptum ire moli-
rentur meque reclamantem renitentemque velut in partem
praedae traherent, vestem, quam meis texueram manibus,
disciderunt abreptisque ab ea panniculis totam me sibi
cessisse credentes abiere. In quibus quoniam quaedam nostri habitus vestigia videbantur, meos esse familiares imprudentia rata nonnullos eorum profanae multitudinis errore pervertit.

Quodsi nec Anaxagorae fugam nec Socratis venenum
nec Zenonis tormenta, quoniam sunt peregrina, novisti, at
Canios, at Senecas, at Soranos, quorum nec pervetusta nec
incelebris memoria est, scire potuisti. Quos nihil aliud in
cladem detraxit, nisi quod nostris moribus instituti studiis
improborum dissimillimi videbantur. Itaque nihil est,
quod admirere, si in hoc vitae salo circumflantibus agite-
mur procellis, quibus hoc maxime propositum est pessimis
displicere.

Quorum quidem tametsi est numerosus exercitus, sper-
nendus tamen est, quoniam nullo duce regitur, sed errore
tantum temere ac passim lymphante raptatur. Qui si
quando contra nos aciem struens valentior incubuerit, nostra quidem dux copias suas in arcem contrahit, illi vero
circa diripiendas inutiles sarcinulas occupantur.

davongetragen? Als dann die Rotte der Epikureer[10] und der Stoiker[11] und die übrigen sich anschickten, sein Erbe zu plündern, ein jeder für seinen Teil, und mich trotz meines Widerspruchs und Sträubens als Beutestück behandelten, da zerrissen sie mein Kleid, das ich mit meinen Händen gewebt hatte, und schleppten die Fetzen davon weg, des Glaubens, daß ich nun völlig ihr eigen sei. Und da ja nun an ihnen die eine oder andere Spur meines Äußeren kenntlich zu sein schien, so war der Unverstand der Meinung, sie seien meine Anhänger, so daß etliche von ihnen durch den Irrtum der uneingeweihten Menge ins Verderben gestürzt wurden.

Denn wenn du auch weder von des Anaxagoras[12] Flucht noch von dem Gifttrank des Sokrates, noch von der Folterung des Zenon[13] erfahren hast, was ja schließlich auswärtige Ereignisse sind, so könntest du doch von Männern wie Canius, Seneca, Soranus[14] wissen, deren Andenken weder sehr alt noch unberühmt ist. Diese hat nichts anderes zu Fall gebracht, als daß sie, in meinen Ansichten unterwiesen, den Neigungen der Ruchlosen so ganz und gar nicht entsprachen.

Daher ist kein Grund für dich, dich zu wundern, wenn wir auf den Wogen dieses Lebens von den ringsher wehenden Stürmen hin und her getrieben werden, wir, deren oberste Bestimmung es ist, den Bösen zu mißfallen. Gewiß stellen diese ein zahlreiches Heer dar, doch ist es trotzdem verächtlich, da es ja von keinem Anführer gelenkt, sondern aufs Geratewohl von wahnwitzigem Taumel hierhin und dorthin gerissen wird. Wenn es aber einmal seine Schlachtreihen gegen uns aufstellt und zu kräftigem Schlage ausholt, dann zieht unsere Führerin gewiß ihre Truppen in der Burg zusammen, jene indessen befas-

At nos desuper irridemus vilissima rerum quaeque rapientes securi totius furiosi tumultus eoque vallo muniti, quo grassanti stultitiae aspirare fas non sit.

Quisquis conposito serenus aevo
Fatum sub pedibus egit superbum
Fortunamque tuens utramque rectus
Invictum potuit tenere vultum,
Non illum rabies minaeque ponti
Versum funditus exagitantis aestum
Nec ruptis quotiens vagus caminis
Torquet fumificos Vesaevus ignes
Aut celsas soliti ferire turres
Ardentis via fulminis movebit.
Quid tantum miseri saevos tyrannos
Mirantur sine viribus furentes?
Nec speres aliquid nec extimescas,
Exarmaveris impotentis iram.
At quisquis trepidus pavet vel optat,
Quod non sit stabilis suique iuris,
Abiecit clipeum locoque motus
Nectit, qua valeat trahi, catenam.

Sentisne, inquit, haec atque animo illabuntur tuo? An ὄνος λύρας? Quid fles, quid lacrimis manas? Ἐξαύδα, μὴ χεῦθενόῳ. Si operam medicantis exspectas, oportet vulnus detegas.

sen sich mit dem Plündern wertloser Habseligkeiten. Wir
jedoch verlachen sie von oben herab, wenn sie gerade die
lumpigsten Dinge zusammenraffen, während wir, in Sicherheit vor diesem ganzen wilden Getümmel, durch
einen Wall geschützt sind, dem sich die weiter um sich
greifende Dummheit keineswegs nähern darf.

> Wer mit heiterem Mut sein Dasein regelnd
> mit den Füßen zertrat ein hartes Schicksal,
> Glück und Unglück getrost ins Auge fassend
> unerschütterten Blicks zu stehn vermochte,
> den wird nicht Raserei und Drohn des Meeres,
> wenn es bis auf den Grund die Wasser aufrührt,
> nicht der unstete Berg Vesuv, wenn rauchend
> aus dem klaffenden Schlund er Gluten ausstößt,
> nicht die feurige Bahn des Blitzes schrecken,
> der die Türme zerschlägt, so stolz sie ragen.
> Warum ehren so scheu betörte Menschen
> grimme Herrscher, die doch nur machtlos wüten?
> Wunsch vermeide und Furcht in allen Dingen,
> und ihr hilfloser Groll ist schon entkräftet.
> Doch wer Furchtsamkeit zeigt und wer Verlangen,
> da er schwankend und nicht sein eigner Herr ist,
> der warf fort seinen Schild und wich vom Posten,
> und so knotet er nur die eigne Fessel.

Empfindest du das, sprach sie, und dringt es hinein in
deinen Geist? Oder wirkt es wie das Spiel der Lyra auf den
Esel[15]? Was weinst du? Was läßt du die Tränen rinnen?
»Sprich es aus, verhehle es nicht im Herzen[16].« Wenn du
ärztlichen Beistand erwartest, mußt du die Wunde bloßle-
gen.

Da faßte ich die Kräfte meines Geistes zusammen: Be-

Tum ego collecto in vires animo: Anne adhuc eget
admonitione nec per se satis eminet fortunae in nos saevientis asperitas? Nilhilne te ipsa loci facies movet? Haecine est bibliotheca, quam certissimam tibi sedem nostris
in laribus ipsa delegeras? In qua mecum saepe residens de
humanarum divinarumque rerum scientia disserebas?
Talis habitus talisque vultus erat, cum tecum naturae secreta rimarer, cum mihi siderum vias radio describeres,
cum mores nostros totiusque vitae rationem ad caelestis
ordinis exempla formares? Haecine praemia referimus tibi
obsequentes?

Atqui tu hanc sententiam Platonis ore sanxisti: »Beatas
fore res publicas, si eas vel studiosi sapientiae regerent vel
earum rectores studere sapientiae contigisset.« Tu eiusdem
viri ore hanc sapientibus capessendae rei publicae necessa-
riam causam esse monuisti, ne improbis flagitiosisque civibus urbium relicta gubernacula pestem bonis ac perniciem
ferrent. Hanc igitur auctoritatem secutus, quod a te inter
secreta otia didiceram, transferre in actum publicae admi-
nistrationis optavi. Tu mihi et, qui te sapientium mentibus
inseruit, deus conscii nullum me ad magistratum nisi commune bonorum omnium studium detulisse. Inde cum
improbis graves inexorabilesque discordiae et, quod conscientiae libertas habet, pro tuendo iure spreta potentio-
rum semper offensio.

darf es denn noch immer einer Ermahnung, und tritt die Herbheit des gegen mich wütenden Schicksals nicht an sich deutlich genug hervor? Ergreift dich nicht schon der Anblick dieses Ortes? Ist das hier die Bibliothek, die du dir in meinem Hause als sicherste Stätte selbst ausgesucht hattest? In der du oftmals mit mir saßest und über das Wissen um menschliche und göttliche Dinge sprachst? War so meine äußere Erscheinung, waren so meine Gesichtszüge, als ich mit dir die Geheimnisse der Natur durchforschte, als du mir mit Hilfe des Zirkels den Lauf der Gestirne beschriebst, als du meine Sitten und meine ganze Lebensführung nach dem Muster der himmlischen Ordnung formtest? Buche ich nun dies als Lohn dafür, daß ich dir gehorchte?

Du warst es doch, die durch Platons[17] Mund folgende Ansicht gutgeheißen hat: es würden diejenigen Staaten glücklich sein, die entweder von Philosophen regiert werden oder in denen es sich so treffe, daß die Regierenden philosophische Studien treiben. Du hast durch desselben Mannes Mund als notwendige Veranlassung für die Weisen, sich mit Staatsdingen zu befassen, dies bezeichnet, daß die Verwaltung der Städte nicht bösen und verbrecherischen Bürgern überlassen und nicht den Guten dadurch Verderben und Untergang bereitet werde. Diesem Rat bin ich gefolgt, und was ich von dir in der Einsamkeit meiner Muße gelernt hatte, das habe ich in die Praxis der öffentlichen Verwaltung zu übertragen gewünscht. Du und Gott, der dich dem Geist der Weisen eingepflanzt hat, ihr seid meine Zeugen, daß nichts anderes mich zu diesem Amt hat gelangen lassen als der Diensteifer, der allen Guten gemeinsam ist. So kam es zu meinen schweren und unerbittlichen Zwistigkeiten mit den Bösen und, wie es

Quotiens ego Conigastum in imbecilli cuiusque fortunas impetum facientem obvius excepi, quotiens Triggvillam regiae praepositum domus ab incepta, perpetrata
iam prorsus iniuria deieci, quotiens miseros, quos infinitis
calumniis impunita barbarorum semper avaritia vexabat,
obiecta periculis auctoritate protexi! Numquam me ab iure
ad iniuriam quicquam detraxit. Provincialium fortunas
tum privatis rapinis tum publicis vectigalibus pessumdari
non aliter quam qui patiebantur indolui. Cum acerbae
famis tempore gravis atque inexplicabilis indicta coemptio profligatura inopia Campaniam provinciam videretur,
certamen adversum praefectum praetorii communis commodi ratione suscepi, rege cognoscente contendi et, ne
coemptio exigeretur, evici. Paulinum consularem virum,
cuius opes Palatinae canes iam spe atque ambitione devorassent, ab ipsis hiantium faucibus traxi. Ne Albinum consularem virum praeiudicatae accusationis poena corriperet, odiis me Cypriani delatoris opposui. Satisne in me
magnas videor exacerbasse discordias? Sed esse apud ceteros tutior debui, qui mihi amore iustitiae nihil apud aulicos, quo magis essem tutior, reservavi.

die Gewissensfreiheit mit sich bringt, zu meiner ständigen Geringbewertung der Ungnade der Mächtigen, wo es um die Wahrung des Rechtes ging.

Wie oft habe ich mich gegen Konigast aufgelehnt, wenn er dem Besitztum irgendeines Wehrlosen nachstellte; wie oft habe ich Triggwilla, den Vorsteher des königlichen Haushalts, von begonnenem, fast schon vollendetem Unrecht abgehalten! Wie oft habe ich die Ärmsten, die von der immer straflos ausgehenden Habgier der Barbaren mit unendlichen Schikanen gequält wurden, durch Einsatz meines Ansehens vor Gefahren bewahrt! Nie hat mich etwas vom Recht zum Unrecht verleitet. Daß das Eigentum der Provinzbewohner teils durch private Räubereien, teils durch öffentliche Steuern vernichtet wurde, hat mich ebenso wie die Betroffenen geschmerzt. Als in der Zeit bitterer Hungersnot ein drückender und undurchführbarer Aufkauf anbefohlen war und die Provinz Campanien[18] durch Mangel zugrunde zu richten drohte, nahm ich um des Gemeinwohls willen den Kampf mit dem Präfekten[19] auf, focht ihn unter den Augen des Königs durch und erwirkte, daß der Aufkauf nicht zustande kam. Den Konsular Paulinus[20], dessen Güter die hündischen Schmarotzer vom Hofe bereits gierig zu verschlingen hofften, habe ich von ihren klaffenden Rachen fortgerissen. Damit den Konsular Albinus nicht Bestrafung aufgrund einer von vornherein entschiedenen Anklage träfe, setzte ich mich dem Haß des Denunzianten Cyprian aus. Scheint es nicht, daß ich hinreichend große Feindseligkeiten gegen mich aufgebracht habe? Aber während ich mir bei meiner Gerechtigkeitsliebe unter den Hofleuten keinerlei Rückhalt verschafft habe, wodurch ich in größerer Sicherheit wäre, hätte ich doch bei den anderen nur um so sicherer sein sollen.

Quibus autem deferentibus perculsi simus? Quorum Basilius olim regio ministerio depulsus in delationem nostri nominis alieni aeris necessitate compulsus est. Opilionem vero atque Gaudentium cum ob innumeras multiplicesque fraudes ire in exsilium regia censura decrevisset cumque illi parere nolentes sacrarum sese aedium defensione tuerentur compertumque id regi foret, edixit, uti, ni intra praescriptum diem Ravenna urbe decederent, notas insigniti frontibus pellerentur. Quid huic severitati posse astrui videtur? Atquin eo die deferentibus eisdem nominis nostri delatio suscepta est. Quid igitur? Nostraene artes ita meruerunt? An illos accusatores iustos fecit praemissa damnatio? Itane nihil fortunam puduit si minus accusatae innocentiae, at accusantium vilitas?

At cuius criminis arguimur summam quaeres? Senatum dicimur salvum esse voluisse. Modum desideras? Delatorem, ne documenta deferret, quibus senatum maiestatis reum faceret, impedisse criminamur. Quid igitur, o magistra, censes? Infitiabimur crimen, ne tibi pudor simus? At volui nec umquam velle desistam. Fatebimur? Sed impediendi delatoris opera cessavit. An optasse illius ordinis salutem nefas vocabo? Ille quidem suis de me decretis, uti hoc nefas esset, effecerat.

Aber auf wessen Anklage hin bin ich gestürzt worden? Basilius, der einst aus dem königlichen Dienst gejagt worden war, ist zur Denunzierung meines Namens durch seine drückende Schuldenlast veranlaßt worden. Opilio und Gaudentius wiederum waren laut königlichen Entscheides wegen zahlloser und vielfältiger Verbrechen mit Verbannung bestraft worden und flüchteten, um nicht gehorchen zu müssen, in den Schutz der Gotteshäuser. Und als das dem König bekannt wurde, verfügte er, sie sollten, wofern sie nicht bis zu einem festgesetzten Tage die Stadt Ravenna verlassen hätten, mit gebrandmarkten Stirnen hinausgejagt werden. Was glaubt man zu einer solchen Strenge noch hinzutun zu können? Und dennoch: am gleichen Tage zeigten dieselben Männer mich an, und die Denunziation wurde angenommen. Also was nun? Hat meine Handlungsweise das verdient? Hat etwa die voraufgegangene Verurteilung jene als Ankläger gerechtfertigt? So schämte sich denn das Schicksal in keiner Weise – wenn schon nicht vor der verklagten Unschuld – vor der Nichtsnutzigkeit der Ankläger?

Aber du willst den Hauptpunkt des Verbrechens erfahren, dessen ich bezichtigt werde? Man sagt, ich habe den Senat schützen wollen. Auf welche Weise, möchtest du wissen? Ich werde beschuldigt, den Angeber daran gehindert zu haben, Unterlagen beizubringen, durch die er den Senat zu einem Staatsverbrecher machen könnte. Was dünkt dich also, du meine Lehrerin? Soll ich das Verbrechen abstreiten, damit ich dir keine Schande mache? Aber ich habe es immerhin gewollt und werde nicht aufhören, es zu wollen. Soll ich gestehen? Aber die Bemühung, den Angeber zu hindern, hat doch nicht stattgefunden. Oder soll ich es ein Unrecht nennen, daß ich gewünscht habe,

Sed sibi semper mentiens imprudentia rerum merita non potest immutare, nec mihi Socratico decreto fas esse arbitror vel occuluisse veritatem vel concessisse mendacium. Verum id quoquo modo sit, tuo sapientiumque iudicio aestimandum relinquo. Cuius rei seriem atque veritatem, ne latere posteros queat, stilo etiam memoriaeque mandavi.

Nam de compositis falso litteris, quibus libertatem arguor sperasse Romanam, quid attinet dicere? Quarum fraus aperta patuisset, si nobis ipsorum confessione delatorum, quod in omnibus negotiis maximas vires habet, uti licuisset. Nam quae sperari reliqua libertas potest? Atque utinam posset ulla! Respondissem Canii verbo, qui cum a Gaio Caesare, Germanici filio, conscius contra se factae coniurationis fuisse diceretur: »Si ego, inquit, scissem, tu nescisses.«

Qua in re non ita sensus nostros maeror hebetavit, ut impios scelerata contra virtutem querar molitos, sed quae speraverint effecisse vehementer admiror. Nam deteriora velle nostri fuerit fortasse defectus, posse contra innocentiam, quae sceleratus quisque conceperit, inspectante deo, monstri simile est.

jenes Kollegium möge unbehelligt bleiben? Gewiß, durch
seine Beschlußfassung über mich hatte es bewirkt, daß es
ein Unrecht ist. Aber die sich stets über sich selbst täu-
schende Unklugheit kann an den tatsächlichen Verdiensten nichts ändern, und ich meine, nach des Sokrates
Grundsatz habe ich kein Recht, die Wahrheit zu verdunkeln und die Lüge einzuräumen. Doch es sei, wie es wolle;
ich überlasse es deinem Ermessen und dem weiser Männer, darüber zu befinden. Wie die Angelegenheit in Wirklichkeit verlief, das habe ich, damit es den Nachfahren
nicht verborgen bleiben könne, meinem Griffel und dem
Gedächtnis anvertraut.

Was liegt schon daran, über die gefälschten Briefe zu
sprechen, in denen ich, wie man mir vorwirft, die Hoffnung auf Roms Freiheit zum Ausdruck gebracht hätte?
Der Betrug hätte deutlich zutage gelegen, wenn ich mir
das Zeugnis der Ankläger selbst, das doch in Rechtshän-
deln von größtem Gewicht ist, hätte zunutze machen können. Wo könnte denn auch noch eine letzte Freiheit erwartet werden? Wenn sie doch könnte! Ich hätte dann mit
einem Ausspruch des Canius geantwortet, der, von Gaius
Caesar, dem Sohn des Germanicus, als Mitwisser einer
gegen ihn angestifteten Verschwörung bezeichnet, sagte:
»Hätte ich davon gewußt, so hättest du es nicht gewußt.«
Bei alledem hat die Trübsal meine Sinne nicht so stumpf
gemacht, daß ich es beklagte, wenn Gottlose gegen die
Tugend Verbrechen im Schilde führen; aber daß sie erreicht haben, was sie vorhatten, darüber wundere ich mich
auf das lebhafteste. Denn das Schlechte wollen, das ist
vielleicht ein Zeichen unserer Unzulänglichkeit; doch daß
jeder Bösewicht im Angesicht Gottes auch durchführen
kann, was er gegen die Unschuld geplant hat, das ist eine

Unde haud iniuria tuorum quidam familiarium quaesivit: »Si quidem deus«, inquit, »est, unde mala? Bona vero unde, si non est?«

Sed fas fuerit nefarios homines, qui bonorum omnium totiusque senatus sanguinem petunt, nos etiam, quos propugnare bonis senatuique viderant, perditum ire voluisse. Sed num idem de patribus quoque merebamur? Meministi, ut opinor, quoniam me dicturum quid facturumve praesens semper ipsa dirigebas, meministi, inquam, Veronae cum rex avidus exitii communis maiestatis crimen in Albinum delatae ad cunctum senatus ordinem transferre moliretur, universi innocentiam senatus quanta mei periculi securitate defenderim. Scis me haec et vera proferre et in nulla umquam mei laude iactasse. Minuit enim quodam modo se probantis conscientiae secretum, quotiens ostentando quis factum recipit famae pretium. Sed innocentiam nostram quis exceperit eventus, vides. Pro verae virtutis praemiis falsi sceleris poenas subimus. Eccuius umquam facinoris manifesta confessio ita iudices habuit in severitate concordes, ut non aliquos vel ipse ingenii error humani vel fortunae condicio cunctis mortalibus incerta submitteret? Si inflammare sacras aedes voluisse, si sacerdotes

Ungeheuerlichkeit. Weshalb denn auch einer deiner Jünger[21] nicht mit Unrecht gefragt hat: »Wenn ein Gott ist, woher dann das Böse? Woher aber das Gute, wenn keiner ist?«

Es mag verständlich sein, daß die frevelhaften Menschen, die nach dem Blut aller Guten sowie des gesamten Senats trachten, auch mich, in dem sie einen Vorkämpfer für die Guten und für den Senat erkannten, verderben wollten; aber habe ich das gleiche auch von den Senatsmitgliedern verdient? Du erinnerst dich, wie ich vermute, denn du hast ja, stets mir zur Seite, selbst gelenkt, was ich sagen oder tun wollte, du erinnerst dich, sage ich, mit welcher Gefahr für meine Sicherheit ich die Schuldlosigkeit des ganzen Senats verteidigt habe, als der König in Verona die Vernichtung aller anstrebte und das dem Albinus nachgesagte Majestätsverbrechen dem gesamten Senatskollegium zur Last legen wollte. Du weißt, daß ich damit die Wahrheit sage und daß ich nie mit Eigenlob großgetan habe. Denn in gewisser Weise mindert sich das heimliche Bewußtsein, mit sich zufrieden zu sein, sooft man durch öffentliches Zurschaustellen der Tat den Ruhmespreis einheimst. Aber du siehst, welches Schicksal meiner Schuldlosigkeit beschieden war. Anstatt einer Belohnung für wirkliches Verdienst empfange ich Strafen für ein untergeschobenes Verbrechen; und welches offene Eingeständnis einer Schandtat hat wohl je die Richter so einmütig in ihrer Strenge gesehen, daß nicht dieser oder jener in Anbetracht menschlicher Verstandesverwirrung oder des für alle Sterblichen ungewissen Schicksalsganges zur Milde gestimmt würde? Wenn man mir nachgesagt hätte, daß ich hätte Gotteshäuser in Brand stecken, Priester mit verruchtem Schwert umbringen, aller Gutgesinnten Er-

impio iugulare gladio, si bonis omnibus necem struxisse diceremur, praesentem tamen sententia, confessum tamen convictumve punisset. Nunc quingentis fere passuum milibus procul muti atque indefensi ob studium propensius in senatum morti proscriptionique damnamur; o meritos de simili crimine neminem posse convinci!

Cuius dignitatem reatus ipsi etiam qui detulere viderunt; quam uti alicuius sceleris ammixtione fuscarent, ob ambitum dignitatis sacrilegio me conscientiam polluisse mentiti sunt. Atqui et tu insita nobis omnem rerum mortalium cupidinem de nostri animi sede pellebas et sub tuis oculis sacrilegio locum esse fas non erat. Instillabas enim auribus cogitationibusque cotidie meis Pythagoricum illud ἕπου θεῷ. Nec conveniebat vilissimorum me spirituum praesidia captare, quem tu in hanc excellentiam componebas, ut consimilem deo faceres. Praeterea penetral innocens domus, honestissimorum coetus amicorum, socer etiam sanctus et aeque ac tu ipsa reverendus ab omni nos huius criminis suspicione defendunt. Sed, o nefas, illi vero de te tanti criminis fidem capiunt atque hoc ipso videbimur affines fuisse maleficio, quod tuis imbuti disciplinis, tuis instituti moribus sumus. Ita non est satis nihil mihi tuam profuisse reverentiam, nisi ultro tu mea potius offensione lacereris.

mordung anstiften wollen, so hätte man immerhin in meiner Gegenwart den Spruch gefällt, durch den ich, geständig oder überführt, bestraft worden wäre. Nun aber, an fünfhundert Meilen weit entfernt, werde ich, wortlos und unverteidigt, wegen zu eifriger Ergebenheit gegenüber dem Senat zu Tod und Ächtung verurteilt. O über sie, die es verdient hätten, daß eines ähnlichen Vergehens niemand überführt werden könnte!

Die Ehrenhaftigkeit, die dieser Anschuldigung zugrunde lag, erkannten die Ankläger selbst, und um sie durch Beimengung irgendeiner Übeltat zu verdunkeln, brachten sie die Lüge auf, ich hätte mein Gewissen aus dem Verlangen nach Ehrenstellen heraus mit einer Schurkerei befleckt. Aber du, die du mir innewohnst, vertriebst jegliches Verlangen nach irdischen Dingen aus meinem Herzen, und unter deinen Augen war kein Raum für eine Schurkerei. Denn täglich träufeltest du in meine Ohren und in mein Denken jenes pythagoreische Wort[22]: »Folge Gott nach!«

Und zu mir, den du so hoch auszeichnetest, um mich Gott ähnlich zu machen, hätte es nicht gepaßt, wenn ich zu den Mitteln verächtlichster Geister gegriffen hätte. Im übrigen verteidigen mich gegen jeden Verdacht eines solchen Verbrechens das unantastbare Heiligtum meines Hauses, der Kreis achtbarster Freunde und ebenso mein makelloser und gleich dir verehrenswürdiger Schwiegervater. Doch wie unrecht! Dir selbst entnehmen sie die Bestätigung eines so großen Verbrechens, und gerade deswegen soll ich als der Schandtat fähig erscheinen, weil ich mit deinen Lehren vertraut gemacht und nach deiner Weise unterrichtet worden bin. So genügt es nicht, daß mir die Ehrfurcht vor dir nichts eingebracht hat – du wirst

At vero hic etiam nostris malis cumulus accedit, quod existimatio plurimorum non rerum merita, sed fortunae spectat eventum eaque tantum iudicat esse provisa, quae felicita commendaverit. Quo fit, ut existimatio bona prima omnium deserat infelices. Qui nunc populi rumores, quam dissonae multiplicesque sententiae, piget reminisci. Hoc tantum dixerim ultimam esse adversae fortunae sarcinam, quod, dum miseris aliquod crimen affingitur, quae perferunt, meruisse creduntur. Et ego quidem bonis omnibus pulsus, dignitatibus exutus, existimatione foedatus ob beneficium supplicium tuli. Videre autem videor nefarias sceleratorum officinas gaudio laetitiaque fluitantes, perditissimum quemque novis delationum fraudibus imminentem, iacere bonos nostri discriminis terrore prostratos, flagitiosum quemque ad audendum quidem facinus impunitate, ad efficiendum vero praemiis incitari, insontes autem non modo securitate, verum ipsa etiam defensione privatos. Itaque libet exclamare:

O stelliferi conditor orbis,
Qui perpetuo nixus solio
Rapido caelum turbine versas
Legemque pati sidera cogis,
Ut nunc pleno lucida cornu,

noch obendrein wegen des Ärgernisses, das ich gab, ver-
leumdet. Zu diesen meinen Übeln kommt als größtes
hinzu, daß im Urteil der meisten Menschen nicht auf das
Verdienstliche an einer Angelegenheit gesehen, sondern
nur das, was ein glücklicher Erfolg empfiehlt, für wohl-
vorbedacht gehalten wird. So geschieht es, daß die Unglücklichen zu allererst ihr guter Ruf verläßt.

Es verdrießt mich, an die jetzt im Volke verbreiteten
Gerüchte und die verworrenen und mannigfachen Mei-
nungen zu denken. Nur eins möchte ich sagen: Es stellt
die äußerste Belastung für ein unseliges Schicksal dar,
wenn man die Unglücklichen, denen irgendein Verbrechen angehängt wird, dann auch wirklich schuldig glaubt.
So habe auch ich, aus allen meinen Besitztümern vertrieben, meiner Würden verlustig, in meinem Ruf besudelt,
das Todesurteil für eine gute Tat empfangen. Mir ist, als
sähe ich die verdammten Brutstätten der Frevler von Vergnügen und Fröhlichkeit triefen, gerade die Verworfen-
sten mit neuen betrügerischen Anzeichen drohen, die
Guten vor Schrecken über meine gefahrvolle Lage darnie-
derliegen, jeden Schurken durch Straflosigkeit angereizt
werden, eine schandbare Tat zu wagen, und durch Belohnungen, sie auch durchzuführen, die Schuldlosen aber
nicht nur der Sicherheit, sondern sogar der Verteidigung
beraubt.

Darum möchte ich ausrufen:

Du Begründer des All, das mit Sternen besetzt,
der auf sicherem Thron du von Ewigkeit her
in umkreisendem Lauf den Himmel bewegst,
der die Sterne du zwängst in ein festes Gesetz,
so daß jetzt wohl der Mond, mit gerundetem Horn,

Totis fratris obvia flammis
Condat stellas luna minores,
Nunc obscuro pallida cornu
Phoebo propior lumina perdat.
Et qui primae tempore noctis
Agit algentes Hesperos ortus,
Solitas iterum mutet habenas
Phoebi pallens Lucifer ortu.
Tu frondifluae frigore brumae
Stringis lucem breviore mora;
Tu, cum fervida venerit aestas,
Agiles nocti dividis horas.
Tua vis varium temperat annum,
Ut, quas Boreae spiritus aufert,
Revehat mites Zephyrus frondes,
Quaeque Arcturus semina vidit,
Sirius altas urat segetes.
Nihil antiqua lege solutum
Linquit propriae stationis opus.
Omnia certo fine gubernans
Hominum solos respuis actus
Merito rector cohibere modo.
Nam cur tantas lubrica versat
Fortuna vices? Premit insontes
Debita sceleri noxia poena;
At perversi resident celso
Mores solio sanctaque calcant
Iniusta vice colla nocentes.
Latet obscuris condita virtus
Clara tenebris iustusque tulit
Crimen iniqui!
Nil periuria, nil nocet ipsis

voll im Widerschein seines Brudergestirns,
jeden kleineren Stern unsern Blicken entzieht,
aber jetzt, wenn er blaß sich dem Phöbus genaht,
mit verdunkeltem Horn seine Leuchtkraft verliert,
und daß Hesperus, der zum Beginne der Nacht
mit dem frostigen Licht am Himmel erscheint,
dann die Zügel jedoch, die gewohnten, vertauscht
und zum Luzifer[23] bleicht, wenn die Sonne erwacht.
Wird im Winter das Laub von der Kälte verweht,
so gewährst du dem Tag nur geringere Frist.
Wenn mit wärmerem Hauch dann der Sommer erscheint,
so bist du's, der der Nacht karge Stunden zuteilt.
Deinem Willen gemäß wird im Wechsel des Jahrs
zartes Laub uns entführt, weil der Boreas tobt,
aber wiedergeschenkt, wenn der Zephyrus[24] weht.
Was Arcturus[25] zuvor nur als Aussaat erblickt,
kommt zur Reife im Halm, den der Sirius[26] dörrt.
Es ist nichts losgelöst von dem alten Gesetz,
nichts verläßt seinen Platz, wo es Aufgaben hat.
Doch ob alles du lenkst und zum Ziele hinführst,
des Menschenvolks Tun verschmähst du allein
zu beschränken als Herr, ob es gleich dies verdient.
Warum teilt das Geschick so veränderlich wohl
seine Lose uns zu? Denn den Schuldlosen trifft
schwere Strafe, die nur der Verruchtheit gebührt.
Schlechte Sitte jedoch auf hochmütigem Thron
hat die Herrschaft erlangt. Und der Ruchlosen Fuß,
sehr zuwider dem Recht, tritt der Edlen Genick.
In dem Dunkel der Nacht liegt die Tugend versteckt,
die man einst so gerühmt, und der Rechtliche trägt
die Schande des Bösen.
Jenen schadet es nicht, wenn sie meineidig sind,

Fraus mendaci compta colore.
Sed cum libuit viribus uti,
Quos innumeri metuunt populi
Summos gaudet subdere reges.
O iam miseras respice terras,
Quisquis rerum foedera nectis.
Operis tanti pars non vilis
Homines quatimur fortunae salo.
Rapidos, rector, comprime fluctus,
Et, quo caelum regis immensum,
Firma stabiles foedere terras.

Haec ubi continuato dolore delatravi, illa vultu placido nihilque meis questibus mota: Cum te, inquit, maestum lacrimantemque vidissem, ilico miserum exsulemque cognovi. Sed quam id longinquum esset exsilium, nisi tua prodidisset oratio, nesciebam. Sed tu quam procul a patria non quidem pulsus es, sed aberrasti, ac si te pulsum existimari mavis, te potius ipse pepulisti. Nam id quidem de te numquam cuiquam fas fuisset. Si enim, cuius oriundo sis patriae, reminiscare, non uti Atheniensium quondam multitudinis imperio regitur, sed εἷς κοίρανός ἐστιν, ετς βασιλεύς, qui frequentia civium, non depulsione laetetur; cuius agi frenis atque obtemperare iustitiae libertas est. An ignoras illam tuae civitatis antiquissimam legem, qua sanctum est ei ius exsulare non esse, quisquis in ea sedem fundare maluerit?

schadet nicht der Betrug, der das Lügen verbrämt.
Nein, sie nützen die Macht, wie es ihnen beliebt,
und selbst Könige, die alle Völker sonst scheun,
unterjochen sie gern, so hoch sie auch stehn.
Schaue du doch herab auf das irdische Leid,
der den Dingen der Welt du die Satzungen gibst.
Des erhabenen Werks unverächtlichen Teil,
uns Menschen, umtost des Verhängnisses Meer.
So bezähme, o Herr, jene reißende Flut;
wie der himmlichen Welt unermeßlichen Raum
gib der Erde Gesetz und gesicherten Halt!

Als ich dies unter ununterbrochenem Schmerz ungestüm vorbrachte, sagte jene mit friedsamem Antlitz und ungerührt durch meine Klagen: Da ich dich betrübt und in Tränen sah, erkannte ich auf der Stelle, daß du unglücklich und in Verbannung bist. Aber wie weit diese Verbannung geht, wüßte ich nicht, wenn deine Worte es nicht verraten hätten. Aber so fern du der Heimat auch bist, so bist du doch nicht vertrieben worden, sondern du hast dich verirrt; und wenn du lieber als ein Vertriebener gelten willst, so hast du dich eben selber vertrieben. Denn niemals wäre irgend jemand berechtigt gewesen, dir das anzutun. Wenn du dich des Vaterlandes entsinnst, aus dem du stammst, so wird dieses ja nicht, wie einst das der Athener, durch den Willen der Volksmenge gelenkt, sondern »Einer ist Herrscher, einer König«[27], der an der großen Anzahl, nicht an der Vertreibung der Bürger seine Freude hat. Von seinen Zügeln geleitet zu werden, seinem gerechten Gesetz zu willfahren, das ist Freiheit. Oder ist dir das alte Gesetz deines Staates nicht bekannt, durch das feierlich bestimmt wird, daß derjenige, der in ihm gern

Nam qui vallo eius ac munimine continetur, nullus metus est, ne exsul esse mereatur. At quisquis inhabitare eam velle desierit, pariter desinit etiam mereri. Itaque non tam me loci huius quam tua facies movet, nec bibliothecae potius comptos ebore ac vitro parietes quam tuae mentis sedem requiro, in qua non libros, sed id quod libris pretium facit, librorum quondam meorum sententias collocavi.

Et tu quidem de tuis in commune bonum meritis vera quidem, sed pro multitudine gestorum tibi pauca dixisti. De obiectorum tibi vel honestate vel falsitate cunctis nota memorasti. De sceleribus fraudibusque delatorum recte tu quidem strictim attingendum putasti, quod ea melius uberiusque recognoscentis omnia vulgi ore celebrentur. Increpuisti etiam vehementer iniusti factum senatus; de nostra etiam criminatione doluisti, laesae quoque opinionis damna flevisti. Postremus adversum fortunam dolor incanduit conquestusque non aequa meritis praemia pensari; in extremo Musae saevientis, uti quae caelum terras quoque pax regeret, vota posuisti.

Sed quoniam plurimus tibi affectuum tumultus incubuit diversumque te dolor ira maeror distrahunt, uti nunc mentis es, nondum te validiora remedia contingunt.

seinen festen Wohnsitz gründen will, rechtens nicht ausge-
wiesen werden könne? Denn wer von seinen schützenden
Mauern eingehegt wird, für den ist keine Gefahr, daß er
verschulden könnte, des Landes verwiesen zu werden.
Wer freilich den Wunsch aufgegeben hat, in ihm zu wohnen, der hört zu gleicher Zeit auf, es zu verdienen. Deshalb erschüttert mich auch nicht so sehr das Aussehen
dieses Ortes als vielmehr dein Anblick, und ich vermisse
die mit Elfenbein und Kristall geschmückten Wände der
Bibliothek nicht stärker als den Sitz deines Geistes, wo ich
einst nicht Bücher aufgebaut habe, sondern das, was den
Wert der Bücher ausmacht: die Gedanken aus meinen
Büchern. Du hast zwar wahrheitsgemäß über deine Verdienste um das Gemeinwohl gesprochen, aber, gemessen
an der Menge deiner Taten, nur wenig. Hinsichtlich der
Rechtmäßigkeit oder der Unrichtigkeit der gegen dich er-
hobenen Vorwürfe hast du nur vorgebracht, was allenthal-
ben bekannt ist. Die Freveltaten und Betrügereien der
Ankläger hast du mit Recht nur kurz streifen zu sollen
geglaubt, da sie besser und ergiebiger durch den Mund
des alles prüfenden Volkes bekannt werden. Das Verhalten
des ungerechten Senats hast du auch heftig gerügt; ebenso
hast du die gegen mich erhobene Anschuldigung beklagt,
und über deine Benachteiligung durch Zerstörung deines
guten Rufes hast du geweint. Schließlich flammte der
Schmerz über das Schicksal hoch auf, und du führtest
Klage darüber, daß den Verdiensten nicht gleichwertige
Belohnungen zuerkannt werden. Und an den Schluß hast
du den Wunsch deiner stürmischen Muse gesetzt, daß der
Friede, der im Himmel herrscht, auch auf Erden herrschen
möge. Da dich der stärkste Ansturm der Leidenschaften
aufgewühlt hat, Schmerz und Erbitterung und Betrübnis

Itaque lenioribus paulisper utemur, ut quae in tumorem perturbationibus influentibus induruerunt, ad acrioris vim medicaminis recipiendam tactu blandiore mollescant.

> Cum Phoebi radiis grave
> Cancri sidus inaestuat,
> Tum qui larga negantibus
> Sulcis semina credidit,
> Elusus Cereris fide
> Quernas pergat ad arbores.
> Numquam purpureum nemus
> Lecturus violas petas,
> Cum saevis Aquilonibus
> Stridens campus inhorruit,
> Nec quaeras avida manu
> Vernos stringere palmites,
> Uvis si libeat frui;
> Autumno potius sua
> Bacchus munera contulit.
> Signat tempora propriis
> Aptans officiis deus
> Nec, quas ipse coercuit,
> Misceri patitur vices.
> Sic quod praecipiti via
> Certum deserit ordinem,
> Laetos non habet exitus.

dich hierhin und dorthin zerren, so kommen dir bei deiner jetzigen Geistesverfassung kräftigere Heilmittel noch nicht zu. Deshalb will ich fürs erste gelindere anwenden, damit das, was sich unter Einwirkung der Aufregungen in Zorn verhärtet hat, bei zarterer Berührung erweicht werde und alsdann ein schärferes Heilmittel entgegennehmen könne.

> Wenn des sengenden Phöbus Strahl
> hoch im Sternbild des Krebses[28] glüht –
> wer dann reichliches Samenkorn
> dürrem Erdenschoß anvertraut,
> wird von Ceres[29] enttäuscht und mag
> Eichenbäume um Frucht angehn.
> Niemals wandre zum dunklen Hain,
> wo du Veilchen dir pflücken willst,
> wenn beim Stürmen des wilden Nord
> frosterstarrend der Boden klirrt.
> Nicht mit gieriger Hand im Lenz
> schneide Schößlinge ab vom Wein,
> wenn du Trauben zu schmecken denkst;
> erst der Herbsteszeit teilt vielmehr
> Bacchus[30] seine Geschenke zu.
> Jede Jahreszeit regelt Gott,
> lehrt sie ihre besondre Pflicht.
> Wo er selbst diese Ordnung schuf,
> wünscht er keine Veränderung.
> Weshalb denn, was in wildem Drang
> sichre Ordnung im Stiche läßt,
> nie ein günstiges Ziel erreicht.

Primum igitur paterisne me pauculis rogationibus statum tuae mentis attingere atque temptare, ut, qui modus sit tuae curationis, intellegam?

Tu vero arbitratu, inquam, tuo quae voles ut responsurum rogato.

Tum illa: Huncine, inquit, mundum temerariis agi fortuitisque casibus putas, an ullum credis ei regimen inesse rationis?

Atqui, inquam, nullo existimaverim modo, ut fortuita temeritate tam certa moveantur, verum operi suo conditorem praesidere deum scio nec umquam fuerit dies, qui me ab hac sententiae veritate depellat.

Ita est, inquit, nam id etiam paulo ante cecinisti, hominesque tantum divinae exsortes curae esse deplorasti; nam de ceteris, quin ratione regerentur, nihil movebare. Papae autem vehementer admiror, cur in tam salubri sententia locatus aegrotes. Verum altius perscrutemur; nescio quid abesse coniecto. Sed dic mihi, quoniam deo mundum regi non ambigis, quibus etiam gubernaculis regatur, advertis?

Vix, inquam, rogationis tuae sententiam nosco, nedum ad inquisita respondere queam.

Num me, inquit, fefellit abesse aliquid, per quod, velut hiante valli robore in animum tuum perturbationum morbus inrepserit? Sed dic mihi, meministine, quis sit rerum finis, quove totius naturae tendat intentio?

Erlaubst du zunächst einmal, daß ich mit einigen Fragen auf den Zustand deines Geistes zu sprechen komme und ihn untersuche, um festzustellen, in welcher Weise deine Kur verlaufen müsse?

Du kannst, sagte ich, nach deinem Belieben fragen, was du magst; ich werde antworten.

Darauf sagte jene: Bist du der Meinung, daß diese Welt durch Planlosigkeit geführt werde, oder glaubst du, daß in ihr irgendeine vernunftmäßige Leitung obwalte?

Aber in keiner Weise, sagte ich, möchte ich annehmen, daß so fest Gefügtes durch Zufall und Planlosigkeit bewegt werde; ich weiß vielmehr, daß Gott, der Schöpfer, über sein Werk wacht, und nimmermehr dürfte der Tag kommen, der mich von der Richtigkeit dieser Meinung abbringt.

So ist es, sprach sie, denn eben das hast du ja kurz vorher besungen und hast beklagt, daß lediglich die Menschen von der göttlichen Fürsorge ausgeschlossen seien; denn davon, daß das übrige vernunftgemäß gelenkt werde, bist du keineswegs abgewichen. Doch ach – wie gar sehr wundere ich mich, daß du bei so gesunder Auffassung krank bist! Doch untersuchen wir genauer; ich vermute, daß noch irgend etwas fehlt. Da du ja nicht im Zweifel bist, daß die Welt von Gott regiert wird, so sage mir doch: Erkennst du auch, nach welchen Leitgedanken sie gelenkt wird?

Ich begreife kaum, sagte ich, den Sinn deiner Frage, geschweige denn, daß ich das beantworten könnte, was du wissen willst.

Sie sprach: Ich habe mich somit nicht darin geirrt, daß noch etwas fehle, wodurch sich, gleichsam wie durch eine Lücke im Schanzwerk, die Krankheit der Verwirrung in

Audieram, inquam, sed memoriam maeror hebetavit.

Atqui scis, unde cuncta processerint?

Novi, inquam, deumque esse respondi.

Et qui fieri potest, ut principio cognito, quis sit rerum finis, ignores? Verum hi perturbationum mores, ea valentia est, ut movere quidem loco hominem possint, convellere autem sibique totum exstirpare non possint.

Sed hoc quoque respondeas velim: Hominemne te esse meministi?

Quidni, inquam, meminerim?

Quid igitur homo sit, poterisne proferre?

Hocine interrogas, an esse me sciam rationale animal atque mortale? Scio et id me esse confiteor.

Et illa: Nihilne aliud te esse novisti?

Nihil.

Iam scio, inquit, morbi tui aliam vel maximam causam: quid ipse sis, nosse desisti. Quare plenissime vel aegritudinis tuae rationem vel aditum reconciliandae sospitatis inveni. Nam quoniam tui oblivione confunderis, et exsulem te et exspoliatum propriis bonis esse doluisti. Quoniam vero quis sit rerum finis ignoras, nequam homines atque nefarios potentes felicesque arbitraris.

deinen Geist eingeschlichen hat. Aber sage mir, erinnerst
du dich, welches der Endzweck der Dinge sei und worauf
das ganze Vorhaben der Natur ziele?

Ich habe es gehört, sagte ich, doch hat die Betrübnis
mein Erinnerungsvermögen abgestumpft.

Aber das weißt du doch, von wo alles seinen Ursprung
herschreibt?

Ich weiß es, sagte ich, und antwortete schon darauf:
von Gott.

Und wie kann es geschehen, daß dir der Ursprung bekannt ist und daß du den Endzweck der Dinge nicht
weißt? Allerdings ist das die Art solcher Verwirrungen,
und ihre Kraft vermag wohl die Menschen von ihrem
Platz abzudrängen, nicht aber, sie aus ihrer Bahn zu reißen
oder ganz zu vernichten. Doch ich bitte, mir auch dies zu
beantworten: Bist du dir bewußt, ein Mensch zu sein?

Wie sollte ich es nicht wissen? sagte ich.

Also wirst du erklären können, was ein Mensch sei?

Willst du damit fragen, ob ich wisse, daß ich ein vernunftbegabtes und ein sterbliches Geschöpf bin? Ich weiß
es und bekenne mich als solches.

Und jene: Daß du noch etwas anderes bist, das weißt du
gar nicht?

Nein.

So kenne ich nun auch, sprach sie, die andere und auch
wesentlichste Ursache deiner Krankheit: Du weißt nicht
mehr, was du selber bist. Damit habe ich sowohl die Art
deiner Gemütskrankheit als auch den Weg zu deiner Wiederherstellung ausfindig gemacht. Denn weil du, deiner
selbst vergessend, verstört bist, beklagtest du dich als verbannt und deines Eigentums beraubt; weil du nicht weißt,
welches der Endzweck der Dinge sei, hältst du nichtsnut-

Quoniam vero, quibus gubernaculis mundus regatur, oblitus es, has fortunarum vices aestimas sine rectore fluitare: magnae non ad morbum modo, verum ad interitum quoque causae: sed sospitatis auctori grates, quod te nondum totum natura destituit. Habemus maximum tuae fomitem salutis veram de mundi gubernatione sententiam, quod eam non casuum temeritati, sed divinae rationi subditam credis. Nihil igitur pertimescas, iam tibi ex hac minima scintillula vitalis calor illuxerit. Sed quoniam firmioribus remediis nondum tempus est et eam mentium constat esse naturam, ut, quotiens abiecerint veras, falsis opinionibus induantur, ex quibus orta perturbationum caligo verum illum confundit intuitum, hanc paulisper lenibus mediocribusque fomentis attenuare temptabo, ut dimotis fallacium affectionum tenebris splendorem verae lucis possis agnoscere.

Nubibus atris
Condita nullum
Fundere possunt
Sidera lumen.
Si mare volvens
Turbidus Auster
Misceat aestum,
Vitrea dudum
Parque serenis

zige und ruchlose Menschen für mächtig und glücklich.
Weil du aber vergessen hast, nach welchen Leitgedanken
die Welt regiert wird, so meinst du, die wechselnden Geschicke taumelten ohne einen Lenker dahin: ausreichende
Ursachen nicht nur für eine Krankheit, sondern auch für
den Tod. Dank aber sei ihm, dem Urheber der Gesundheit, daß dich deine natürliche Kraft noch nicht im Stich
gelassen hat! In deiner richtigen Auffassung vom Weltre-
giment, daß es nämlich nicht vom planlosen Zufall, sondern vom göttlichen Ratschluß abhänge, erkennen wir
einen Funken zu deiner Wiederherstellung. Fürchte also
nichts; aus diesem unbedeutenden Fünkchen wird bald
warme Lebenskraft für dich aufleuchten. Da aber die Zeit
für kräftigere Heilmittel noch nicht gekommen ist, und
da, wie bekannt, die Natur des Geistes von der Art ist, daß
er nach Verwerfung richtiger Ansichten die falschen annimmt, aus denen der Dunst der Verwirrungen aufsteigt
und richtige Einsicht trübt: So werden ich den einstweilen
durch gelinde und mäßige Besänftigungsmittel zu zertei-
len suchen, damit du nach Auflösung der Nebel trügeri-
scher Gemütsbewegungen den Glanz des wahren Lichtes
wahrzunehmen vermagst.

> Sind sie von düstern
> Wolken verfinstert,
> können die Sterne
> fürder nicht leuchten.
> Wirbelt der Südwind
> tosend das Meer auf,
> mischt er die Wasser,
> dann muß die Welle,
> erst so kristallen

Unda diebus
Mox resoluto
Sordida caeno
Visibus obstat.
Quique vagatur
Montibus altis
Defluus amnis,
Saepe resistit
Rupe soluti
Obice saxi.
Tu quoque, si vis
Lumine claro
Cernere verum,
Tramite recto
Carpere callem:
Gaudia pelle,
Pelle timorem
Spemque fugato
Nec dolor adsit.
Nubila mens est
Vinctaque frenis,
Haec ubi regnant.

gleich heitren Tagen,
bald von des Schlammes
lockerem Unrat
trübe erscheinen.
Und wenn herabfließt
hoch vom Gebirge
unstet der Bergbach,
staut er sich oftmals,
hemmt ihn ein Steinschlag
brüchiger Felsen.
Du selber, willst du
deutlichen Blickes
Wahrheit erkennen,
rechtlichen Laufes
ziehn deine Straße:
scheuche die Freuden,
Furchtsamkeit scheuche,
Hoffnung vertreibe,
Schmerz sei dir ferne!
Trüb ist die Seele
und liegt in Fesseln,
wo jene herrschen.

LIBER SECUNDUS

Post haec paulisper obticuit atque, ubi attentionem meam modesta taciturnitate collegit, sic exorsa est: Si penitus aegritudinis tuae causas habitumque cognovi, fortunae prioris affectu desiderioque tabescis. Ea tantum animi tui, sicuti tu tibi fingis, mutata pervertit. Intellego multiformes illius prodigii fucos et eo usque cum his, quos eludere nititur, blandissimam familiaritatem, dum intolerabili dolore confundat, quos insperata reliquerit. Cuius si naturam, mores ac meritum reminiscare, nec habuisse te in ea pulchrum aliquid nec amisisse cognosces; sed, ut arbitror, haud multum tibi haec in memoriam revocare laboraverim; solebas enim praesentem quoque blandientemque virilibus incessere verbis eamque de nostro adyto prolatis insectabare sententiis. Verum omnis subita mutatio rerum non sine quodam quasi fluctu contingit animorum. Sic factum est, ut tu quoque paulisper a tua tranquillitate descisceres. Sed tempus est haurire te aliquid ac degustare molle atque iucundum, quod ad interiora transmissum validioribus haustibus viam fecerit. Adsit igitur rhetoricae suadela dulcedinis, quae tum tantum recto calle procedit, cum nostra instituta non deserit cumque hac musica laris nostri vernacula nunc leviores nunc graviores modos succinat.

Danach verstummte sie ein Weilchen, und als sie aus meinem zurückhaltenden Schweigen auf meine Aufmerksamkeit geschlossen hatte, begann sie folgendermaßen: Wenn ich die Ursachen und die Beschaffenheit deiner Krankheit gründlich erkannt habe, so härmst du dich ab vor leidenschaftlicher Sehnsucht nach deinem früheren Glück. Es hat, so redest du dir ein, durch seine Veränderung so vieles in deinem Geiste um und um gekehrt. Ich kenne den vielgestaltigen unechten Aufputz dieses Fabelwesens und seine einschmeichelnde Vertraulichkeit denen gegenüber, mit denen es sein hohnvolles Spiel treiben will, bis es sie unvermutet verläßt und durch untragbaren Schmerz verstört. Wenn du dich seines Wesens, seiner Art und seiner Verdienste erinnerst, so wirst du erkennen, daß du mit ihm irgend etwas Schönes weder gehabt noch verloren hast; aber ich denke, ich brauche mich gar nicht besonders anzustrengen, dir dies ins Gedächtnis zurückzurufen; du pflegtest es ja auch, als es gegenwärtig war und dich umschmeichelte, mit männlichen Worten anzugreifen und mit den Gedanken, die aus meinem geheiligten Bereich hervorgegangen waren, zu bedrängen. Allein – jeder plötzliche Wechsel erfolgt nicht ohne ein gewisses Auf und Ab des seelischen Lebens. So geschah es, daß auch du zeitweilig aus deiner Ruhe kamst. Aber es ist an der Zeit, daß du etwas Gelindes und Angenehmes zu dir nimmst und schmeckst, was ins Innere dringt und kräftigeren Tränken den Weg freimacht. Möge mir denn die Überzeugungsgabe einer gefälligen Redekunst beistehen, die nur dann auf rechtem Wege vorgeht, wenn sie meine

Quid est igitur, o homo, quod te in maestitiam luctum-
que deiecit? Novum, credo, aliquid inusitatumque vidi-
sti.Tu fortunam putas erga te esse mutatam: erras. Hi
semper eius mores sunt, ista natura. Servavit circa te propriam potius in ipsa sui mutabilitate constantiam. Talis
erat, cum blandiebatur, cum tibi falsae illecebris felicitatis
alluderet. Deprehendisti caeci numinis ambiguos vultus;
quae sese adhuc velat aliis, tota tibi prorsus innotuit. Si
probas, utere moribus, ne queraris. Si perfidiam perhor-
rescis, sperne atque abice perniciosa ludentem.

Nam quae nunc tibi est tanti causa maeroris, haec
eadem tranquillitatis esse debuisset. Reliquit enim te,
quam non relicturam nemo umquam poterit esse securus.
An vero tu pretiosam aestimas abituram felicitatem? Et
cara tibi est fortuna praesens nec manendi fida et, cum
discesserit, allatura maerorem? Quodsi nec ex arbitrio retineri potest et calamitosos fugiens facit, quid est aliud
fugax quam futurae quoddam calamitatis indicium?
Neque enim, quod ante oculos situm est, suffecerit intueri;
rerum exitus prudentia metitur eademque in alterutro mutabilitas nec formidandas fortunae minas nec exoptandas
facit esse blanditias.

Satzungen nicht aufgibt und wenn sie mit der an meinem
Herde heimischen musischen Kunst zu bald leichteren,
bald ernsteren Weisen anhebt.

Was ist es nun, o Mensch, was dich in Trauer und
Schmerz niedergeworfen hat? Irgendein Neues und Unge-
wöhnliches, glaube ich, hast du erblickt: Du meinst, das
Glück habe sich dir gegenüber verändert. Du irrst! Das ist
immer seine Art, seine Natur. Gegen dich hat es nur an
der Beharrlichkeit seiner Launenhaftigkeit festgehalten.
So war es, als es dir schmeichelte, als es dir mit den Lok-
kungen eines falschen Lebensglücks etwas vorzauberte.
Du hast den doppeldeutigen Blick des blinden göttlichen
Wesens[1] erkannt; während es sich vor anderen bislang
verhüllt, ist es dir gänzlich offenbar geworden. Läßt du es
gelten, so passe dich ihm an und beklage dich nicht.
Schauderst du wegen seiner Treulosigkeit, so verschmähe
und gib auf, was ein schädliches Spiel treibt.

Denn was jetzt den Grund zu so großer Betrübnis bildet, ebendas hätte ihn zu deinem Frieden bilden sollen. Es
hat dich nämlich das verlassen, bei dem niemand je sicher
ist, daß es ihn nicht verlassen werde. Oder hältst du einen
Glückszustand für wertvoll, der vergehen wird? Und ist
dir ein gegenwärtiges Glück teuer, dessen Verbleiben ungewiß ist und dessen Entschwinden Trauer bringt? Wenn
es nun nicht nach Belieben zurückgehalten werden kann
und, wenn es flüchtet, nur Elende schafft, was ist es in
seiner Vergänglichkeit anderes als gewissermaßen ein
Kennzeichen künftigen Unheils? Es dürfte ja nicht genügen, das zu beachten, was vor Augen liegt; die Klugheit
urteilt nach dem Ausgang der Dinge, und die gleiche
Wandelbarkeit nach der einen oder anderen Seite macht,
daß weder die Drohungen des Glücks furchterregend

Postremo aequo animo toleres oportet, quidquid intra
fortunae aream geritur, cum semel iugo eius colla summi-
seris. Quodsi manendi abeundique scribere legem velis ei,
quam tu tibi dominam sponte legisti, nonne iniurius fueris
et impatientia sortem exacerbes, quam permutare non possis? Si ventis vela committeres, non quo voluntas peteret,
sed quo flatus impellerent, promoveres; si arvis semina
crederes, feraces inter se annos sterilesque pensares. Fortunae te regendum dedisti: dominae moribus oportet ob-
temperes. Tu vero volventis rotae impetum retinere conaris? At, omnium mortalium stolidissime, si manere incipit,
fors esse desistit.

> Haec cum superba verterit vices dextra,
> Exaestuantis more fertur Euripi,
> Dudum tremendos saeva proterit reges
> Humilemque victi sublevat fallax vultum.
> Non illa miseros audit aut curat fletus
> Ultroque gemitus, dura quos fecit, ridet.
> Sic illa ludit, sic suas probat vires
> Magnumque tristis monstrat ostentum, si quis
> Visatur una stratus ac felix hora.

Vellem autem pauca tecum Fortunae ipsius verbis agitare.
Tu igitur, an ius postulet, animadverte:

noch seine Lockungen begehrenswert sind. Letztlich
mußt du gelassen ertragen, was innerhalb des Geltungsbe-
reichs des Glückes vor sich geht, wenn du erst einmal den
Hals unter sein Joch gebeugt hast. Und wenn du ihm, das
du aus eigenem Antrieb zum Herrn erkoren hast, das
Gesetz des Verweilens und des Vergehens vorschreiben
willst, tust du dann nicht unrecht und verschlimmerst du
nicht durch Ungeduld ein Schicksal, das du nicht zu ändern vermagst? Wenn du die Segel den Winden preisgä-
best, so würdest du nicht dorthin fahren, wohin du willst,
sondern wohin sie wehen und treiben. Wenn du den Fel-
dern Samen anvertrautest, so müßtest du fruchtbare und
unfruchtbare Jahre gegeneinander aufrechnen. Du hast
dich der Herrschaft der Fortuna unterstellt: Nun mußt du
auch ihren Satzungen willfahren. Versuchst du aber, das
Ungestüm des rollenden Rades aufzuhalten? Du närrisch-
ster aller Sterblichen: wenn sie anfängt zu verweilen, hört
sie doch auf, Schicksal zu sein!

> Wenn die Geschicke sie mit stolzer Hand umkehrt,[2]
> vergleichbar wohl der wilden Flut des Euripus,[3]
> zermalmt sie Herrscher selbst, die lange uns furchtbar,
> und richtet der Gedrückten Stirnen auf trugvoll.
> Sie hört das Elend nicht, sie achtet nicht Tränen,
> sie lacht der Seufzer gar, die herb sie schuf, höhnisch.
> So tändelt sie, so probt sie ihrer Macht Größe,
> für die sie strenge dieses als Beweis dartut:
> Die gleiche Stunde bringt uns Glück und bringt
>   Unglück.

Ich möchte aber einiges mit dir durchsprechen, und zwar
mit den eigenen Worten der Glücksgöttin; achte du darauf, ob sie angemessene Forderungen stellen wird:

»Quid tu, homo, ream me cotidianis agis querelis? quam tibi fecimus iniuriam? quae tibi detraximus bona? Quovis iudice de opum dignitatumque mecum possessione contende et, si cuiusquam mortalium proprium quid horum esse monstraveris, ego iam tua fuisse, qua repetis, sponte concedam.

Cum te matris utero natura produxit, nudum rebus omnibus inopemque suscepi, meis opibus fovi et, quod te nunc impatientem nostri facit, favore prona indulgentius educavi: omnium, quae mei iuris sunt affluentia et splendore circumdedi. Nunc mihi retrahere manum libet; habes gratiam velut usus alienis, non habes ius querelae, tamquam prorsus tua perdideris. Quid igitur ingemescis? Nulla tibi a nobis est allata violentia. Opes, honores ceteraque talium mei sunt iuris. Dominam famulae cognoscunt, mecum veniunt, me abeunte discedunt. Audacter adfirmem, si tua forent, quae amissa conquereris, nullo modo perdidisses.

An ego sola meum ius exercere prohibebor? Licet caelo proferre lucidos dies eosdemque tenebrosis noctibus condere, licet anno terrae vultum nunc floribus frugibusque redimire, nunc nimbis frigoribusque confundere.

»Was plagst du mich, du Menschenkind, mit deinen täglichen Beschwerden wie eine Angeklagte? Welches Unrecht habe ich dir angetan? Welche von deinen Gütern habe ich dir genommen? Du magst dich mit mir vor einem beliebigen Richter über den Besitz von Reichtum und Würden auseinandersetzen, und wenn du irgend etwas davon als Eigentum irgendeines Sterblichen nachweisest, so werde ich alsbald einräumen, daß dir das, was du beanspruchst, gehört.

Als die Natur dich aus dem Mutterleib hervorbrachte, da habe ich dich, so nackt und von allem entblößt wie du warst, an mich genommen, mit meinem Beistand umhegt und dich, was dich jetzt unduldsam gegen mich macht, mit meiner Gunst und Zuneigung gar zu nachsichtig aufgezogen und mit dem Überfluß und der Pracht alles dessen, was mir zu Gebote steht, umgeben. Jetzt gefällt es mir, meine Hand zurückzuziehen; Dank bist du gleichsam für die Benutzung eines fremden Gutes schuldig; du hast kein Recht zu der Beschwerde, als hättest du etwas ganz und gar dir Gehörendes eingebüßt. Was also stöhnst du? Dir ist von mir keinerlei Gewalt widerfahren. Reichtum, Würden und anderes dieser Art sind mir untertan. Als die Dienerinnen kennen sie ihre Herrin; sie kommen mit mir, und sie verschwinden, wenn ich gehe. Kühnlich möchte ich behaupten: Wenn das, über dessen Verlust du klagst, dein eigen gewesen wäre, so hättest du es auf keinen Fall verloren. Soll ich etwa als einzige an der Ausübung meines Rechtes gehindert werden? Es steht dem Himmel frei, helle Tage hervorzubringen und eben diese in finstere Nächte zu tauchen; dem Jahr steht frei, das Antlitz der Erde bald mit Blumen und Früchten zu umkränzen, bald durch Wolken und Kälte zu entstellen. Das Meer darf bald

Ius est mari nunc strato aequore blandiri, nunc procellis ac fluctibus inhorrescere. Nos ad constantiam nostris moribus alienam inexpleta hominum cupiditas alligabit? Haec nostra vis est, hunc continuum ludum ludimus: rotam volubili orbe versamus, infima summis, summa infimis mutare gaudemus. Ascende, si placet, sed ea lege, ne, uti cum ludicri mei ratio poscet, descendere iniuriam putes.

An tu mores ignorabas meos? Nesciebas Croesum regem Lydorum Cyro paulo ante formidabilem, mox deinde miserandum rogi flammis traditum misso caelitus imbre defensum? Num te praeterit Paulum Persi regis a se capti calamitatibus pias impendisse lacrimas? Quid tragoediarum clamor aliud deflet nisi indiscreto ictu fortunam felicia regna vertentem? Nonne adulescentulus δύο πίθους, τὸν μὲν ἕνα κακῶν, τον δὲ ἕτερον ἐάων in Iovis limine iacere didicisti? Quid, si uberius de bonorum parte sumpsisti, quid, si a te non tota discessi, quid, si haec ipsa mei mutabilitas iusta tibi causa est sperandi meliora, tamenne animo contabescas et intra commune omnibus regnum locatus proprio vivere iure desideres?

mit ebener Fläche locken, bald in Sturm und Flut erbeben. Und mich soll die unstillbare Begierde der Menschen auf eine meinen Gewohnheiten ganz fremde Beständigkeit festlegen? Dieses ist meine Stärke, und dies ist das Spiel, das ich unablässig spiele: Ringsherum drehe ich das flüchtige Rad, und mich freut es, das Unterste mit dem Obersten und das Oberste mit dem Untersten zu tauschen. Du steige nach oben, wenn es dir gefällt; doch unter der Bedingung, daß du das Heruntersteigen, wenn meine Spielregel es so verlangt, nicht als ein Unrecht ansiehst.

Oder waren dir meine Gewohnheiten nicht bekannt? Wußtest du nicht, daß Krösus[4], der König der Lyder, der für Cyrus noch kurze Zeit vorher so schreckerregend war, bald danach kläglich dem Scheiterhaufen überantwortet und schließlich durch einen vom Himmel herabgesandten Regen gerettet worden ist? Ist es dir denn entgangen, daß Paulus[5] dem Unglück des von ihm gefangenen Königs Perseus fromme Tränen gewidmet hat? Was anderes beweint die Wehklage der Tragödien, als daß das Schicksal wahllos zuschlägt und glückliche Reiche zugrunde richtet? Hast du als Knabe nicht gelernt, daß »zwei Fässer« auf der Schwelle des Zeus liegen, »voll das eine von Gaben des Wehs, das andere des Heiles«?[6] Wie denn, wenn du dir vom Anteil des Guten gar zu reichlich genommen hast? Wie, wenn ich nicht gänzlich von deiner Seite gewichen bin? Wenn diese meine Wankelmütigkeit für dich ein gerechter Grund ist, auf Besseres zu hoffen? Möchtest du trotzdem geistig dahinsiechen, und willst du verlangen, wiewohl du unter einer allen gemeinsamen Herrschaft stehst, nach deinem eigenen Gesetz zu leben?

Si quantas rapidis flatibus incitus
    Pontus versat harenas,
Aut quot stelliferis edita noctibus
    Caelo sidera fulgent,
Tantas fundat opes nec retrahat manum
    Pleno copia cornu,
Humanum miseras haud ideo genus
    Cesset flere querelas.
Quamvis vota libens excipiat deus
    Multi prodigus auri
Et claris avidos ornet honoribus,
    Nil iam parta videntur,
Sed quaesita vorans saeva rapacitas
    Alios pandit hiatus.
Quae iam praecipitem frena cupidinem
    Certo fine retentent,
Largis cum potius muneribus fluens
    Sitis ardescit habendi?
Numquam dives agit, qui trepidus gemens
    Sese credit egentem.«

His igitur si pro se tecum Fortuna loqueretur, quid profecto contra hisceres non haberes; aut si quid est, quo
querelam tuam iure tuearis, proferas oportet. Dabimus
dicendi locum.

Tum ego: Speciosa quidem ista sunt, inquam, oblitaque
rhetoricae ac musicae melle dulcedinis tum tantum, cum
audiuntur, oblectant, sed miseris malorum altior sensus
est. Itaque cum haec auribus insonare desierint, insitus
maeror animum praegravat.

Soviel Sandmassen wie stürmend das wilde Meer
  grundaufwühlend emporreißt,
soviel Sterne wohl stehn leuchend am Himmelsrund
  in der Klarheit der Nächte –
wenn auch soviel das Glück aus seinem Füllhorn schenkt
  und die Hand nie zurückzieht,
trotzdem nimmermehr dann hören die Menschen auf,
  kläglich sich zu bejammern.
Wenn auch gütig ein Gott ihre Gebete hört,
  reichlich Schätze verschwendend,
wenn den Gierigen er Ehren und Glanz verleiht –
  niemals scheint es genügend.
Wenn die Raffgier verschlang, was sie gefordert hat,
  reißt sie wieder den Schlund auf.
Wer wohl zügelt den Drang, richtet die Schranken auf
  ungezähmten Begehrens?
Brennt im Überfluß doch heftiger nur der Durst
  unbefriedigter Habgier.
Reich ist niemals ein Mann, wenn er verängstigt klagt
  und bedürftig sich vorkommt.«

Wenn die Glücksgöttin so in eigener Sache mit dir sprä-
che, wüßtest du wahrlich nichts dagegen einzuwenden;
wenn es aber etwas gibt, wodurch du deine Beschwerde
rechtfertigen und unterstützen kannst, so mußt du es vor-
tragen. Die Gelegenheit zum Reden werde ich dir geben.

    Darauf sagte ich: Jene Worte klingen gewiß sehr nett
und sind erfüllt von der Honigsüße der Redekunst und
der Dichtkunst; doch sie ergötzen nur, solange man sie
hört. Bei den Elenden aber geht das Gefühl für ihre Leiden tiefer. Und so drückt, wenn man sie nicht mehr hört,
der tief eingewurzelte Kummer den Geist nieder.

Et illa: Ita est, inquit; haec enim nondum morbi tui remedia, sed adhuc contumacis adversum curationem doloris fomenta quaedam sunt. Nam quae in profundum sese penetrent, cum tempestivum fuerit, admovebo.

Verumtamen ne te existimari miserum velis, an numerum modumque tuae felicitatis oblitus es? Taceo, quod desolatum parente summorum te virorum cura suscepit delectusque in affinitatem principum civitatis, quod pretiosissimum propinquitatis genus est, prius carus quam proximus esse coepisti. Quis non te felicissimum cum tanto splendore socerorum, cum coniugis pudore, tum masculae quoque prolis opportunitate praedicavit? Praetereo, libet enim praeterire communia, sumptas in adulescentia negatas senibus dignitates: ad singularem felicitatis tuae cumulum venire delectat. Si quis rerum mortalium fructus ullum beatitudinis pondus habet, poteritne illius memoria lucis quantalibet ingruentium malorum mole deleri, cum duos pariter consules liberos tuos domo provehi sub frequentia patrum, sub plebis alacritate vidisti, cum eisdem in curia curules insidentibus tu regiae laudis orator ingenii gloriam facundiaeque meruisti, cum in circo duorum medius consulum circumfusae multitudinis exspectationem triumphali largitione satiasti?

Und jene sprach: Es ist so; das sind nämlich noch nicht die Heilmittel für deine Krankheit, sondern zunächst nur gewisse Besänftigungsmittel für den Schmerz, der sich einer Behandlung widersetzt. Denn das, was tief eindringen soll, werde ich dann herbeischaffen, wenn es Zeit ist. Aber damit du nicht als ein Unglücklicher zu gelten wünschest: Hast du etwa die Menge und die Art deines Glückes vergessen? Ich will davon schweigen, daß sich, als du des Vaters beraubt warst, die Fürsorglichkeit der ausgezeichnetsten Männer deiner angenommen hat, daß du zu verwandtschaftlicher Verbindung mit den Häuptern der Bürgerschaft auserlesen wurdest und, was die kostbarste Art der Verwandtschaft darstellt, daß du angefangen hast, ihnen lieb und wert zu sein, noch bevor ihr verwandt wurdet. Wer hat dich im Hinblick auf so vortreffliche Schwiegereltern, eine ehrenwerte Gattin und treffliche Söhne nicht als den Allerglücklichsten gepriesen? Ich übergehe (denn ich möchte das allzu Bekannte übergehen) die Würden, die selbst Greisen versagt bleiben, die du in jugendlichem Alter empfingst; mir macht es Freude, zu dem einzigartigen Höhepunkt deines Glückes zu kommen. Wenn irgendein Erfolg irdischer Angelegenheiten ein Gewicht für die Glückseligkeit hat, kann dann das Andenken an jenen Ruhmestag von der noch so großen Last hereinbrechenden Unheils vernichtet werden? Als du sahst, wie deine beiden Söhne gleichzeitig als Konsuln im Beisein der Senatoren und unter dem Jubel des Volkes aus deinem Hause geführt wurden, als du, während sie im Rat die curulischen Sessel[7] einnahmen, als Lobredner des Königs den Ruf des Genies und der Beredsamkeit erwarbst, als du im Zirkus inmitten der beiden Konsuln die Erwartung der dich umgebenden Menge durch eine triumphale

Dedisti, ut opinor, verba Fortunae, dum te illa demul-
cet, dum te ut delicias suas fovet. Munus, quod nulli umquam privato commodaverat, abstulisti. Visne igitur cum
Fortuna calculum ponere? Nunc te primum liventi oculo
praestrinxit. Si numerum modumque laetorum tristiumve
consideres, adhuc te felicem negare non possis. Quodsi
idcirco te fortunatum esse non aestimas, quoniam, quae
tunc laeta videbantur, abierunt, non est, quod te miserum
putes, quoniam, quae nunc creduntur maesta, praetereunt.
An tu in hanc vitae scaenam unun primum subitus hospes-
que venisti? Ullamne humanis rebus inesse constantiam
reris, cum ipsum saepe hominem velox hora dissolvat?
Nam etsi rara est fortuitis manendi fide, ultimus tamen
vitae dies mors quaedam fortunae est etiam manentis.
Quid igitur referre putas, tune illam moriendo deseras an
te illa fugiendo?

> Cum polo Phoebus roseis quadrigis
>   Lucem spargere coeperit,
> Pallet albentes hebetata vultus
>   Flammis stella prementibus.
> Cum nemus flatu Zephyri tepentis
>   Vernis inrubuit rosis,

Schenkung befriedigtest? Du hast, wie ich annehme, die Glücksgöttin mit leeren Worten beschwatzt, solange sie dich liebkoste, solange sie dich als ihren Liebling verwöhnte. Du hast ein Geschenk davongetragen, das sie nie einer Privatperson hat zukommen lassen. Willst du also der Glücksgöttin eine Rechnung aufstellen? Zum ersten Male hat sie dich jetzt mit scheelen Blicken gestreift. Wenn du dir Menge und Art der frohen wie der traurigen Ereignisse vor Augen hältst, so kannst du nicht bestreiten, daß du bis jetzt noch glücklich bist. Wenn du jedoch deswegen nicht in glücklicher Lage zu sein meinst, weil das entschwunden ist, was damals erfreulich schien, so hast du gar keinen Grund, dich für beklagenswert zu halten, da doch auch das, was jetzt für traurig angesehen wird, vorübergeht. Bist du denn jetzt zum ersten Male unvermutet und als ein Fremdling auf die Bühne dieses Lebens gekommen? Meinst du, den menschilchen Angelegenheiten sei irgendwelche Beständigkeit eigen, da doch den Menschen selber oft eine flüchtige Stunde hinwegnimmt? Denn wenn auch je durch Zufall eine solche seltene Beständigkeit wirklich vorkommt, so ist doch der letzte Tag des Lebens gewissermaßen der Tod des beständigen Glücks[8]. Was also, meinst du, liegt daran, ob du jenes durch deinen Tod im Stich läßt oder jenes dich durch seine Flucht?

Wenn am Himmelsraum seinen Wagen Phöbus
    helle Strahlen verbreiten läßt,
dann vergehen rings die erbleichten Sterne,
    von den Lichtgluten überstrahlt.
Wenn im Hain erblühn bei des Zephirs Milde
    rote Rosen zur Frühlingszeit,

Spiret insanum nebulosus Auster:
    Iam spinis abeat decus.
Saepe tranquillo radiat sereno
    Immotis mare fluctibus,
Saepe ferventes Aquilo procellas
    Verso concitat aequore.
Rara si constat sua forma mundo,
    Si tantas variat vices,
Crede fortunis hominum caducis,
    Bonis crede fugacibus!
Constat aeterna positumque lege est,
    Ut constet genitum nihil.

Tum ego: Vera, inquam, commemoras, o virtutum omnium nutrix, nec infitiari possum prosperitatis meae velocissimum cursum. Sed hoc est, quod recolentem vehementius coquit. Nam in omni adversitate fortunae infelicissimum est genus infortunii fuisse felicem.

Sed quod tu, inquit, falsae opinionis supplicium luas, id rebus iure imputare non possis. Nam si te hoc inane nomen fortuitae felicitatis movet, quam pluribus maximisque abundes, mecum reputes licet. Igitur si, quod in omni fortunae tuae censu pretiosissimum possidebas, id tibi divinitus inlaesum adhuc inviolatumque servatur, poterisne meliora quaeque retinens de infortunio iure causari? Atqui viget incolumis illud pretiosissimum generis humani decus Symmachus socer et, quod vitae pretio non segnis emeres, vir totus ex sapientia virtutibusque factus suarum securus tuis ingemescit iniuriis.

wird der Dornenbusch ohne Blüten stehen,
    bei des nebligen Austers[9] Hauch.
Öfters wohl erglänzt in der heitren Sonne
    unbeweglich das weite Meer,
öfters aber auch wogt es auf und nieder,
    wenn der Aquilo[10] heftig stürmt.
Unbeständig scheint selbst die Form des Weltalls
    und sein vielfach wechselndes Bild –
auch der Menschen Glück ist so wankelmütig,
    seine Güter sind ungewiß;
eines nur liegt fest als Gesetz für ewig:
    Nichts Erschaffenes kann bestehn.

Ich sagte darauf: Es ist wahr, was du darlegst, du Nähr-
mutter aller Tugenden, und ich kann den stürmischen
Gang meiner Erfolge nicht abstreiten. Aber gerade das ist
es, was in der Rückerinnerung noch heftiger aufregt.
Denn in jedem widerwärtigen Schicksal ist das die
schlimmste Art des Unglücks, glücklich gewesen zu sein.

Aber, sagte sie, was du als Sühne für eine falsche Auffassung büßest, das kannst du von Rechts wegen nicht den
Verhältnissen anrechnen. Denn wenn jene Redensart vom
zufälligen Glück dich beeindruckt, so magst du einmal
mit mir zusammen darüber nachdenken, wie vieles und
wie Großes du noch im Überfluß habest; wenn dir demnach durch göttliche Fügung das, was du bei jedesmaliger
Wertung deines Glücks als das Kostbarste besaßest, bis
jetzt unversehrt und unentweiht erhalten bleibt, wirst du,
der du gerade das Bessere zurückbehalten hast, dann mit
Recht von Unglück sprechen dürfen? Lebt doch wohlbehalten und in voller Kraft jene wertvollste Zierde des
Menschengeschlechts, dein Schwiegervater Symmachus;

Vivit uxor ingenio modesta, pudicitia pudore praecellens et, ut omnes eius dotes breviter includam, patri similis. Vivit, inquam, tibique tantum vitae huius exosa spiritum servat, quoque uno felicitatem minui tuam vel ipsa concesserim, tui desiderio lacrimis ac dolore tabescit. Quid dicam liberos consulares, quorum iam ut in id aetatis pueris vel paterni vel aviti specimen elucet ingenii? Cum igitur praecipua sit mortalibus vitae cura retinendae, o te, si tua bona cognoscas, felicem, cui suppetunt etiam nunc, quae vita nemo dubitat esse cariora. Quare sicca iam lacrimas. Nondum est ad unum omnes exosa fortuna nec tibi nimium valida tempestas incubuit, quando tenaces haerent ancorae, quae nec praesentis solamen nec futuri spem temporis abesse patiantur.

Et haereant, inquam, precor. Illis namque manentibus, utcumque se res habeant, enatabimus. Sed quantum ornamentis nostris decesserit, vides.

Et illa: Promovimus, inquit, aliquantum, si te nondum totius tuae sortis piget. Sed delicias tuas ferre non possum, qui abesse aliquid tuae beatitudini tam luctuosus atque anxius conqueraris.

und was du ohne Besinnen um den Preis deines Lebens
erkaufen würdest: der Mann, ganz und gar aus Weisheit
und Tugenden geschaffen, seufzt, vor eigener Unbill geschützt, über die dir zugefügte. Es lebt deine Gemahlin,
ausgezeichnet durch natürliche Bescheidenheit, durch Sitt-
samkeit und Züchtigkeit und – um alle ihre Vorzüge kurz
zusammenzufassen – dem Vater ähnlich. Sie lebt, sage ich,
und sie atmet einzig um deinetwillen, ob ihr dieses Leben
gleich verhaßt ist; und sie härmt sich in tränenreichem
Schmerz vor Verlangen nach dir ab, wodurch allein, wie
sogar ich selbst zugeben möchte, dein Glück beeinträch-
tigt wird. Was soll ich reden von den Söhnen, den Konsu-
laren, bei denen schon in so jugendlichem Alter das ideale
Bild des väterlichen wie des großväterlichen Geistes sichtbar wird? Wenn also die vornehmste Sorge der Sterblichen auf die Fortdauer des Lebens gerichtet ist: O über
dich Glücklichen, so du die Werte erkennst, die dir auch
jetzt noch verblieben sind und die, wie niemand zweifelt,
teurer sind als das Leben! Darum trockne nun deine Tränen. Noch haßt das Schicksal nicht alle ohne Ausnahme,
noch hat ein allzu kräftiger Sturm dich nicht erfaßt, da ja
die Anker fest haften, die es nicht zulassen, daß es an Trost
für das Gegenwärtige und an Hoffnung für das Zukünftige mangele.

Und daß sie haften mögen, sagte ich, darum bete ich.
Denn wenn sie mir bleiben, werde ich mir durchhelfen,
wie die Dinge auch liegen mögen. Du siehst aber, wieviel
an äußerem Glanz mir abhanden gekommen ist.

Und jene sagte: Wenn dein Los noch nicht gänzlich
deinen Verdruß erregt, so sind wir schon eine Strecke
vorangekommen. Ich kann aber deine Weichlichkeit nicht
vertragen, die dich so kläglich und ängstlich darüber jam-

Quis est enim tam compositae felicitatis, ut non aliqua
ex parte cum status sui qualitate rixetur? Anxia enim res
est humanorum condicio bonorum et quae vel numquam
tota proveniat vel numquam perpetua subsistat. Huic census exuberat, sed est pudori degener sanguis. Hunc nobilitas notum facit, sed angustia rei familiaris inclusus esse
mallet ignotus. Ille utroque circumfluus vitam caelibem
deflet. Ille nuptiis felix orbus liberis alieno censum nutrit
heredi. Alius prole laetatus filii filiaeve delictis maestus
illacrimat. Idcirco nemo facile cum fortunae suae condicione concordat. Inest enim singulis, quod inexpertus ig-
noret, expertus exhorreat. Adde, quod felicissimi cuiusque
delicatissimus sensus est et, nisi ad nutum cuncta suppe-
tant, omnis adversitatis insolens minimis quibusque pro-
sternitur. Adeo perexigua sunt, quae fortunatissimis beatitudinis summam detrahunt. Quam multos esse coniectas,
qui sese caelo proximos arbitrentur, si de fortunae tuae
reliquiis pars eis minima contingat? Hic ipse locus, quem
tu exsilium vocas, incolentibus patria est. Adeo nihil est
miserum, nisi cum putes, contraque beata sors omnis est
aequanimitate tolerantis. Quis est ille tam felix, qui cum
dederit impatientiae manus, statum suum mutare non
optet?

mern macht, daß irgend etwas zu deiner Glückseligkeit
fehle. Denn wessen Glück ist so wohlgefügt, daß er nicht
in irgendeiner Hinsicht mit der Beschaffenheit seiner Lage
haderte? Es ist nämlich eine ärgerliche Sache um den Zustand menschlicher Glücksgüter, etwas, was entweder niemals völlig in Erscheinung tritt oder nie von Dauer ist:
Dieser ist ungewöhnlich reich, aber sein unedles Blut
macht ihm Schande; jenen macht sein Adel bekannt, aber
durch Beschränktheit seiner Mittel gehemmt, wäre er lieber unbekannt. Dieser, der beides im Überfluß hat, ver-
trauert sein Leben als Hagestolz; jener lebt in glücklicher
Ehe, ist aber kinderlos und mehrt sein Vermögen für
einen fremden Erben. Ein anderer, mit Nachkommen-
schaft bedacht, beweint betrübt die Übeltaten des Sohnes
oder der Tochter. Deshalb stimmt niemand so leicht mit
dem Zustand seines Geschickes überein. Jedes nämlich
enthält etwas, was der Unerfahrene nicht kennt und
wovor derjenige schaudert, der es erprobt hat. Füge
hinzu, daß gerade der Glücklichste ein sehr empfindliches
Gefühl besitzt und, wenn ihm nicht alles auf einen Wink
zu Gebote steht, jedes Mißgeschicks ungewohnt gerade
durch kleinste Dinge niedergeschmettert wird. So winzig
ist es, was den Glücklichsten ihre höchste Glückhaftigkeit
nimmt. Wie viele, meinst du wohl, würden sich dem Himmel nahe wähnen, wenn ihnen der geringste Teil von den
Überresten deines Glückes zufiele? Hier dieser Ort selbst,
den du als Exil bezeichnest – seinen Bewohnern ist er die
Heimat. So ist nichts elend, als was du dafür hältst, und
anderseits ist jedes Schicksal glücklich, das mit Gleichmut
ertragen wird. Wer ist jener so sehr Glückliche, der, wenn
er der Ungeduld die Hände hingestreckt hat, seine Lage
nicht zu ändern wünscht? Mit wieviel Bitternis ist die

Quam multis amaritudinibus humanae felicitatis dulcedo respersa est! Quae si etiam fruenti iucunda esse videatur, tamen, quominus, cum velit, abeat, retineri non possit. Liquet igitur, quam sit mortalium rerum misera beatitudo, quae nec apud aequanimos perpetua perdurat nec anxios tota delectat.

Quid igitur, o mortales, extra petitis intra vos positam felicitatem? Error vos inscitiaque confundit. Ostendam breviter tibi summae cardinem felicitatis. Estne aliquid tibi te ipso pretiosius? Nihil, inquies. Igitur si tui compos fueris, possidebis, quod nec tu amittere umquam velis nec fortuna possit auferre. Atque ut agnoscas in his fortuitis rebus beatitudinem constare non posse, si collige. Si beatitudo est summum naturae bonum ratione degentis nec est summum bonum, quod eripi ullo modo potest, quoniam praecellit id, quod nequeat auferri, manifestum est, quin ad beatitudinem percipiendam fortunae instabilitas aspirare non possit. Ad haec, quem caduca ista felicitas vehit, vel scit eam vel nescit esse mutabilem. Si nescit, quaenam beata sors esse potest ignorantiae caecitate? Si scit, metuat necesse est, ne amittat, quod amitti posse non dubitat. Quare continuus timor non sinit esse felicem. An vel si amiserit, neglegendum putat? Sic quoque perexile bonum est, quod aequo animo feratur amissum.

Süße menschlichen Glückes benetzt! Dieses mag dem
wohl angenehm vorkommen, der sich an ihm gütlich tut;
doch kann es nicht daran gehindert werden, nach seinem
Belieben zu entschwinden. Daraus erhellt also, wie küm-
merlich eine aus irdischen Dingen herrührende Glückseligkeit ist, die bei den Gleichmütigen nicht dauernd aus-
harrt und die die Furchtsamen nicht vollkommen erfreut.
Warum also, ihr Sterblichen, sucht ihr das Glück, das in
euch liegt, außerhalb? Irrtum und Unkenntnis verblenden
euch. Ich will dir kurz den Hauptpunkt der höchsten
Glückseligkeit aufzeigen. Ist irgend etwas dir wertvoller
als du selbst? Nichts, wirst du sagen. Wärest du also deiner selber mächtig, so würdest du etwas besitzen, was
weder von dir verloren noch vom Schicksal geraubt werden könnte. Und um zu erkennen, daß auf solchen Zu-
fallsdingen das Glück nicht beruhen kann, mußt du so
folgern: Wenn die Glückseligkeit das höchste Gut eines
vernunftgemäß lebenden Wesens ist, wenn dasjenige nicht
ein höchstes Gut sein kann, was irgendwie weggenommen
werden kann (weil ja das den Vorrang hat, was *nicht* geraubt werden kann), so ergibt sich klärlich, daß die Un-
stäte des Schicksals für die Erlangung der Glückseligkeit
nicht förderlich zu sein vermag. Und weiter: Wen dieses
zweifelhafte Glück leitet, der weiß entweder, daß es unbeständig ist, oder er weiß es nicht. Wenn er es nicht weiß,
welches Los könnte bei so blinder Unwissenheit noch
beglücken? Wenn er es weiß, so muß er notwendigerweise
fürchten, das zu verlieren, was nach seiner Überzeugung
verlierbar ist. Und so läßt andauernde Furcht ihn nicht
glücklich sein. Oder meint er etwa, er müsse gering achten, was er verloren hat? Alsdann ist es auch ein sehr
ärmliches Gut, weil man ja seinen Verlust gleichmütig

Et quoniam tu idem es, cui persuasum atque insitum permultis demonstrationibus scio mentes hominum nullo modo esse mortales, cumque clarum sit fortuitam felicitatem corporis morte finiri, dubitari nequit, si haec afferre beatitudinem potest, quin omne mortalium genus in miseriam mortis fine labatur. Quod si multos scimus beatitudinis fructum non morte solum, verum etiam doloribus suppliciisque quaesisse, quonam modo praesens facere beatos potest, quae miseros transacta non efficit?

> Quisquis volet perennem
>   Cautus ponere sedem
> Stabilisque nec sonori
>   Sterni flatibus Euri
> Et fluctibus minantem
>   Curat spernere pontum,
> Montis cacumen alti,
>   Bibulas vitet harenas.
> Illud protervus Auster
>   Totis viribus urguet,
> Hae pendulum solutae
>   Pondus ferre recusant.
> Fugiens periculosam
>   Sortem sedis amoenae
> Humili domum memento
>   Certus figere saxo.

tragen kann. Und da du meines Wissens auch davon über-
zeugt und aufgrund zahlreicher Beweise davon durch-
drungen bist, daß die menschlichen Seelen keineswegs
sterblich seien, und da es denn klar ist, daß mit dem
leiblichen Tode auch das zufällige Glück sein Ende
nimmt, so kann, wenn dieses Glückseligkeit zu schaffen
vermag, nicht daran gezweifelt werden, daß am Ende das
ganze Menschengeschlecht mit dem Tode ins Unglück
abgleitet. Wenn nun aber, wie wir wissen, viele den Ge-
winn der Glückseligkeit nicht durch den Tod allein, sondern unter Schmerzen und Martern zu erlangen getrachtet
haben, inwiefern kann das durch seine Anwesenheit
glücklich machen, was durch seine Abwesenheit nicht unglücklich macht?

> Wer sich ein Haus behutsam
>   einzurichten gewillt ist,
> das nicht des Eurus[11] Wüten
>   umzureißen vermöchte,
> das auch dem Meere trotzte
>   und den drohenden Fluten,
> der meide hohe Berge
>   wie auch sandige Küsten;
> denn jenen droht der Auster,
>   ungestüm sie umtosend,
> und hier der lockre Boden
>   mag die Lasten nicht tragen.
> So fliehe die Gefahren
>   auch der reizvollsten Stätte,
> ein schlichtes Haus erbaue,
>   und auf felsigem Grunde!

Quamvis tonet ruinis
  Miscens aequora ventus,
Tu conditus quieti
  Felix robore valli,
Duces serenus aevum
  Ridens aetheris iras.

Sed queniam rationum iam in te mearum fomenta descendunt, paulo validioribus utendum puto. Age enim, si iam caduca et momentaria fortunae dona non essent, quid in eis est, quod aut vestrum umquam fieri queat aut non perspectum consideratumque vilescat?

Divitiaene vel vestri vel sui natura pretiosae sunt? Quid earum potius, aurumne an vis congesta pecuniae? Atqui haec effundendo magis quam coacervando melius nitent, si quidem avaritia semper odiosos, claros largitas facit. Quodsi manere apud quemque non potest, quod transfertur in alterum, tunc est pretiosa pecunia, cum translata in alios largiendi usu desinit possideri.

At eadem, si apud unum, quanta est ubique gentium, congeratur, ceteros sui inopes fecerit; et vox quidem tota pariter multorum replet auditum, vestrae vero divitiae nisi comminutae in plures transire non possunt. Quod cum factum est, pauperes necesse est faciant, quos relinquunt.

Wenn dann die Stürme brausend
    Trümmer mischen und Wogen,
  wirst du geborgen ruhen
    hinter kräftiger Schutzwehr
  und heitre Tagen leben
    trotz der wütendsten Winde.

Da nun die Besänftigungsmittel meiner vernunftgemäßen
Erwägungen bereits Eingang bei dir gefunden haben, so
glaube ich, daß etwas kräftigere angewendet werden können. Also: Wenn die Gaben des Glückes schon *nicht* so
hinfällig und flüchtig wären, was enthielten sie dann wohl,
was jemals euer eigen werden könnte oder, wenn es ge-
prüft und wohl erwogen würde, nicht seinen Wert verlieren müßte? Wird der Reichtum durch euer Zutun wertvoll, oder ist er es an sich? Was an ihm ist das Wertvollere:
das Gold oder die aufgespeicherte Kapitalkraft? Mehr
Glanz jedenfalls verleiht er bei großzügigem Ausgeben
als beim Aufhäufen, insofern als ja Habgier stets verhaßt und Freigebigkeit berühmt macht. Wenn nun das bei
keinem verbleiben kann, was einem anderen überlassen
wird, so ist das Geld nur dann von Wert, wenn man es
geschenkweise auf andere übertragen hat und nicht mehr
besitzt.

Das gleiche Geld jedoch würde, wenn das überall bei
den Menschen insgesamt vorhandene einem einzelnen zu-
flösse, die übrigen mittellos machen. Es kann wohl ein
Laut das Gehör vieler in gleicher Weise erreichen; euer
Reichtum aber kann nur *aufgeteilt* auf mehrere übergehen;
und wenn das geschehen ist, macht er mit Notwendigkeit
diejenigen arm, die er verläßt. Welch ein beschränkter und
hilfloser Reichtum also, der ungeteilt zum Besitz vieler

O igitur angustas inopesque divitias, quas nec habere totas pluribus licet et ad quemlibet since ceterorum paupertate non veniunt.

An gemmarum fulgor oculos trahit? Sed si quid est in hoc splendore praecipui, gemmarum est lux illa, non hominum; quas quidem mirari homines vehementer admiror. Quid est enim carens animae motu atque compage, quod animatae rationabilique naturae pulchrum esse iure videatur? Quae tametsi conditoris opera suique distinctione postremae aliquid pulchritudinis trahunt, infra vestram tamen excellentiam collocatae admirationem vestram nullo modo merebantur.

An vos agrorum pulchritudo delectat? Quidni? Est enim pulcherrimi operis pulchra portio. Sic quondam sereni maris facie gaudemus, sic caelum, sidera, lunam solemque miramur: num te horum aliquid attingit, num audes alicuius talium splendore gloriari? An vernis floribus ipse distingueris aut tua in aestivos fructus intumescit ubertas? Quid inanibus gaudiis raperis? Quid externa bona pro tuis amplexaris? Numquam tua faciet esse fortuna, quae a te natura rerum fecit aliena. Terrarum quidem fructus animantium procul dubio debentur alimentis. Sed si, quod naturae satis est, replere indigentiam velis, nihil est, quod fortunae affluentiam petas.

nicht werden kann und der auf einen einzelnen nicht kommt, ohne daß die übrigen verarmen!

Oder zieht der Glanz von Edelsteinen eure Augen auf sich? Aber wenn an dieser Pracht etwas Besonderes ist, so gehört doch das Licht zu den Edelsteinen, nicht zu den Menschen; daß sie jene bewundern, darüber wundere ich mich höchlich. Wie kann denn einem beseelten und vernünftigen Geschöpf dasjenige mit Recht als schön erscheinen, was des Zusammenhangs mit einer empfindenden Seele ermangelt? Wenngleich sie zufolge der Tätigkeit des Schöpfers und aufgrund ihrer Verschiedenartigkeit eine Spur von entfernter Schönheit aufweisen, so bleiben sie doch weit hinter eurer Vortrefflichkeit zurück und verdienen eure Bewunderung keineswegs.

Oder erfreut euch landschaftliche Schönheit? Nun, warum nicht? Ist sie doch ein schöner Teil eines wunderschönen Werkes. So erfreuen wir uns gelegentlich am Anblick des heiteren Meeres, so bewundern wir den Himmel, die Sterne, den Mond und die Sonne: Hat irgend etwas davon eine nähere Beziehung zu dir, und wagst du es etwa, dich des Glanzes irgendeines von ihnen zu rühmen? Bist etwa du selbst es, der im Blütenschmuck des Frühlings prangt oder aus eigener Fruchtbarkeit die schwellenden Früchte des Sommers hervorbringt? Warum läßt du dich von den eitlen Freuden beherrschen? Warum legst du auf äußere Güter Wert anstatt auf eigene? Niemals wird das Glück dir das zu eigen geben, was die Natur der Dinge als dir fernstehend erschaffen hat. Zwar sind die Früchte der Erde zweifellos für den Unterhalt der lebenden Wesen bestimmt. Wenn du aber deinen Bedarf befriedigen willst, soweit das für die Natur hinreichend ist, so ist kein Grund für dich, nach einem Überfluß des Glückes zu trachten.

Paucis enim minimisque natura contenta est; cuius satietatem si superfluis urgere velis, aut iniucundum, quod infuderis, fiet aut noxium.

Iam vero pulchrum variis fulgere vestibus putas, quarum si grata intuitu species est, aut materiae naturam aut ingenium mirabor artificis.

An vero te longus ordo famulorum facit esse felicem? Qui si vitiosi moribus sint, perniciosa demus sarcina et ipsi domino vehementer inimica; sin vero probi, quonam modo in tuis opibus aliena probitas numerabitur?

Ex quibus omnibus nihil horum, quae tu in tuis computas bonis, tuum esse bonum liquido monstratur. Quibus si nihil inest appetendae pulchritudinis, quid est, quod vel amissis doleas vel laeteris retentis? Quodsi natura pulchra sunt, quid id tua refert? Nam haec per se a tuis quoque opibus sequestrata placuissent. Neque enim idcirco sunt pretiosa, quod in tuas venere divitias, sed quoniam pretiosa videbantur, tuis ea divitiis annumerare maluisti.

Quid autem tanto fortunae strepitu desideratis? Fugare, credo, indigentiam copia quaeritis; atqui hoc vobis in contrarium cedit. Pluribus quippe adminiculis opus est ad tuendam pretiosae supellectilis varietatem, verumque illud est permultis eos indigere, qui permulta possideant, contraque minimum, qui abundantiam suam naturae necessitate, non ambitus superfluitate metiantur.

Denn die Natur ist mit wenigem und mit dem Allerge-
ringsten zufrieden; wenn du ihre Sättigung durch Über-
flüssiges steigern willst, so wird das, was du ihr einflößest,
entweder unangenehm oder schädlich sein.

Du hältst es aber für schön, in buntfarbigen Gewändern
zu glänzen? Nun, wenn sie angenehm anzuschauen sind,
werde ich entweder die Art des Stoffes oder die Geschick-
lichkeit des Herstellers bewundern.

Oder aber beglückt dich eine lange Reihe von Bedien-
steten? Wenn sie von verdorbenen Sitten sind, so stellen
sie eine schädliche Plage für das Hauswesen dar und eine
äußerst feindselige für den Herrn selbst; wenn sie aber
rechtschaffen sind, wie soll fremde Rechtschaffenheit deinem eigenen Besitztum zugerechnet werden? Aus all diesem geht klar hervor, daß nichts von dem, was du deinen
Gütern zuzählst, dein Gut ist. Wenn ihnen keinerlei be-
gehrenswürdige Schönheit eigen ist, aus welchem Grunde
trauerst du dann, wenn du sie verlorst, und freust du dich,
wenn du sie behältst? Wenn sie von Natur schön sind, was
macht dir das aus? Denn sie hätten an und für sich, auch
abgesondert von deinem Besitz, wohlgefallen. Sie sind
nämlich nicht deswegen wertvoll, weil sie zu deinem
Reichtum hinzukamen; sondern weil sie wertvoll erschie-
nen, hast du sie lieber deinem Reichtum hinzufügen wollen. Wonach strebt ihr aber mit so viel Getöse um das
Glück? Ich glaube, ihr versucht, Bedürftigkeit durch
reichlichen Besitz zu vertreiben; das aber schlägt für euch
ins Gegenteil um. Immer weitere Hilfsmittel sind ja erforderlich, damit die Mannigfaltigkeit wertvollen Hausrats
gewahrt werde, und es ist ein wahrer Ausspruch, daß
diejenigen viel begehren, die viel besitzen, und dagegen
die sehr wenig, die ihren Wohlstand nach den Ansprüchen

Itane autem nullum est proprium vobis atque insitum bonum, ut in externis ac sepositis rebus bona vestra quaeratis? Sic rerum versa condicio est, ut divinum merito rationis animal non aliter sibi splendere nisi inanimatae supellectilis possessione videatur? Et alia quidem suis contenta sunt, vos autem deo mente consimiles ab rebus infimis excellentis naturae ornamenta captatis nec intellegitis, quantam conditori vestro faciatis iniuriam. Ille genus humanum terrenis omnibus praestare voluit, vos dignitatem vestram infra infima quaeque detruditis. Nam si omne cuiusque bonum eo, cuius est, constat esse pretiosius, cum vilissima rerum vestra bona esse iudicatis, eisdem vosmet ipsos vestra existimatione submittitis, quod quidem haud immerito cadit. Humanae quippe naturae ista condicio est, ut tum tantum ceteris rebus, cum se cognoscit, excellat, eadem tamen infra bestias redigatur, si se nosse desierit. Nam ceteris animantibus sese ignorare naturae est, hominibus vitio venit.

Quam vero late patet vester hic error, qui ornari posse aliquid ornamentis existimatis alienis! At id fieri nequit; nam si quid ex appositis luceat, ipsa quidem, quae sunt apposita, laudantur, illud vero his tectum atque velatum in sua nihilo minus foeditate perdurat.

der Natur, nicht nach ihrem übergroßen Ehrgeiz bemessen. Verfügt ihr aber so wenig über ein eigenes und angestammtes Gut, daß ihr eure Güter in äußeren und entlegenen Dingen sucht? Hat sich das Verhältnis der Dinge so umgekehrt, daß ein aufgrund seiner Vernunft göttliches Geschöpf nicht anders glänzen zu können meint als durch den Besitz lebloser Habe? Andere sind zwar mit dem Ihrigen zufrieden; ihr aber, die ihr Gott geistig ähnlich seid, holt von den niedersten Dingen den Schmuck für eure bevorzugte Natur und begreift nicht, ein wie großes Unrecht ihr eurem Schöpfer antut. *Er* hat gewollt, daß das Menschengeschlecht alles Irdische überragt; *ihr* verlegt euren Rang unter den niedersten Platz. Denn wenn es zur Gewißheit wird, daß jedermanns Gut von größerem Wert ist als sein Besitzer, wenn ihr als eure Güter die nichtigsten Dinge betrachtet, dann unterstellt ihr selber euch ihnen in eurer Einschätzung, was euch denn allerdings nicht unverdientermaßen trifft. Die menschliche Natur ist ja so beschaffen, daß sie nur dann über die übrigen Dinge emporragt, wenn sie sich selbst erkennt, daß sie jedoch noch unter die Tiere rückt, wenn sie aufgehört hat, sich zu erkennen. Denn wenn die anderen Lebewesen sich nicht selber kennen, so ist das etwas Natürliches; den Menschen gereicht es zum Nachteil.

Wie weit doch geht dieser euer Irrtum, daß ihr des Glaubens seid, irgend etwas ließe sich durch fremdes Schmuckwerk verschönen! Das aber kann nicht geschehen; denn wenn etwas seinen Glanz durch eine Zutat empfängt, so findet zwar die Zutat selber Anerkennung, aber was durch sie bedeckt und verhüllt wird, verbleibt in seiner ganz und gar nicht verminderten Häßlichkeit.

Ich bestreite wirklich, daß etwas ein Gut sei, was sei-

Ego vero nego ullum esse bonum, quod noceat habenti. Num id mentior? Minime, inquis. Atqui divitiae possidentibus persaepe nocuerunt, cum pessimus quisque eoque alieni magis avidus, quicquid usquam auri gemmarumque est, se solum, qui habeat, dignissimum putat. Tu igitur, qui nunc contum gladiumque sollicitus pertimescis, si vitae huius callem vacuus viator intrasses, coram latrone cantares. O praeclara opum mortalium beatitudo, quam cum adeptus fueris, securus esse desistis!

> Felix nimium prior aetas,
> Contenta fidelibus arvis
> Ne inerti perdita luxu,
> Facili quae sera solebat
> Ieiunia solvere glande.
> Non Bacchica munera norant
> Liquido confundere melle,
> Nec lucida vellera Serum
> Tyrio miscere veneno.
> Somnos dabat herba salubres,
> Potum quoque lubricus amnis,
> Umbras altissima pinus.
> Nondum maris alta secabat
> Nec mercibus undique lectis
> Nova litora viderat hospes.
> Tunc classica saeva tacebant
> Odiis neque fusus acerbis
> Cruor horrida tinxerat arva.

nem Eigentümer schädlich wird. Äußere ich da etwas
Unwahres? Gewiß nicht, sagst du. Nun hat der Reichtum seinen Besitzern sehr oft Schaden gebracht, da
jeder schlechte Kerl, nach fremdem Gut also nur um so
gieriger, sich allein für den Berufensten hält, das zu
besitzen, was irgendwo an Gold und Juwelen zu haben
ist. Du aber nun, der du jetzt Spieß und Schwert voller
Unruhe fürchtest, du würdest, wenn du den Weg dieses
Lebens als mittelloser Wandersmann eingeschlagen hättest, noch in Gegenwart eines Straßenräubers singen.
Wahrhaftig: ein ganz besonderes Glück, diese irdischen
Schätze! Sobald du es errungen hast, hörst du auf, sorglos
zu sein.

> Wie glücklich die Menschen der Vorzeit,
> mit verläßlichem Acker zufrieden,
> durch ein Wohlleben noch nicht entartet,
> und gewöhnt, den Hunger am Abend
> mit Eichelkost einfach zu stillen!
> Nicht bekannt war, die Gabe des Bacchus
> mit dem flüssigen Honig zu mischen
> und das lichte Gewebe der Serer[12]
> mit dem Purpur aus Tyrus[13] zu färben.
> Den heilsamen Schlaf bot der Rasen,
> wie den Trank der flüchtige Wildbach
> und den Schatten die ragende Fichte.
> Noch nicht durchkreuzte die Meere
> der Fremde mit vielfacher Ware,
> nicht betrat er neues Gestade.
> Noch schwiegen die Schlachtenfanfaren,
> noch tränkte das schreckliche Kampffeld
> kein Blut, das voll Haß man vergossen.

Quid enim furor hosticus ulla
Vellet prior arma movere,
Cum vulnera saeva viderent
Nec praemia sanguinis ulla?
Utinam modo nostra redirent
In mores tempora priscos.
Sed saevior ignibus Aetnae
Fervens amor ardet habendi.
Heu primus quis fuit ille,
Auri qui pondera tecti
Gemmasque latere volentes
Pretiosa pericula fodit?

Quid autem de dignitatibus potentiaque disseram, quas
vos verae dignitatis ac potestatis inscii caelo exaequatis?
Quae si in improbissimum quemque ceciderunt, quae
flammis Aetnae eructantibus, quod diluvium tanta strages
dederint? Certe, uti meminisse te arbitror, consulare impe-
rium, quod libertatis principium fuerat, ob superbiam
consulum vestri veteres abolere cupiverunt, qui ob eandem superbiam prius regium de civitate nomen abstulerant. At si quando, quod perrarum est, probis deferantur,
quid in eis aliud quam probitas utentium placet? Ita fit, ut
non virtutibus ex dignitate, sed ex virtute dignitatibus
honor accedat. Quae vero est ista vestra expetibilis ac
praeclara potentia?

Wer denn wollte so feindselig handeln
und als erster die Waffen ergreifen?
Er sähe nur gräßliche Wunden
und keinerlei Preis für die Bluttat.
Ach fänden doch unsere Tage
zurück zu den alten Gebräuchen!
Aber grauser als Feuer im Ätna
entflammt die heißeste Habsucht.
O wer war's, der der Erde als erster
einst die Menge verborgenen Goldes
und die edlen und scheuen Gesteine,
als ein kostbar Verhängnis, entlockte?

Wie soll ich mich nun zu den Würden und zur Macht
äußern, die ihr in Unkenntnis wahrer Würde und Macht
dem Himmel gleichstellt? Wenn diese gerade einem Bösewicht zugefallen sind – welcher Ätna hätte durch seine
herausdrängenden Flammen, welche Wasserflut je eine so
große Verwüstung verursacht? Wenigstens haben eure
Vorfahren, wie du dich, denke ich, erinnern wirst, die
konsularische Gewalt, die der Beginn der Freiheit gewesen
war, wegen der Überheblichkeit der Konsuln abzuschaffen
gewünscht, so wie sie vordem wegen gleicher Überheblichkeit den Königstitel aus dem Staatswesen ausgemerzt
hatten[14]. Werden sie [die Würden] indessen einmal Rechtschaffenen übertragen, was sehr selten vorkommt, was
gefällt dann anderes an ihnen als die Rechtschaffenheit
derer, die sie innehaben? So geschieht es, daß nicht die
Tugenden durch die Würde, sondern die Würden durch
die Tugend geehrt werden. Was hat es denn mit dieser
eurer begehrenswerten und ansehnlichen Macht auf sich?
Ihr Erdenwesen, zieht ihr nicht in Betracht, wer ihr seid

Nonne, o terrena animalia, consideratis, quibus qui praesidere videamini? Nunc si inter mures videres unum aliquem ius sibi ac potestatem prae ceteris vindicantem, quanto movereris cachinno! Quid vero, si corpus spectes, imbecillius homine reperire queas, quos saepe muscularum quoque vel morsus vel in secreta quaeque reptantium necat introitus? Quo vero quisquam ius aliquod in quempiam nisi in solum corpus et quod infra corpus est, fortunam loquor, possit exserere? Num quidquam libero imperabis animo? Num mentem firma sibi ratione cohaerentem de statu propriae quietis amovebis? Cum liberum quendam virum suppliciis se tyrannus adacturum putaret, ut adversum se factae coniurationis conxios proderet, linguam ille momordit atque abscidit et in os tyranni saevientis abiecit. Ita cruciatus, quos putabat tyrannus materiam crudelitatis, vir sapiens fecit esse virtutis.

Quid autem est, quod in alium facere quisque possit, quod sustinere ab alio ipse non possit? Busiridem accepimus necare hospites solitum ab Hercule hospite fuisse mactatum. Regulus plures Poenorum bello captos in vincla coniecerat, sed mox ipse victorum catenis manus praebuit. Ullamne igitur eius hominis potentiam putas, qui, quod ipse in alio potest, ne id in se alter valeat, efficere non possit?

und über wen ihr anscheinend herrscht? Wenn du nun
sähest, wie sich bei den Mäusen irgendeine das Recht und
die Macht vor den übrigen vorbehalten wollte, welch
schallendes Gelächter würdest du anstimmen! Was aber,
wenn du auf das Körperliche siehst, kannst du Kraftlose-
res finden als den Menschen, dem schon der Stich kleiner
Fliegen oder ihr Eindringen in die inneren Organe den
Tod bringt? Wie kann nun jemand irgendein Recht gegenüber einem beliebigen anderen auf andere Weise als an
dessen Körper zur Geltung bringen und an dem, was noch
geringer ist als der Körper, ich meine: an seiner Habe?
Willst du denn einem freien Geiste etwa gebieten? Willst
du einen von festen Grundsätzen gehaltenen Charakter
aus dem Zustande der ihm eigenen Ruhe vertreiben? Als
ein Tyrann einen freien Mann durch Marterungen dazu zu
bringen vermeinte, die Mitwisser einer gegen ihn gerichteten Verschwörung preiszugeben, da biß der sich die
Zunge ab und warf sie dem wütigen Tyrannen ins Gesicht. So machte der weise Mann die Marterqualen, für
den Tyrannen eine Sache der Grausamkeit, zu einer Sache
der Standhaftigkeit.

Was gibt es wohl, was einer dem anderen antun kann,
ohne daß es ihm selbst von dem anderen widerfahren
könnte? Wir wissen von Busiris[15], der seine Gäste umzu-
bringen pflegte und der von Hercules, seinem Gast, getötet worden ist. Regulus[16] hatte viele Punier gefangenge-
nommen und in Fesseln gelegt; aber danach reichte er
selber seine Hände den Ketten der Unterlegenen hin.
Meinst du also, daß *der* Mann irgendwie mächtig sei, der
nicht erwirken kann, daß zu dem, was er selbst einem
anderen gegenüber zu tun vermag, der andere ihm gegenüber *nicht* imstande sei? Weiter: Wenn die Würden und

Ad haec, si ipsis dignitatibus ac potestatibus inesset aliquid naturalis ac proprii boni, numquam pessimis provenirent. Neque enim sibi solent adversa sociari. Natura respuit, ut contraria quaeque iungantur. Ita cum pessimos plerumque dignitatibus fungi dubium non sit, illud etiam liquet natura sui bona non esse, quae se pessimis haerere patiantur. Quod quidem de cunctis fortunae muneribus dignius existimari potest, quae ad improbissimum quemque uberiora perveniunt.

De quibus illud etiam considerandum puto, quod nemo dubitat esse fortem, cui fortitudinem inesse conspexerit, et, cuicumque velocitas adest, manifestum est esse velocem. Sic musica quidem musicos, medicina medicos, rhetorica rhetores facit. Agit enim cuiusque rei natura, quod proprium est, nec contrarium rerum miscetur effectibus et ultro, quae sunt aversa, depellit. Atqui nec opes inexpletam restinguere avaritiam queunt nec potestas sui compotem fecerit, quem vitiosae libidines insolubilibus adstrictum retinent catenis, et collata improbis dignitas non modo non efficit dignos, sed prodit potius et ostentat indignos. Cur ita provenit? Gaudetis enim res sese aliter habentes falsis compellare nominibus, quae facile ipsarum rerum redarguuntur effectu; itaque nec illae divitiae nec illa potentia nec haec dignitas iure appellari potest.

Machtstellen selbst irgendein naturgegebenes oder ihnen eigentümliches Gutes enthielten, würden sie niemals den Bösen zufallen. Denn das in sich Gegensätzliche pflegt sich nicht zu vereinigen. Die Natur läßt es nicht zu, daß einander Widerstreitendes eine Verbindung eingehe. Also wenn zweifellos meistens die Schlechtesten die Würden bekleiden, so ist auch das klar, daß etwas von sich aus nicht gut ist, was sich gefallen läßt, den Bösen verhaftet zu sein. Das freilich kann etwa entsprechend von sämtlichen Geschenken des Glücks geurteilt werden, die gerade den Ruchlosesten besonders üppig zufallen.

In dieser Hinsicht muß meines Erachtens auch das folgende wohlbedacht werden: Es ist für niemand zweifelhaft, daß derjenige tapfer sei, dem nach seiner Beobachtung Tapferkeit zu eigen ist; und es ist offenkundig, daß der, dem Schnelligkeit zu Gebote steht, schnell ist. So jedenfalls macht die Musik zu Musikern, die Medizin zu Medizinern, die Redekunst zu Rednern. Die Natur eines jeden Dinges verrichtet nämlich das, was ihrem eigensten Sein gemäß ist, geht keine Verbindung ein mit entgegengesetzt wirkenden Dingen und weist von allein zurück, was ihr zuwiderläuft. Nun vermögen aber weder Schätze eine unersättliche Habsucht zu befriedigen, noch gewährt Machtstellung demjenigen Gewalt über sich selbst, den schandbare Lüste in unlösbare Ketten gefesselt halten; und die auf Ruchlose übertragene Würde macht diese nicht nur nicht würdig, sondern sie verrät sie vielmehr und gibt sie als Unwürdige zu erkennen. Warum das so geschieht? Euch behagt es eben, Dinge von ganz anderer Beschaffenheit mit unrichtigen Benennungen zu belegen, die durch die Auswirkung der Dinge selbst widerlegt werden; somit kann weder jenes Reichtum noch jenes Macht,

Postremo idem de tota concludere fortuna licet, in qua nihil expetendum, nihil nativae bonitatis inesse manifestum est, quae nec se bonis semper adiungit et bonos, quibus fuerit adiuncta, non efficit.

> bovimus, quantas dederit ruinas
> Urbe flammata patribusque caesis,
> Fratre qui quondam ferus interempto
> Matris effuso maduit cruore;
> Corpus et visu gelidum pererrans
> Ora non tinxit lacrimis, sed esse
> Censor exstincti potuit decoris.
> Hic tamen sceptro populos regebat,
> Quos videt condens radios sub undas
> Phoebus extremo veniens ab ortu,
> Quos premunt septem gelidi triones,
> Quos Notus sicco violentus aestu
> Torret ardentes recoquens harenas.
> Celsa num tandem valuit potestas
> Vertere pravi rabiem Neronis?
> Heu gravem sortem, quotiens iniquus
> Additur saevo gladius veneno!

Tum ego: Scis, inquam, ipsa minimum nobis ambitionem mortalium rerum fuisse dominatam. Sed materiam gerendis rebus optavimus, quo ne virtus tacita consenesceret.

Et illa: Atqui hoc unum est, quod praestantes quidem natura mentes, sed nondum ad extremam manum virtutum perfectione perductas allicere possit, gloriae scilicet cupido et optimorum in rem publicam fama meritorum.

noch dieses Würde mit Recht genannt werden. Schließlich kann von dem ganzen Glück das gleiche gefolgert werden, in dem offensichtlich nichts an Begehrenswertem, nichts an ureigener Güte enthalten ist, das sich nicht immer den Guten zugesellt und diejenigen nicht gut macht, mit denen es vereinigt wurde.

Alle kennen wir den Verderber Nero,[17]
der die Stadt verbrannt, der das Volk getötet,
roh gemordet hat seinen eignen Bruder
und besudelt war mit dem Blut der Mutter.
Als sein Blick gestreift den erstarrten Körper,
fand er Tränen nicht, die sein Antlitz näßten,
sondern rühmte nur die entschwundne Schönheit.
Dennoch herrschte der über Völkerschaften,
wie sie Phöbus schaut, wenn er tief ins Meer sinkt
und von Osten her wiederum zurückkehrt,
die die Kälte quält der Septemtrionen,[18]
die der Notus[19] dörrt, wenn er heiß daherstürmt
und der trockne Sand wie im Feuer siedet.
Aber konnten wohl die erhabnen Mächte
endlich Einhalt tun den Verbrechen Neros?
Welch ein hartes Los, wenn die wüste Mordgier
mit der Macht des Schwerts sich zusammenfindet!

Darauf sagte ich: Du weißt selbst, daß ich vom Ehrgeiz nach irdischen Dingen ganz wenig beherrscht worden bin. Aber ich habe nach Anregung zu Taten verlangt, damit die Tatkraft nicht stillschweigend erlahme.

Und jene: Das ist freilich das einzige, wodurch von Natur bevorzugte Geister, die zur höchsten Vervollkommnung ihrer Tugenden noch nicht gelangt sind, an-

Quae quam sit exilis et totius vacua ponderis, sic considera.

Omnem terrae ambitum, sicuti astrologicis demonstrationibus accepisti, ad caeli spatium puncti constat obtinere rationem, id est, ut, si ad caelestis globi magnitudinem conferatur, nihil spatii prorsus habere iudicetur. Huius igitur tam exiguae in mundo regionis quarta fere portio est, sicut Ptolemaeo probante didicisti, quae nobis cognitis animantibus incolatur. Huic quartae, si quantum maria paludesque premunt quantumque siti vasta regio distenditur, cogitatione subtraxeris, vix angustissima inhabitandi hominibus area relinquetur. In hoc igitur minimo puncti quodam puncto circumsaepti atque conclusi de pervulganda fama, de proferendo nomine cogitatis? At quid habeat amplum magnificumque gloria tam angustis exiguisque limitibus artata? Adde, quod hoc ipsum brevis habitaculi saeptum plures incolunt nationes lingua, moribus, totius vitae ratione distantes, ad quas tum difficultate itinerum, tum loquendi diversitate, tum commercii insolentia non modo fama hominum singulorum, sed ne urbium quidem pervenire queat. Aetate denique Marci Tulli, sicut ipse in quodam loco significat, nondum Caucasum montem Romanae rei publicae fama transcenderat et erat tunc adulta Parthis etiam ceterisque id locorum gentibus formidolosa.

gelockt werden können, nämlich die Ruhmbegierde und
der Ruf hervorragendster Verdienste um den Staat. Wie
nichtig und jedes Gewichts entbehrend dieser ist, das mögest du aus folgendem erkennen:

Wie dir aus den Nachweisen der Astrologen[20] bekannt
ist, stellt der gesamte Umkreis der Erde, verglichen mit
dem Himmelsraum, gewiß nur einen Punkt dar; das heißt,
daß man sagen kann, er habe gegenüber der Weite des
Himmels überhaupt keine Ausdehnung. Nun wird von
diesem so knappen Bereich der Welt, wie du aus den
Nachweisen des Ptolemäus[21] gelernt hast, etwa der vierte
Teil durch uns bekannte Geschöpfe bewohnt. Wenn du
von diesem vierten Teil in deiner Vorstellung das abziehst,
was von Meeren und Sümpfen bedeckt ist und was von
dürrem, verödetem Gebiet eingenommen wird, so bleibt
den Menschen gerade noch ein höchst beengtes Wohnge-
biet zur Verfügung. In diesem – wenn man so sagen will –
winzigen Punkt eines Punktes umzingelt und eingeschlossen, denkt ihr über die Ausbreitung eures Rufes, über die
Förderung eures Namens nach? Was hat denn ein in so
enge und schmale Grenzen eingezwängter Ruhm Ehren-
volles und Großartiges an sich? Nimm noch hinzu, daß in
eben dieser Enge eines kleinen Wohngebietes mehrere,
nach Sprache, Sitten und gesamter Lebenshaltung unter
sich verschiedene Völker wohnen, bis zu denen wegen der
Reiseschwierigkeit wie der Verschiedenheit der Sprachen
wie auch der Ungewohntheit der Verbindung nicht nur
nicht der Ruf von einzelnen Menschen, sondern nicht einmal der von Städten dringen kann. Zur Zeit des Marcus
Tullius[22] hatte sogar, wie er selbst an einer Stelle aufzeich-
net, der Ruf des römischen Staates noch nicht den Kauka-
sus überschritten, obwohl er damals kraftvoll und auch

Videsne igitur, quam sit angusta, quam compressa gloria, quam dilatare ac propagare laboratis? An ubi Romani nominis transire fama nequit, Romani hominis gloria progredietur? Quid quod diversarum gentium mores inter se atque instituta discordant, ut, quod apud alios laude, apud alios supplicio dignum iudicetur? Quo fit, ut, si quem famae praedicatio delectat, huic in plurimos populos nomen proferre nullo modo conducat. Erit igitur pervagata inter suos gloria quisque contentus et intra unius gentis terminos praeclara illa famae immortalitas coartabitur.

Sed quam multos clarissimos suis temporibus viros scriptorum inops delevit oblivio. Quamquam quid ipsa scripta proficiant, quae cum suis auctoribus premit longior atque obscura vetustas? Vos vero immortalitatem vobis propagare videmini, cum futuri famam temporis cogitatis. Quod si ad aeternitatis infinita spatia pertractes, quid habes, quod de nominis tui diuturnitate laeteris? Unius etenim mora momenti, si decem milibus conferatur annis, quoniam utrumque spatium definitum est, minimam licet, habet tamen aliquam portionem. At hic ipse numerus annorum eiusque quamlibet multiplex ad interminabilem diuturnitatem ne comparari quidem potest; etenim finitis ad se invicem fuerit quaedam, infiniti vero atque finiti nulla umquam poterit esse collatio.

den Parthern[23] wie den übrigen Völkerschaften jener Gegenden furchtbar war. Erkennst du also, wie eng und begrenzt der Ruhm ist, den ihr auszubreiten und zu verlängern bestrebt seid? Soll etwa der Ruhm eines römischen Mannes dorthin vordringen, wohin der römische Name nicht zu gelangen vermag? Ferner sind die Gewohnheiten und Einrichtungen der verschiedenen Völker nicht übereinstimmend, so daß bei den einen als strafbar angesehen wird, was bei den anderen als lobenswürdig gilt. Woher es denn kommt, daß es einem, dem an der Bekanntgabe seines Rufes gelegen ist, keineswegs etwas einträgt, seinen Namen zu zahlreichen Völkern zu tragen. So wird ein jeder mit dem unter den Seinigen verbreiteten Ruhm zufrieden sein, und jene glänzende Unsterblichkeit des Ruhmes wird sich in den Grenzen eines einzigen Volkes halten.

Aber wie viele zu ihrer Zeit höchst angesehene Männer sind mangels schriftlicher Aufzeichnungen der Vergessenheit anheimgefallen! Was nützen freilich selbst Schriften, die ebenso wie ihre Verfasser ein ziemlich langes und trübes Alter drückt? Ihr aber meint, daß ihr die Unsterblichkeit für euch erwerbt, wenn ihr den Ruhm einer zukünftigen Zeit ins Auge faßt. Wenn du die unendlichen Strecken der Ewigkeit durchgehst, welche Veranlassung hast du dann noch, dich der langen Dauer deines Namens zu freuen? Der Zeitraum eines einzigen Augenblicks, verglichen mit zehntausend Jahren, bildet einen zwar sehr kleinen, doch immerhin gewissen Teil davon, weil beides eine festbegrenzte Zeitstrecke darstellt. Aber diese Zahl von Jahren selbst und ein beliebiges Vielfaches davon kann mit einer grenzenlosen Dauer gewiß nicht verglichen werden, da wohl für Festbegrenztes eine gegenseitige Ver-

Ita fit, ut quamlibet prolixi temporis fama, si cum inexhausta aeternitate cogitetur, non parva, sed plane nulla esse videatur.

Vos autem nisi ad populares auras inanesque rumores recte facere nescitis et relicta conscientiae virtutisque praestantia de alienis praemia sermunculis postulatis. Accipe in huiusmodi arrogantiae levitate, quam festive aliquis illuserit. Nam cum quidam adortus esset hominem contumeliis, qui non ad verae virtutis usum, sed ad superbam gloriam falsum sibi philosophi nomen induerat, adiecissetque iam se sciturum, an ille philosophus esset, si quidem illatas iniurias leniter patienterque tolerasset, ille patientiam paulisper assumpsit acceptaque contumelia velut insultans: »Iam tandem, inquit, intellegis me esse philosophum?« Tum ille nimium mordaciter: »Intellexeram, inquit, si tacuisses.«

Quid autem est, quod ad praecipuos viros, de his enim sermo est, qui virtute gloriam petunt, quid, inquam, est, quod ad hos de fama post resolutum morte suprema corpus attineat? Nam si, quod nostrae rationes credi vetant, toti moriuntur homines, nulla est omnino gloria, cum is, cuius ea esse dicitur, non exstet omnino.

gleichsmöglichkeit besteht, nicht aber eine solche zwischen Unbegrenztem und Begrenztem. So geschieht es, daß der Ruf, auch wenn er eine beliebig lange Zeit andauert, in Hinsicht auf die unausschöpfbare Ewigkeit nicht klein zu sein, sondern ganz einfach nicht zu bestehen scheint. Ihr wißt aber das Rechte nur um der Volkgunst und um nichtigen Beifalls willen zu tun, ihr vernachlässigt den Vorzug des Gewissens und der Tugend und heischt euren Lohn von ungehörigem Geschwätz. Vernimm, wie nett einer die Leichtfertigkeit eines solchen Dünkels verspottet hat: Als nämlich jemand einen Mann, der sich nicht zwecks Ausübung der Tugend, sondern aus hochmutvoller Ruhmsucht unrechtmäßig den Namen eines Philosophen zugelegt hatte, mit Schmähungen angegriffen und hinzugefügt hatte, er werde bald erkennen, ob jener ein Philosoph sei, dann nämlich, wenn er das ihm zugefügte Unrecht sanftmütig und geduldig ertragen hätte, da bewahrte der für eine kleine Weile die Geduld und sagte dann, indem er sich gleichsam über die erlittene Schmähung lustig machte: »Siehst du nun endlich ein, daß ich ein Philosoph bin?« Worauf dieser überaus bissig sagte. »Ich hätte es eingesehen, wenn du geschwiegen hättest.«[24]

Was haben aber hervorragende Männer – denn nur von diesen ist die Rede –, die durch Tugend nach Ruhm trachteten, was, sage ich, haben sie mit dem Ruhm zu schaffen, wenn der Körper schließlich im Tode zerfallen ist? Denn wenn, was unsere Überlegungen zu glauben verbieten, die Menschen gänzlich sterben, so gibt es überhaupt keinen Ruhm, weil derjenige, zu dem er angeblich gehört, überhaupt nicht vorhanden ist. Wenn aber der Geist, eines reinen Gewissens froh, nach Befreiung aus dem irdischen

Sin vero bene sibi mens conscia terreno carcere resoluta caelum libera petit, nonne omne terrenum negotium spernat, quae se caelo fruens terrenis gaudet exemptam?

Quicumque solam mente praecipiti petit
  Summumque credit gloriam,
Late patentes aetheris cernat plagas
  Artumque terrarum situm.
Brevem replere non valentis ambitum
  Pudebit aucti nominis.
Quid, o superbi, colla mortali iugo
  Frustra levare gestiunt?
Licet remotos fama per populos means
  Diffusa linguas explicet
Et magna titulis fulgeat claris domus,
  Mors spernit altam gloriam,
Involvit humile pariter et celsum caput
  Aequatque summis infima.
Ubi nunc fidelis ossa Fabricii manent,
  Quid Brutus aut rigidus Cato?
Signat superstes fama tenuis pauculis
  Inane nomen litteris.
Sed quod decora novimus vocabula,
  Num scire consumptos datur?
Iacetis ergo prorsus ignorabiles
  Nec fama notos efficit.
Quodsi putatis longius vitam trahi
  Mortalis aura nominis,
Cum sera vobis rapiet hoc etiam dies,
  Iam vos secunda mors manet.

Kerker in Freiheit zum Himmel aufsteigt, verachtet er
dann nicht jegliche irdische Angelegenheit, im Vollgenuß
des Himmels erfreut darüber, dem Erdenwesen entrückt
zu sein?

Wer allzu heftig nur nach Ruhm begierig ist
    und als das größte Glück ihn schätzt,
betrachte erst die ausgedehnte Himmelswelt
    und dann den engen Erdenraum,
und Scham wird ihn erfassen, daß sein stolzer Ruf
    nicht diesen kargen Raum erfüllt.
Was quält ihr euch, ihr Stolzen, aus dem Sklavenjoch
    der Sterblichkeit euch zu befrein?
Wenn auch in fernste Völkerschaften euer Ruf
    des Ruhmes Lobpreis weiterträgt,
wenn euer großes Haus von höchsten Ehren glänzt –
    der Tod verwirft den ganzen Ruhm,
und ob gering, ob vornehm: beide hüllt er ein,
    und hoch und niedrig gilt ihm gleich.
Was blieb denn von dem rechtlichen Fabricius?[25]
    Von Brutus[26] und von Catos[27] Zorn?
Mit ein paar knappen Zeichen wird vom Nachruhm nur
    ein leerer Name aufbewahrt;
und kennen wir ihn gleich aus wohlgesetztem Wort –
    sind uns die Toten dann vertraut?
So also bleibt ihr völlig in Verborgenheit,
    und Nachruhm macht euch nicht bekannt.
Doch meint ihr etwa, daß das Leben länger währt
    im Schimmer eures Erdenruhms:
dann, wenn auch den euch wegnimmt eine spätre Zeit,
    erwartet euch ein zweiter Tod.

Sed ne me inexorabile contra fortunam gerere bellum putes, est aliquando, cum de hominibus, fallax illa nihil, bene mereatur, tum scilicet, cum se aperit, cum frontem detegit moresque profitetur. Nondum forte quid loquar intellegis. Mirum est, quod dicere gestio, eoque sententiam verbis explicare vix queo. Etenim plus hominibus reor adversam quam prosperam prodesse fortunam. Illa enim semper specie felicitatis, cum videtur blanda, mentitur, haec semper vera est, cum se instabilem mutatione demonstrat. Illa fallit, haec instruit, illa mendacium specie bonorum mentes fruentium ligat, haec cognitione fragilis felicitatis absolvit. Itaque illam videas ventosam, fluentem suique semper ignaram, hanc sobriam succinctamque et ipsius adversitatis exercitatione prudentem. Postremo felix a vero bono devios blanditiis trahit, adversa plerumque ad vera bona reduces unco retrahit. An hoc inter minima aestimandum putas, quod amicorum tibi fidelium mentes haec aspera, haec horribilis fortuna detexit? Haec tibi certos sodalium vultus ambiguosque secrevit, discedens suos abstulit, tuos reliquit. Quanti hoc integer et, ut videbaris tibi, fortunatus emisses? Nunc amissas opes querere:

Aber du mußt nicht denken, daß ich einen unerbittlichen
Krieg gegen das Glück führe. Es kommt zuweilen vor,
daß jenes keineswegs trügerisch auftritt und daß es sich
um die Menschen wohlverdient macht, nämlich dann,
wenn es Offenheit zeigt, wenn es sein Gesicht enthüllt und
seine Gewohnheiten frei bekennt. Du verstehst vielleicht
noch nicht, wovon ich spreche. Es ist etwas Wunderliches,
was ich gern sagen möchte, und eben darum kann ich den
Gedanken kaum in Worten ausdrücken. Ich bin nämlich
der Ansicht, daß ein widriges Schicksal den Menschen
zuträglicher sei, als ein günstiges. Denn letzteres, indem es
einen verlockenden Eindruck macht, trügt mit vorgeblicher Glückseligkeit immerfort; jenes ist immer wahr,
indem es sich bei seiner Veränderlichkeit als unzuverlässig
erweist; dieses täuscht, jenes macht klug; in Gestalt trüge-
rischer Güter legt dieses den Geist in Fesseln, jenes macht
ihn frei durch die Erkenntnis von der Zerbrechlichkeit des
Glücks. Darum kannst du dieses als wetterwendisch, ver-
fließend und stets sich selber fremd erkennen, jenes als
nüchtern, bereit und wissend, gerade infolge seiner Ge-
übtheit im Widerwärtigen. Schließlich verlockt ein glück-
liches Schicksal schmeichlerisch vom wahren Guten weg
auf Abwege, ein widriges zerrt gewöhnlich mit dem
Haken[28] zu den wahren Gütern zurück. Oder hältst du es
etwa für unwesentlich, daß dir dieses rauhe, dieses schrek-
kensvolle Geschick die Gesinnung treuer Freunde offen-
bart hat, daß es dir die sicheren und die zweifelhaften
Mienen der Gefährten voneinander sonderte und die seinigen, als es schied, mitnahm und die deinigen zurück-
ließ? Was hättest du dafür gegeben, als du noch unangetastet und, wie dir schien, im Glück warst? Nun
magst du über verlorene Werte klagen – das, was die

quod pretiosissimum divitiarum genus est, amicos inve-
nisti.

> Quod mundus stabili fide
> Concordes variat vices,
> Quod pugnantia semina
> Foedus perpetuum tenent,
> Quod Phoebus roseum diem
> Curru provehit aureo,
> Ut, quas duxerit Hesperos
> Phoebe noctibus imperet,
> Ut fluctus avidum mare
> Certo fine coerceat,
> Ne terris liceat vagis
> Latos tendere terminos,
> Hanc rerum seriem ligat
> Terrass ac pelagus regens
> Et caelo imperitans amor.
> Hic si frena remiserit,
> Quidquid nunc amat invicem,
> Bellum continuo geret,
> Et quam nunc socia fide
> Pulchris motibus incitant,
> Certent solvere machinam.
> Hic sancto populos quoque
> Iunctos foedere continet,
> Hic et coniugii sacrum
> Castis nectit amoribus,
> Hic fidis etiam sua
> Dictat iura sodalibus.
> O felix hominum genus,
> Si vestros animos amor,
> Quo caelum regitur, regat.

kostbarste Art von Reichtum darstellt, hast du gefunden: Freunde.

> Wenn des Weltalls Beständigkeit
> auch im Wechsel noch Einklang zeigt,
> wenn der Grundstoffe Daseinskampf
> dennoch dauernde Bindung wahrt,
> wenn im goldenen Wagen uns
> Phöbus rosige Frühe bringt,
> aber Phöbe[29] die Nacht regiert,
> die ihr Hesperus angezeigt,
> wenn das Meer, so begierig sonst,
> sich in sicheren Schranken hält,
> wenn zu weit in den Meeresraum
> nicht das Land seine Grenzen zieht –
> Liebe ist es, die alles eint,
> über Länder und Meere herrscht
> und dem Himmel Gesetze gibt.
> Wenn die Zügel sie lockerte,
> würde das, was sich jetzt verträgt,
> in beständigem Kampfe sein;
> was in Eintracht den Weltengang
> jetzt noch trefflich zu regeln weiß,
> ginge nur auf Zerstörung aus.
> Liebe sichert den heilgen Bund,
> der die Völker zusammenhält,
> und der züchtigen Neigung gibt
> sie die Weihe des Ehestands.
> Sie auch setzt die Gebote auf,
> die ergebene Freundschaft liebt.
> O wie glücklich ihr Menschen seid,
> lenkt die Liebe die Herzen euch,
> wie den Himmelsraum selbst sie lenkt!

LIBER TERTIUS

Iam cantum illa finiverat, cum me audiendi avidum stu-pentemque arrectis adhuc auribus carminis mulcedo de-fixerat. Itaque paulo post: O, inquam, summum lassorum solamen animorum, quam tu me vel sententiarum pondere vel canendi etiam iucunditate refovisti adeo ut iam me posthac imparem fortunae ictibus esse non arbitrer. Itaque remedia, quae paulo acriora esse dicebas, non modo non perhorresco, sed audiendi avidus vehementer efflagito.

Tum illa: Sensi, inquit, cum verba nostra tacitus atten-tusque rapiebas, eumque tuae mentis habitum vel exspec-tavi vel, quod est verius, ipsa perfeci. Talia sunt quippe, quae restant, ut degustata quidem mordeant, interius autem recepta dulcescant. Sed quod tu te audiendi cupi-dum dicis, quanto ardore flagrares, si quonam te ducere aggrediamur agnosceres?

Quonam? inquam.

Ad veram, inquit, felicitatem, quam tuus quoque som-niat animus, sed occupato ad imagines visu ipsam illam non potest intueri.

Tum ego: Fac, obsecro, et quae illa vera sit, sine cuncta-tione demonstra.

Faciam, inquit illa, tui causa libenter.

DRITTES BUCH

Jene hatte ihr Lied bereits beendet, als ich mich noch immer im Banne des anmutigen Gedichtes befand: unersättlich im Zuhören, staunend, die Ohren gespitzt. So sprach ich nach einer kleinen Weile: Du erhabenster Trost matter Herzen! Wie hast du mich so sehr durch das Gewicht der Darlegungen wie auch durch die Lieblichkeit des Gesanges aufgerichtet, daß ich nun nicht mehr glaube, den Schicksalsschlägen nicht gewachsen zu sein! Deshalb schrecke ich vor den Heilmitteln, die nach deinen Ausführungen etwas kräftiger sind, nicht nur nicht zurück, sondern ich bin begierig, davon zu hören, und verlange dringend danach.

Darauf sagte jene: Das habe ich empfunden, als du in aufmerksamem Schweigen meine Worte eifrig aufnahmst, und ich habe diese deine geistige Haltung erwartet oder, was richtiger ist, selbst zuwege gebracht. Was noch übrig ist, das ist von der Art, daß es wohl brennt, wenn man davon kostet, daß es aber, wenn es dem Körper zugeführt wird, einen süßen Geschmack annimmt. Doch wenn du, wie du erklärst, begierig bist, davon zu hören, von welcher Glut würdest du verzehrt werden, wenn du erführest, wohin ich dich zu führen gedenke!

Wohin wohl? sagte ich.

Zur wahren Glückseligkeit, sprach sie, von der auch dein Geist träumt, die er jedoch, von Trugbildern in Anspruch genommen, selbst nicht zu schauen vermag.

Darauf ich: Eile dich, ich beschwöre dich, und zeige mir ohne Zögern, welches jene wahre Glückseligkeit sei.

Das werde ich, sagte sie, um deinetwillen gern tun.

Sed quae tibi causa notior est, eam prius designare verbis atque informare conabor, ut ea perspecta, cum in contrariam partem flexeris oculos, verae specimen beatitudinis
possis agnoscere.

> Qui serere ingenuum volet agrum,
> Liberat arva prius fruticibus,
> Falce rubos filicemque resecat,
> Ut nova fruge gravis Ceres eat.
> Dulcior est apium mage labor,
> Si malus ora prius sapor edat.
> Gratius astra nitent, ubi notus
> Desinit imbriferos dare sonos.
> Lucifer ut tenebras pepulerit,
> Pulchra dies roseos agit equos.
> Tu quoque falsa tuens bona prius
> Incipe colla iugo retrahere:
> Vera dehinc animum subierint.

Tum defixo paululum visu et velut in augustam suae mentis sedem recepta sic coepit: Omnis mortalium cura, quam
multiplicium studiorum labor exercet, diverso quidem
calle procedit, sed ad unum tamen beatitudinis finem nititur pervenire. Id autem est bonum, quo quis adepto nihil
ulterius desiderare queat. Quod quidem est omnium summum bonorum cunctaque intra se bona continens, cui si
quid aforet, summum esse non posset, quoniam relinque-
retur extrinsecus, quod posset optari. Liquet igitur esse
beatitudinem statum bonorum omnium congregatione
perfectum.

Doch werde ich vorher einen Punkt, der dir vertrauter ist,
mit Worten zu bezeichnen und zu schildern versuchen, so
daß du, hast du ihn deutlich erkannt, das Musterbild wahren Glückes wahrnehmen kannst, wenn du die Augen
nach der ganz entgegengesetzten Seite richtest.

Will man ein fruchtbares Neuland bestellen,
sucht man zuerst das Gestrüpp zu vertilgen,
rodet die Farne und Brombeergesträuche,
dann erst bringt Ceres die neuen Erträge.
Süßer nur schmeckt das Erzeugnis der Bienen,
reizt zuvor bittrer Geschmack unsre Zunge.
Um so willkommener leuchten die Sterne,
wenn erst die Wetter des Südwinds verstummen.
Wenn zuvor Luzifer scheuchte das Dunkel,
naht sich der Tag auf dem rosigen Wagen. –
Du auch, wenn unechte Güter dich lockten,
suche den Nacken vom Joch zu befreien;
dann wird dein Geist erst die Wahrheit erschauen.

Danach richtete sie ein Weilchen den Blick zu Boden und
zog sich gleichsam in den ehrwürdigen Sitz ihrer Seele
zurück; dann begann sie so: Alles Bestreben der Sterblichen, wie es sich in mannigfacher und angestrengter Betätigung auswirkt, geht zwar verschiedene Wege, trachtet
jedoch danach, zur Glückseligkeit, als zu dem einzigen
Ziele, zu gelangen. Dies nun ist ein Gut, über das hinaus,
wenn es erreicht ist, nichts weiter begehrt werden kann.
Es ist eben das höchste aller Güter und birgt alle Güter in
sich; wenn ihm irgend etwas davon fehlte, so könnte es
das höchste nicht sein, weil dann außerhalb noch etwas
übrigbliebe, was begehrt werden könnte. Somit ist klar,
daß die Glückseligkeit einen infolge Zusammentreffens

Hunc, uti diximus, diverso tramite mortales omnes conantur adipisci. Est enim mentibus hominum veri boni
naturaliter inserta cupiditas, sed ad falsa devius error ab-
ducit. Quorum quidem alii summum bonum esse nihilo
indigere credentes, ut divitiis affluant, elaborant; alii vero
bonum, quod sit dignissimum veneratione, iudicantes ad-
eptis honoribus reverendi civibus suis esse nituntur. Sunt,
qui summum bonum in summa potentia esse constituant;
hi vel regnare ipsi volunt vel regnantibus adhaerere conantur. At quibus optimum quiddam claritas videtur, hi
vel belli vel pacis artibus gloriosum nomen propagare
festinant. Plurimi vero boni fructum gaudio laetitiaque
metiuntur; hi felicissimum putant voluptate diffluere. Sunt
etiam, qui horum fines causasque alterutro permutent, ut
qui divitias ob potentiam voluptatesque desiderant vel qui
potentiam seu pecuniae causa seu proferendi nominis petunt.

In his igitur ceterisque talibus humanorum actuum vo-
torumque versatur intentio veluti nobilitas favorque po-
pularis, quae videntur quandam claritudinem comparare,
uxor ac liberi, quae iucunditatis gratia petuntur; amicorum
vero, quod sanctissimum quidem genus est, non in fortuna, sed in virtute numeratur; reliquum vero vel potentiae causa vel delectationis assumitur.

aller Güter vollkommenen Zustand darstellt. Diesen suchen, wie ich sagte, alle Sterblichen auf verschiedenem Wege zu erreichen. Dem Geiste der Menschen ist nämlich von Natur das Streben nach dem wahren Gut angeboren, abwegiger Irrtum aber verführt sie zu Falschem. Einige von diesen, die des Glaubens sind, daß das höchste Glück darin bestehe, keinen Mangel zu haben, mühen sich ab, um Reichtum im Überfluß zu haben; andere wieder, in der Meinung, dies sei das verehrungswürdigste Gut, bestreben sich, durch Erlangung von Ehrenstellen die Hochachtung bei ihren Mitbürgern zu verdienen. Manche gründen das höchste Gut auf die höchste Macht; diese wollen entweder selber herrschen, oder sie versuchen, sich an die Herrschenden heranzumachen. Diejenigen aber, die die Berühmtheit für das Beste halten, beeilen sich, durch kriegerische oder friedliche Leistungen den Ruhm ihres Namens zu verbreiten. Die meisten jedoch bemessen den Ertrag des Guten nach Vergnügen und Freude; diese sehen in überströmender Lust das höchste Glück. Es gibt auch solche, die Vorwand und Ziel gegeneinander vertauschen, wie z. B. diejenigen, die nach Reichtum um der Macht und des Vergnügens willen verlangen, oder die, die um des Geldes oder um der Ausbreitung ihres Namens willen nach Macht streben.

Auf dies also und auf anderes dieser Art ist die Aufmerksamkeit menschlicher Handlungen und Wünsche gerichtet, wie etwa auf Adel und auf Beliebtheit im Volke, die ein gewisses Ansehen zu verschaffen scheinen; auf Weib und Kinder, die man um der Annehmlichkeit willen ersehnt; Freunde jedoch in ihrer edelsten Art sind nicht dem Glück zuzuschreiben, sondern einer tugendhaften Haltung. Das übrige aber wird um der Macht oder um der

Iam vero corporis bona promptum est, ut ad superiora
referantur. Robur enim magnitudoque videtur praestare
valentiam, pulchritudo atque velocitas celebritatem, salu-
britas voluptatem; quibus omnibus solam beatitudinem
desiderari liquet; nam quod quisque prae ceteris petit, id
summum esse iudicat bonum. Sed summum bonum beatitudinem esse definivimus; quare beatum esse iudicat statum, quem prae ceteris quisque desiderat.

Habes igitur ante oculos propositam fere formam felicitatis humanae: opes, honores, potentiam, gloriam, voluptates. Quae quidem sola considerans Epicurus consequen-
ter sibi summum bonum voluptatem esse constituit, quod
cetera omnia iucunditatem animo videantur afferre.

Sed ad hominum studia revertor, quorum animus etsi
caligante memoria tamen bonum suum repetit, sed velut
ebrius, domum quo tramite revertatur ignorat. Num enim
videntur errare hi, qui nihilo indigere nituntur? Atqui non
est aliud, quod aeque perficere beatitudinem possit quam
copiosus bonorum omnium status nec alieni egens, sed
sibi ipse sufficiens. Num vero labuntur hi, qui, quod sit
optimum, id etiam reverentiae cultu dignissimum putent?
Minime; neque enim vile quiddam contemnendumque est,
quod adipisci omnium fere mortalium laborat intentio. An
in bonis non est numeranda potentia? Quid igitur?

Unterhaltung willen beansprucht. Daß die Gaben des
Körpers zu den vorzüglicheren gerechnet werden, liegt
nahe. Denn Kraft und Größe scheinen die Macht, Schönheit und Raschheit die Berühmtheit, Gesundheit das Vergnügen zu verbürgen; es ist klar, daß mit all diesem nur
die Glückseligkeit erstrebt wird; denn was einer vor allem
übrigen begehrt, das ist nach seiner Meinung das höchste
Gut. Als das höchste Gut aber haben wir die Glückseligkeit festgestellt. Somit hält jeder den Zustand, nach dem
er vor allem übrigen trachtet, für glückselig. So steht dir
also die Erscheinungsform menschlichen Glückes ungefähr vor Augen: Reichtum, Ehren, Macht, Ruhm, Lüste.
Epikur, der nur auf diese Dinge sah, entschied sich folgerichtig dahin, daß für ihn die Lust das höchste Gut sei, da
ja alles übrige Annehmlichkeit für den Geist mit sich zu
bringen scheine.

Aber ich wende mich wieder den Bestrebungen der
Menschen zu, deren Geist, wenn auch bei getrübtem Erinnerungsvermögen, nach seinem Guten zurückverlangt, jedoch, einem Berauschten gleich, nicht weiß, auf welchem
Wege er nach Hause finden solle. Scheinen wohl diejenigen im Irrtum zu sein, die sich angelegen sein lassen,
keinerlei Mangel zu haben? Es gibt ja nichts anderes, was
Glückseligkeit in der gleichen Weise bewirken kann wie
ein Zustand, der mit allen Gütern reichlich bedacht ist, der
fremden Gutes nicht bedarf und sich selbst genügt.

Irren etwa die, die der Meinung sind, daß das, was das
Beste sei, auch der Achtung und Ehrerbietung am wür-
digsten sei? Ganz gewiß nicht; denn worauf das Bestreben
fast aller Sterblichen hinzielt, das ist nichts Gleichgültiges
und Verächtliches. Ist etwa die Macht nicht unter die
Güter zu rechnen? Wie denn? Soll dasjenige für unbedeu-

Num imbecillum ac sine viribus aestimandum est, quod omnibus rebus constat esse praestantius? An claritudo nihili pendenda est? Sed sequestrari nequit, quin omne, quod excellentissimum sit, id etiam videatur esse clarissimum. Nam non esse anxiam tristemque beatitudinem nec doloribus molestiisque subiectam quid attinet dicere, quando in minimis quoque rebus id appetitur, quod habere fruique delectet? Atqui haec sunt, quae adipisci homines volunt eaque de causa divitias, dignitates, regna, gloriam voluptatesque desiderant, quod per haec sibi sufficientiam, reverentiam, potentiam, celebritatem, laetitiam credunt esse venturam. Bonum est igitur, quod tam diversis studiis homines petunt; in quo quanta sit naturae vis, facile monstratur, cum licet variae dissidentesque sententiae tamen in diligendo boni fine consentiunt.

> Quantas rerum flectat habenas
> Natura potens, quibus immensum
> Legibus orbem provida servet
> Stringatque ligans inresoluto
> Singula nexu, placet arguto
> Fidibus lentis promere cantu.
> Quamvis Poeni pulchra leones
> Vincula gestent manibusque datas
> Captent escas metuantque trucem
> Soliti verbera ferre magistrum.
> Si cruor horrida tinxerit ora,
> Resides olim redeunt animi
> Fremituque gravi meminere sui.

tend und kraftlos angesehen werden, von dem feststeht,
daß es alle Dinge übertrifft? Oder muß die Berühmtheit
als ein Nichts eingeschätzt werden? Man kann aber nicht
daran rütteln, daß all das, was von höchster Vortrefflichkeit ist, auch am meisten gerühmt zu werden scheint.
Denn was soll ich davon reden, daß die Glückseligkeit
nicht angstvoll und traurig und nicht Schmerzen und
Kümmernissen unterworfen sei, da ja auch in den geringsten Dingen nach dem getrachtet wird, was zu besitzen
und zu nützen Freude bereitet? Das ist es im Grunde, was
die Menschen erringen wollen, und deswegen verlangen
sie nach Reichtum, Würden, Herrschaft, Ruhm und Ge-
nüssen, weil sie glauben, dadurch würden ihnen Genügen,
Achtung, Macht, Berühmtheit, Freude zufallen. Das Gute
also ist es, was die Menschen mit so unterschiedlichem
Streben begehren; worin sich leicht zeigen läßt, wie groß
die Kraft der Natur sei; denn so verschiedenartig und
widerstreitend die Auffassungen auch sein mögen: in der
Wertschätzung eines höchsten Gutes stimmen sie überein.

Wie kraftvoll die Dinge der Welt die Natur
am Zügel hält, und nach welchem Gesetz
den unendlichen Erdkreis sie sorgend betreut,
alles einzelne straff und unlösbar verknüpft –
davon künde nun freudig mein heller Gesang,
mit den Klängen geschmeidiger Saiten vereint:
Der punische Löwe erträgt wohl die Last
seiner blanken Ketten und frißt aus der Hand
das gereichte Mahl, und, an Strafe gewöhnt,
ist er ständig in Furcht vor des Bändigers Zorn;
doch tränkt warmes Blut seinen schrecklichen Schlund,
so ermannt er sich wieder in früherem Mut,

Laxant nodis colla solutis
Primusque lacer dente cruento
Domitor rabidas imbuit iras.
Quae canit altis garrula ramis
Ales, caveae clauditur antro;
Huic licet inlita pocula melle
Largasque dapes dulci studio
Ludens hominum cura ministret.
Si tamen arto saliens texto
Nemorum gratas viderit umbras,
Sparsas pedibus proterit escas,
Silvas tantum maesta requirit,
Silvas dulci voce susurrat.
Validis quondam viribus acta
Pronum flectit virga cacumen.
Hanc si curvans dextra remisit,
Recto spectat vertice caelum.
Cadit hesperias Phoebus in undas,
Sed secreto tramite rursus
Currum solitos vertit ad ortus.
Repetunt proprios quaeque recursus
Redituque suo singula gaudent.
Nec manet ulli traditus ordo,
Nisi quod fini iunxerit ortum
Stabilemque sui fecerit orbem.

Vos quoque, o terrena animalia, tenui licet imagine, vestrum tamen principium somniatis verumque illum beatitudinis finem licet minime perspicaci, qualicumque tamen
cogitatione prospicitis, eoque vos et ad verum bonum
naturalis ducit intentio et ab eodem multiplex error abdu-
cit.

mit lautem Gebrüll seiner selbst sich bewußt;
er zerreißt seine Bande, befreit seinen Hals,
und als erstes Opfer des wütenden Grimms
fällt der Bändiger, den seine Zähne zerfetzt. –
Der Vogel, der schwirrend sang im Gezweig,
in beengten Käfig ist er gesperrt;
Dort mag ihm die Schale, mit Honig gefüllt,
mag reichliches Futter in zartem Bemühn
von menschlicher Sorge bereitgestellt sein,
dennoch hüpft er im engen Gitter umher;
und schaut er den trauten und schattigen Wald,
so verstreut und zertritt das Futter sein Fuß.
Nach den Wäldern nur sehnt sich sein trauriges Herz,
von den Wäldern flüstert sein süßer Gesang. –
Der junge Baum, den man kraftvoll gekrümmt,
der neigt seinen Wipfel dem Erdboden zu;
doch läßt ihn die beugende Hand wieder frei,
so schaut er den Himmel mit aufrechtem Blick.
Sinkt auch Phöbus zur Nacht ins hesperische Meer,
dennoch wendet er heimlich den Wagen dorthin,
wo am Morgen er abermals aufleuchten soll. –
So strebt denn ein jedes den Anfängen zu,
jedes einzelne ist seiner Wiederkehr froh;
und keinem ist je seine Ordnung verbürgt,
was den Anfang nicht mit dem Ende verband
und sich nicht zu beständigem Kreislaufe schloß.

Auch ihr, ihr Erdenwesen, träumt, wenngleich in einem
schwachen Schattenbilde, von eurem Ursprung, und jenes
wahre Endziel der Glückseligkeit schaut ihr, obwohl äußerst unscharf, doch irgendwie in euren Gedanken; und so
führt ein natürlicher Trieb euch zum wahren Guten hin,

Considera namque, an per ea, quibus se homines adepturos beatitudinem putant, ad destinatum finem valeant
pervenire. Si enim vel pecunia vel honores ceteraque tale
quid afferunt, cui nihil bonorum abesse videatur, nos quoque fateamur fieri aliquos horum adeptione felices.
Quodsi neque id valent efficere, quod promittunt bonisque pluribus carent, nonne liquido falsa in eis beatitudinis
species deprehenditur?

Primum igitur te ipsum, qui paulo ante divitiis afflue-
bas, interrogo: Inter illas abundantissimas opes num-
quamne animum tuum concepta ex qualibet iniuria confu-
dit anxietas?

Atqui, inquam, libero me fuisse animo, quin aliquid
semper angerer, reminisci non queo.

Nonne quia vel aberat, quod abesse non velles, vel
aderat, quod adesse noluisses?

Ita est, inquam.

Illius igitur praesentiam, huius absentiam desiderabas?

Confiteor, inquam.

Eget vero, inquit, eo quod quisque desiderat.

Eget, inquam.

Qui vero eget aliquo, non est usquequaque sibi ipse
sufficiens.

Minime, inquam.

Tu itaque hanc insufficientiam plenus, inquit, opibus
sustinebas.

wie der mannigfaltige Irrwahn wieder davon hinweg-
führt. Erwäge doch, ob die Menschen durch das, wodurch
sie in den Besitz der Glückseligkeit zu gelangen meinen,
das festgesetzte Ziel erreichen können. Wenn nämlich
Geld oder Ehren und ähnliches eine Lage schaffen können, der nicht *eines* der Güter fehlt, dann wollen auch wir
einräumen, daß manche, die sie erlangen, glücklich werden; wenn sie indessen das, was sie versprechen, nicht zu
leisten imstande sind und die meisten Güter gar nicht
haben, wird dann nicht in ihnen mit Gewißheit eine falsche Art von Glückseligkeit aufgedeckt? Ich frage zuerst
dich selber, der du noch vor kurzer Zeit Reichtum im
Überfluß besaßest: Hat unter jener Überfülle an Schätzen
deinen Geist niemals eine aus irgendeinem Unrecht herrührende Sorge bedrückt?

Allerdings, sagte ich, kann ich mich nicht entsinnen,
daß ich je so freien Geistes gewesen wäre, daß ich mir
nicht immer um etwas Sorge gemacht hätte.

Und dies doch wohl, weil etwas fehlte, was nach deinem
Willen nicht fehlen sollte, oder weil etwas da war, dessen
Vorhandensein du nicht wünschtest?

So ist es, sagte ich.

Du wünschtest also die Anwesenheit des einen und die
Abwesenheit des anderen?

Das gebe ich zu, sagte ich.

Was aber einer wünscht, sprach sie, des entbehrt er?

Ich sagte: Er entbehrt es.

Wer nun irgend etwas entbehrt, der genügt nicht in
allen Stücken sich selbst?

Gewiß nicht, sagte ich.

Somit, sprach sie, erduldetest du ein solches Nichtgenü-
gen mitten unter der reichen Fülle deiner Schätze?

Quidni? inquam.

Opes igitur nihilo indigentem sufficientemque sibi facere nequeunt, et hoc erat, quod promittere videbantur.
Atqui hoc quoque maxime considerandum puto, quod
nihil habeat suapte natura pecunia, ut his, a quibus possi-
detur, invitis nequeat auferri.

Fateor, inquam.

Quidni fateare, cum eam cotidie valentior aliquis eripiat
invito? Unde enim forenses querimoniae, nisi quod vel vi
vel fraude nolentibus pecuniae repetuntur ereptae?

Ita est, inquam.

Egebit igitur, inquit, extrinsecus petito praesidio, quo
suam pecuniam quisque tueatur.

Quis id, inquam, neget?

Atqui non egeret eo, nisi possideret pecuniam, quam
possit amittere?

Dubitari, inquam, nequit.

In contrarium igitur relapsa res est; nam quae sufficien-
tes sibi facere putabantur opes, alieno potius praesidio
faciunt indigentes. Quis autem modus est, quo pellatur
divitiis indigentia? Num enim divites esurire nequeunt?
Num sitire non possunt? Num frigus hibernum pecunio-
sorum membra non sentiunt? Sed adest, inquies, opulen-
tis, quo famem satient, quo sitim frigusque depellant.

Freilich, sagte ich.

Reichtümer also sind nicht in der Lage, bedürfnislos und selbstgenügsam zu machen; und das war es doch, was sie zu versprechen schienen. Vielmehr muß meines Erachtens auch das ganz besonders in Betracht gezogen werden, daß es nicht im Wesen des Geldes liegt, daß es seinen Eigentümern nicht gegen ihren Willen weggenommen werden könnte.

Ich gebe es zu, sagte ich.

Warum solltest du es nicht zugeben, wo doch alle Tage ein Stärkerer es einem anderen gegen dessen Willen entreißt? Woher denn sonst die Klagen vor Gericht, wenn nicht Geld zurückverlangt würde, das den Besitzern wider ihren Willen, durch Gewalt oder Betrug, entrissen worden ist.

So ist es, sagte ich.

Es wird also jeder, sprach sie, eines von außen herbeigeholten Schutzes bedürfen, um dadurch sein Geld zu hüten?

Wer könnte das bestreiten? sagte ich.

Er würde dessen aber *nicht* bedürfen, wenn er nicht Geld besäße, das er einbüßen könnte?

Daran, sagte ich, kann nicht gezweifelt werden.

Demnach ist die Sache ins Gegenteil umgeschlagen; denn die Schätze, von denen man meinte, sie könnten ein Sichselbstgenügen herbeiführen, machen vielmehr fremden Schutzes bedürftig. In welchem Umfange aber läßt sich Bedürftigkeit durch Reichtum verdrängen? Können denn die Reichen nicht Hunger empfinden? Können sie nicht Durst haben? Spüren die Glieder der Bemittelten die winterliche Kälte nicht? Aber, wirst du sagen, die Wohlhabenden verfügen über Mittel und Wege, wie sie den

Sed hoc modo consolari quidem divitiis indigentia potest, auferri penitus non potest. Nam si haec hians semper
atque aliquid poscens opibus expletur, maneat necesse est,
quae possit expleri. Taceo, quod naturae minimum, quod
avaritiae nihil satis est. Quare si opes nec summovere
indigentiam possunt et ipsae suam faciunt, quid est, quod
eas sufficientiam praestare credatis?

> Quamvis fluente dives auri gurgite
>   Non expleturas cogat avarus opes
> Oneretque bacis colla rubri litoris
>   Ruraque centeno scindat opima bove,
> Nec cura mordax deseret superstitem
>   Defunctumque leves non comitantur opes.

Sed dignitates honorabilem reverendumque, cui provene-
rint, reddunt. Num vis ea est magistratibus, ut utentium
mentibus virtutes inserant, vitia depellant? Atqui non fugare, sed illustrare potius nequitiam solent. Quo fit, ut
indignemur eas saepe nequissimis hominibus contigisse.
Unde Catullus licet in curuli Nonium sedentem strumam
tamen appellat. Videsne, quantum malis dedecus adiciant
dignitates?

Hunger stillen, wie sie Durst und Kälte vertreiben. Doch auf diese Weise kann die Bedürftigkeit durch Reichtum wohl beschwichtigt, nicht aber ganz und gar abgestellt werden; denn wenn man sie auch durch Schätze befriedigt, sie, die allezeit voll Gier ist und irgend etwas verlangt, so muß eben mit Notwendigkeit noch etwas übrig sein, was befriedigt werden könnte. Ich schweige davon, daß der Natur das Geringste ausreichend ist, der Habsucht nichts. Wenn deshalb Reichtümer die Bedürftigkeit nicht abschaffen können, sondern für sich selber eine eigene erzeugen, wieso glaubt ihr dann, daß sie ein Genügen gewährleisten?

Den reichen Geizhals, welcher aus dem goldnen Born
    Schätze zusammenrafft, ihm freilich doch nicht genug,
den Hals mit Perlen aus dem Roten Meere schmückt,
    dem seine Felder pflügt hundertfach Ochsengespann –
den quält die Sorge doch, solang sein Leben währt,
    und wenn er stirbt, so folgt nichtiges Gut ihm
                                        nicht nach.

Die Würden aber machen den, dem sie zuteil geworden sind, angesehen und verehrungswürdig. – Ja, haben denn Ämter die Macht, die Tugenden in die Herzen ihrer Verwalter zu pflanzen und die Laster zu beseitigen? Gewöhnlich jedenfalls schließen sie die Nichtsnutzigkeit nicht aus, sondern sie rücken sie vielmehr ins rechte Licht. Daher rührt es, wenn wir uns darüber entrüsten, daß sie oft den wertlosesten Menschen zugefallen sind. Deswegen bezeichnete Catull[1] den Nonius, der doch einen curulischen Sessel innehatte, als eine Eiterbeule. Siehst du, wie sehr durch die Würden die Unehre der Bösewichte noch gestei-

Atqui minus eorum patebit indignitas, si nullis honoribus inclarescant. Tu quoque num tandem tot periculis
adduci potuisti, ut cum Decorato gerere magistratum putares, cum in eo mentem nequissimi scurrae delatorisque
respiceres? Non enim possumus ob honores reverentia
dignos iudicare, quos ipsis honoribus iudicamus indignos.
At si quem sapientia praeditum videres, num posses eum
vel reverentia vel ea, qua est praeditus, sapientia non dignum putare?

Minime.

Inest enim dignitas propria virtuti, quam protinus in
eos, quibus fuerit adiuncta, transfundit. Quod quia populares facere nequeunt honores, liquet eos propriam dignitatis pulchritudinem non habere.

In quo illud es animadvertendum magis: nam si eo
abiectior est, quo magis a pluribus quisque contemnitur,
cum reverendos facere nequeat, quos pluribus ostentat,
despectiores potius improbos dignitas facit. Verum non
impune; reddunt namque improbi parem dignitatibus
vicem, quas sua contagione commaculant.

Atque ut agnoscas veram illam reverentiam per has
umbratiles dignitates non posse contingere: Si qui multi-
plici consulatu functus in barbaras nationes forte devene-
rit, venerandumne barbaris honor faciet?

gert wird? Ihre Unwürdigkeit wird weniger zutage treten, wenn sie durch keinerlei Ehrungen bekannt werden. Und du – hättest du durch so viele Gefahren schließlich dazu bestimmt werden können, eine gemeinsame Amtsführung mit Decoratus[2] in Erwägung zu ziehen, dessen Sinnesart du als die eines Tagediebes und Denunzianten durchschautest? Wir können doch diejenigen nicht wegen ihrer ehrenvollen Ämter für verehrenswürdig halten, die wir als solcher Ehrenämter unwürdig ansehen. Wenn du hingegen jemand sähest, der mit Weisheit ausgestattet ist, könntest du den der Verehrung oder der Weisheit, mit der er ausgestattet ist, für unwürdig halten?

Nicht im geringsten.

Der Tugend wohnt nämlich ihre eigene Würde inne, die sie ohne weiteres denen vermittelt, denen sie beigesellt worden ist. Weil die durch das Volk vergebenen Ehrenstellen dazu nicht imstande sind, so leuchtet ein, daß sie die Schönheit, wie sie der Würde eigen ist, nicht besitzen. Hierbei muß die Aufmerksamkeit noch mehr auf folgendes gerichtet werden: Wenn einer um so verächtlicher ist, je mehr er von vielen mißachtet wird, so macht ein würdenreiches Amt die Ruchlosen, da es sie nicht achtbar machen kann, eher noch verächtlicher, indem es sie in das Blickfeld vieler Menschen rückt. Doch nicht ungestraft; denn die Ruchlosen üben Vergeltung an den Würden, die sie durch Ansteckung beschmutzen. Und damit du anerkennst, daß eine wirkliche Achtung durch diese schattengleichen Würden nicht erworben werden kann: Wenn jemand, der das Konsulat vielmals verwaltet hat, von ungefähr unter barbarische Völkerschaften gerät, wird dieses ehrenvolle Amt ihn den Barbaren verehrenswert machen? Freilich, wäre dies die natürliche Bestimmung amtlicher

Atqui si hoc naturale munus dignitatibus foret, ab officio suo quoquo gentium nullo modo cessarent, sicut ignis
ubique terrarum numquam tamen calere desistit. Sed quoniam id eis non propria vis, sed hominum fallax adnectit
opinio, vanescunt ilico, cum ad eos venerint, qui dignitates eas esse non aestimant. Sed hoc apud exteras nationes.
Inter eos vero, apud quos ortae sunt, num perpetuo per-
durant? Atqui praetura magna olim potestas, nunc inane
nomen et senatorii census gravis sarcina; si quis quondam
populi curasset annonam, magnus habebatur, nunc ea
praefectura quid abiectius? Ut enim paulo ante diximus,
quod nihil habet proprii decoris, opinione utentium nunc
splendorem accipit, nunc amittit.

Si igitur reverendos facere nequeunt dignitates, si ultro
improborum contagione sordescunt, si mutatione tempo-
rum splendere desinunt, si gentium aestimatione viles-
cunt, quid est, quod in se expetandae pulchritudinis habeant, nedum aliis praestent?

Quamvis se Tyrio superbus ostro
    Comeret et niveis lapillis,
Invisus tamen omnibus vigebat
    Luxuriae Nero saevientis.
Sed quondam dabat improbus verendis
    Patribus indecores curules.

Würden, so würden sie, wo auch immer in der Welt, von dieser Aufgabe keineswegs ablassen, so wie das Feuer doch überall auf Erden niemals aufhört, Wärme zu erzeugen. Da dies jedoch die ihnen eigentümliche Stärke nicht ist, sondern da irrige Meinung der Menschen sie ihnen zuschreibt, so verflüchtigen sie sich auf der Stelle, wenn sie zu denen gelangen, die in ihnen keine Würden erblicken. Das aber kommt bei fremden Völkern vor.

Ob sie aber bei denen, von wo sie stammen, von beständiger Dauer sind? Die Prätur,[3] ehemals gewiß eine bedeutende Machtstellung, ist nun ein leerer Name und eine schwere Bürde für den senatorischen Rang. Wenn einstmals jemand die Getreidebelieferung des Volkes verwaltete, ward er hochgeschätzt; was wird heutzutage geringer bewertet als diese Präfektur?[4] Was keinerlei eigene Schönheit besitzt, das nimmt, wie wir vorhin erst gesagt haben, im Urteil derer, die damit Berührung haben, bald hellen Glanz an, bald verliert es ihn. Wenn somit die Würden nicht verehrenswürdig zu machen vermögen, wenn sie obendrein bei Ansteckung durch Ruchlose beschmutzt werden, wenn sie im Wechsel der Zeiten aufhören zu glänzen, wenn sie bei den Völkern an Wertschätzung verlieren: Was haben sie wohl an begehrenswerter Schönheit an sich, geschweige denn, daß sie sich durch anderes auszeichneten?

Wählte immer zum Schmuck der stolze Nero
    tyrischen Purpur wie auch Juwelen,
machten trotzdem verhaßt bei allen Menschen
    ihn seine Üppigkeit und Verruchtheit.
Dieser schamlose Mensch hat edlen Vätern
    schmählich curulischen Rang verliehen.

> Quis illos igitur putet beatos,
>> Quos miseri tribuunt honores?

An vero regna regumque familiaritas efficere potentem valet? Quidni, quando eorum felicitas perpetuo perdurat? Atqui plena est exemplorum vetustas, plena etiam praesens aetas, qui reges felicitatem calamitate mutaverint. O praeclara potentia, quae ne ad conservationem quidem sui satis efficax invenitur!

Quodsi haec regnorum potestas beatitudinis auctor est, nonne, si qua parte defuerit, felicitatem minuat, miseriam importet? Sed quamvis late humana tendantur imperia, plures necesse est gentes relinqui, quibus regum quisque non imperet. Qua vero parte beatos faciens desinit potestas, hac impotentia subintrat, quae miseros facit; hoc igitur modo maiorem regibus inesse necesse est miseriae portionem.

Expertus sortis suae periculorum tyrannus regni metus pendentis supra verticem gladii terrore simulavit. Quae est igitur haec potestas, quae sollicitudinum morsus expellere, quae formidinum aculeos vitare nequit?

Atqui vellent ipsi vixisse securi, sed nequeunt; dehinc de potestate gloriantur. An tu potentem censes, quem videas velle, quod non possit efficere? Potentem censes, qui satellite latus ambit, qui, quos terret, ipse plus metuit, qui ut potens esse videatur, in servientium manu situm est?

Wer wird Ehren wohl noch für glückvoll halten,
    die die Verworfenen uns verleihen?

Oder ist gar das Königtum und die nahe Beziehung zu
Königen in der Lage, Macht zu gewähren? Warum nicht –
sofern deren Glück von beständiger Dauer ist? Freilich,
reich ist die Vorzeit, reich auch das gegenwärtige Zeitalter
an Beispielen dafür, wie Könige ihr Glück gegen Unglück
eingetauscht haben. O eine vortreffliche Macht, die nicht
einmal für hinreichend wirksam befunden wird, sich selber zu erhalten! Wenn aber diese herrscherliche Gewalt die
Urheberin der Glückseligkeit ist, muß sie dann nicht das
Glück mindern und Unglück bringen, wo sie an irgendeiner Stelle nicht vorhanden ist? Wenn sich menschliche
Herrschaftsbereiche noch so weit erstrecken, so müssen
doch noch zahlreichere Völkerschaften übrigbleiben, über
die ein König nicht herrscht. Wo damit die beglückende
Macht ihr Ende nimmt, da schleicht sich die Machtlosigkeit ein, die unglücklich macht; so wird also den Königen
notwendigerweise überwiegend Unglück zuteil.

Ein Tyrann,[5] der über die Gefahren seiner Lage wohl-
unterrichtet war, machte die Schrecken der Herrschaft an
dem Vergleich mit der Bedrohlichkeit eines über dem
Scheitel hangenden Schwertes deutlich. Was für eine
Macht ist denn das, die die Bisse der Sorgen nicht zu
verscheuchen, die Stacheln der Ängste nicht zu vermeiden
vermag! Freilich möchten sie selbst wohl wünschen, sicher
zu leben; sie können aber nicht. Daher tun sie groß mit
ihrer Macht! Oder hältst du etwa den für mächtig, den du
wünschen siehst, was er nicht durchsetzen kann? Hältst du
den für mächtig, der sich mit einem Gefolge umgibt, der
diejenigen, denen er Schrecken einflößt, selbst noch mehr

Nam quid ego de regum familiaribus disseram, cum regna ipsa tantae imbecillitatis plena demonstrem? Quos quidem regia potestas saepe incolumis, saepe autem lapsa prosternit. Nero Senecam familiarem praeceptoremque suum ad eligendae mortis coegit arbitrium. Papinianum diu inter aulicos potentem militum gladiis Antoninus obiecit. Atqui uterque potentiae suae renuntiare volue- runt, quorum Seneca opes etiam suas tradere Neroni seque in otium conferre conatus est; sed dum ruituros moles ipsa trahit, neuter, quod voluit, effecit.

Quae est igitur ista potentia, quam pertimescunt haben- tes, quam nec cum habere velis, tutus sis et, cum deponere cupias, vitare non possis?

An praesidio sunt amici, quos non virtus, sed fortuna conciliat? Sed quem felicitas amicum fecit, infortunium faciet inimicum. Quae vero pestis efficacio ad nocendum quam familiaris inimicus?

> Qui se volet esse potentem,
> Animos domet ille feroces
> Nec victa libidine colla
> Foedis summittat habenis.
> Etenim licet Indica longe
> Tellus tua iura tremescat
> Et serviat ultima Thyle,

fürchtet, der, um machtvoll zu erscheinen, sich auf eine Schar Bediensteter stützt?

Was soll ich denn über die den Königen Nahestehenden reden, wenn ich doch nachweise, daß das Königtum selber voller Unzulänglichkeit ist? Oftmals unangetastet, oftmals aber auch selbst zu Fall gebracht, richtet die königliche Macht sie zugrunde. Nero zwang seinen Günstling und Lehrer Seneca, über die Wahl seiner Todesart zu entscheiden. Den unter den Hofleuten lange Zeit einflußreichen Papinianus[6] überantwortete Antoninus den Schwertern der Soldaten. Freilich wollten beide auf ihre Machtstellung Verzicht leisten; Seneca versuchte auch, seine Schätze dem Nero zu übereignen und sich in die Muße zurückzuziehen; aber da die, die fallen sollen, ihr eigenes Gewicht herniederzieht, so erlangte keiner, was er wollte. Was für eine Macht ist das nun, die diejenigen fürchten, die sie innehaben; durch die dir, während du sie handhaben willst, keine Sicherheit gewährleistet wird und die du nicht vermeiden kannst, wenn du sie niederzulegen wünschest? Oder sind etwa Freunde ein Schutz, die nicht die Tugend vermittelt, sondern das Glück? Wen aber das Glück zum Freunde gemacht hat, den wird das Unglück zum Feinde machen. Welcher Unhold kann dir wohl nachdrücklicher Schaden zufügen als ein Feind, dem du vertraust?

> Wer mächtig zu heißen den Wunsch hat,
> der bezähme die rauhen Gedanken,
> unterliege auch nicht den Begierden
> und ihren beschämenden Fesseln.
> Denn erzittert auch Indiens Erde
> fernhin vor deinen Gesetzen,
> ist die äußerste Thule[7] dir dienstbar –

    Tamen atras pellere curas
    Miserasque fugare querelas
    Non posse potentia non est.

Gloria vero quam fallax saepe, quam turpis est! Unde non
iniuria tragicus exclamat:

    Ὦ δόξα, δόξα, μυρίοισι δὴ βροτῶν
    οὐδὲν γεγῶσι
    βίοτον ὤγκωσας μέκγαν.

Plures enim magnum saepe nomen falsis vulgi opinionibus abstulerunt; quo quid turpius excogitari potest! nam
qui falso praedicantur, suis ipsi necesse est laudibus eru-
bescant. Quae si etiam meritis conquisita sint, quid tamen
sapientis adiecerint conscientiae, qui bonum suum non
populari rumore, sed conscientiae veritate metitur?

    Quodsi hoc ipsum propagasse nomen pulchrum vide-
tur, consequens est, ut foedum non extendisse iudicetur.
Sed cum, uti paulo ante disserui, plures gentes esse necesse
sit, ad quas unius fama hominis nequeat pervenire, fit, ut,
quem tu aestimas esse gloriosum, proxima parte terrarum
videatur inglorius.

    Inter haec vero popularem gratiam ne commemora-
tione quidem dignam puto, quae nec iudicio provenit nec
umquam firma perdurat.

wo sich düstere Sorgen nicht bannen,
trübe Klagen sich scheuchen nicht lassen,
da ist wirkliche Macht nicht vorhanden.

Vollends der Ruhm – wie trügerisch, wie schmählich ist er oft! Nicht mit Unrecht ruft der Tragiker[8] deshalb aus:

»O Ruhm, du Ruhm, schon ungezählter Sterblicher
unwertes Leben hast du prahlerisch erhöht!«

Es haben nämlich viele einen großen Namen häufig auf Grund falscher Ansichten der Menge erlangt, und etwas Schmählicheres als das läßt sich nicht denken. Denn diejenigen, die zu Unrecht gerühmt werden, müssen über ihre Belobigungen selber erröten. Auch wenn diese verdientermaßen erworben worden sind, um wieviel dürften sie denn das Selbstbewußtsein des Weisen steigern, der das Gute, das ihm eigen ist, nicht nach dem Geschwätz des Volkes, sondern nach der Aufrichtigkeit seines Gewissens bemißt?

Wenn es schon als etwas Schönes gilt, dem Namen Verbreitung verschafft zu haben, so ist es folgerichtig, daß es als schimpflich angesehen wird, ihn *nicht* ausgebreitet zu haben. Da nun aber, wie ich kurz vorher entwickelt habe, zahlreichere Völker vorhanden sein müssen, bis zu denen eines einzelnen Mannes Ruf nicht gelangen kann, so geschieht es, daß der, den du als ruhmbedeckt ansiehst, in der nächstliegenden Gegend der Erde unberühmt zu sein scheint. Dabei halte ich Beliebtheit im Volke wirklich nicht einmal einer Erwähnung für würdig, da sie weder aus Einsicht hervorgegangen ist, noch jemals zuverlässig andauert.

Iam vero quam sit inane, quam futtile nobilitatis nomen, quis non videat? Quae si ad claritudinem refertur, aliena est. Videtur namque esse nobilitas quaedam de meritis veniens laus parentum. Quodsi claritudinem praedicatio facit, illi sint clari necesse est, qui praedicantur. Quare splendidum te, si tuam non habes, aliena claritudo non efficit. Quodsi quid est in nobilitate bonum, id esse arbitror solum, ut imposita nobilibus necessitudo videatur, ne a maiorum virtute degeneret.

Omne hominum genus in terris simili surgit ab ortu;
Unus enim rerum pater est, unus cuncta ministrat.
Ille dedit Phoebo radios, dedit et cornua lunae,
Ille homines etiam terris dedit ut sidera caelo.
Hic clausit membris animos celsa sede petitos.
Mortales igitur cunctos edit nobile germen.
Quid genus et proavos strepitis? Si primordia vestra
Auctoremque deum spectes, nullus degener exstat,
Ni vitiis peiora fovens proprium deserat ortum.

Wer sähe nicht, wie hohl, wie nichtig nun gar das Ansehen des Adels ist? Führt man ihn auf Berühmtheit zurück,
so ist das eine fremde; denn Adel ist sichtlich eine gewisse
Anerkennung, die von den Verdiensten der Vorfahren
herstammt. Wenn nun Anerkennung Berühmtheit verleiht, so sind mit Notwendigkeit jene berühmt, die Anerkennung finden. Deshalb gibt dir, wenn du nicht über
deine eigene verfügst, fremde Berühmtheit keinen Glanz.
Wenn also der Adel etwas Gutes an sich hat, so ist es nach
meiner Meinung allein dies, daß den Adligen die Notwendigkeit auferlegt zu sein scheint, der Tugend der Ahnen
keine Unehre zu machen.

Aller Menschheit Geschlecht in der Welt
ist durchweg ähnlichen Ursprungs:
Einer allein ist Vater des Alls,
und nur er leitet das Ganze.
Er gab Phöbus den Strahlenglanz,
gab dem Mond auch seine Sichel,
gab der Erde das Menschenvolk,
wie die Sterngruppen dem Himmel.
Er umschloß mit den Gliedern den Geist,
den vom Thron droben er sandte.
Somit zeugte ein edler Keim
allzumal sterbliche Menschen.
Rühmt ihr der Ahnen euch, des Geschlechts?
Dann gedenkt nur eurer Abkunft,
denkt des göttlichen Stammvaters auch:
es ist nie unedlen Blutes,
wer nicht frevelnd die Übel mehrt,
sich nicht selbst lossagt vom Ursprung.

Quid autem de corporis voluptatibus loquar, quarum appetentia quidem plena est anxietatis, satietas vero paeni-
tentiae? Quantos illae morbos, quam intolerabiles dolores
quasi quendam fructum nequitiae fruentium solent referre
corporibus! Quarum motus quid habeat iucunditatis, ig-
noro. Tristes vero esse voluptatum exitus, quisquis reminisci libidinum suarum volet, intelleget.

Quae si beatos explicare possunt, nihil causae est, quin
pecudes quoque beatae esse dicantur, quarum omnis ad
explendam corporalem lacunam festinat intentio. Hone-
stissima quidem coniugis foret liberorumque iucunditas;
sed nimis e natura dictum est nescioquem filios invenisse
tortores. Quorum quam sit mordax quaecumque condicio, neque alias expertum te neque nunc anxium necesse
est admonere. In quo Euripidis mei sententiam probo, qui
carentem liberis infortunio dixit esse felicem.

> Habet hoc voluptas omnis:
> Stimulis agit fruentes
> Apiumque par volantum,
> Ubi grata mella fudit,
> Fugit et nimis tenaci
> Ferit icta corda morsu.

Nihil igitur dubium est, quin hae ad beatitudinem viae
devia quaedam sint, nec perducere quemquam eo valeant,
ad quod se perducturas esse promittunt.

Was aber soll ich von den Lüsten des Körpers reden? Das
Verlangen danach ist von Angst erfüllt, die Ersättigung
aber von Reue. Wie viele Krankheiten, wie unerträgliche
Schmerzen pflegen jene den Körpern der Genießenden
gleichsam als Ertrag ihrer Leichtfertigkeit einzubringen!
Welche Annehmlichkeit ihre Betätigung haben soll, ist mir
nicht bekannt. Aber daß der Ausgang der Wollüste trübselig ist, das wird jeder verstehen, der sich seiner eigenen
Begierden erinnern mag. Wenn sie glückselig machen
können, so ist kein Grund vorhanden, nicht auch das Vieh
glückselig zu heißen, dessen ganzes Bestreben danach
drängt, das auszugleichen, was dem Körper mangelt. Eine
sehr ansehnliche Freude könnte wohl die an Weib und
Kindern sein; aber nur zu richtig ist, was gesagt worden
ist, wonach jemand, ich weiß nicht wer, in den Kindern
Peiniger erkannt habe. Wie sehr ihr Los, welches immer es
sei, angreifen kann, daran muß ich dich nicht erinnern, da
du es zu anderer Zeit erfahren hast und noch jetzt beunruhigt bist. Hierin pflichte ich dem Ausspruch meines Euripides[9] bei, der denjenigen, der keine Kinder hat, als glücklich im Unglück bezeichnet.

> Jeder Lust ist dies zu eigen:
> Zum Genießen mag sie reizen,
> aber, gleich dem Bienenschwarme,
> wenn sie Honigsüße schenkte,
> dann entflieht sie, und ihr Stachel
> haftet im betroffnen Herzen.

Es ist also in keiner Weise zweifelhaft, daß diese Wege zur
Glückseligkeit Irrwege und als solche nicht imstande sind,
jemand dorthin zu führen, wohin sie ihn zu führen ver-

Quantis vero implicitae malis sint, brevissime mon-
strabo. Quid enim? Pecuniamne congregare conaberis?
Sed eripies habenti. Dignitatibus fulgere velis? Danti sup-
plicabis et, qui praeire ceteros honore cupis, poscendi hu-
militate vilesces. Potentiamne desideras? Subiectorum in-
sidiis obnoxius periculis subiacebis. Gloriam petas? Sed
per aspera quaeque distractus securus esse desistis. Volup-
tariam vitam degas? Sed quis non spernat atque abiciat
vilissimae fragilissimaeque rei, corporis, servum?

Iam vero, qui bona prae se corporis ferunt, quam ex-
igua, quam fragili possessione nituntur! Num enim ele-
phantos mole, tauros robore superare poteritis, num tigres
velocitate praeibitis? Respicite caeli spatium, firmitudi-
nem, celeritatem et aliquando desinite vilia mirari. Quod
quidem caelum non his potius est quam sua, qua regitur
ratione, mirandum.

Formae vero nitor ut rapidus est, ut velox et vernalium
florum mutabilitate fugacior! Quodsi, ut Aristoteles ait,
Lyncei oculis homines uterentur, ut eorum visus obstantia
penetraret, nonne introspectis visceribus illud Alcibiadis
superficie pulcherrimum corpus turpissimum videretur?

sprechen. Mit wieviel Bösem sie aber in Berührung kommen, das werde ich kurz aufzeigen. Wie denn? Willst du versuchen, Geld anzuhäufen? Dann wirst du es aber dem entreißen, der es in Besitz hat. Möchtest du mit Würden glänzen? Dann mußt du dich vor dem, der sie verteilt, demütigen; und während du die anderen an Ehre überragen willst, wirst du durch die erniedrigende Bewerbung verächtlich werden. Sehnst du dich nach Macht? Den Nachstellungen der Unterlegenen ausgesetzt, wirst du Gefahren unterworfen sein. Trachtest du nach Ruhm? Aber durch allseitige Widerwärtigkeiten in Anspruch genommen, hörst du auf, sorgenfrei zu sein. Möchtest du ein genießerisches Leben führen? Wer aber verschmäht und verwirft nicht den Sklaven des verächtlichsten und hinfälligsten Dinges, des Körpers?

Diejenigen schließlich, die sich der Vorzüge ihres Leibes rühmen, auf einen wie unbedeutenden, wie zerbrechlichen Besitz verlassen sie sich! Werdet ihr denn die Elefanten an Größe, die Stiere an Kraft überragen können, den Tigern an Geschwindigkeit überlegen sein? Schaut auf des Himmels Weiträumigkeit, Festigkeit, Schnelligkeit, und hört endlich einmal auf, Nichtiges zu bestaunen; wobei allerdings der Himmel wegen dieser Dinge nicht größere Bewunderung verdient, als wegen seiner Gesetzmäßigkeit, die ihn beherrscht. Vollends die Leibesschönheit, wie hinfällig, wie flüchtig ist sie und vergänglicher als die wechselnden Blumen des Frühlings! Wenn sich nun, wie Aristoteles sagt, die Menschen der Augen des Lynkeus[10] bedienten, so daß ihr Blick durch das, was ihm im Wege steht, hindurchdränge, müßte dann nicht der an der Oberfläche wunderschöne Körper des Alkibiades[11] äußerst häßlich erscheinen, wenn sie bis in die Eingeweide

Igitur te pulchrum videri non tua natura, sed oculorum spectantium reddit infirmitas.

Sed aestimate quam vultis nimio corporis bona, dum sciatis hoc, quodcumque miramini, triduanae febris igniculo posse dissolvi.

Ex quibus omnibus illud redigere in summam licet, quod haec, quae nec praestare, quae pollicentur, bona possunt nec omnium bonorum congregatione perfecta sunt, ea nec ad beatitudinem quasi quidam calles ferunt nec beatos ipsa perficiunt.

> Eheu, quae miseros tramite devios
>   Abducit ignorantia.
> Non aurum in viridi quaeritis arbore
>   Nec vite gemmas carpitis,
> Non altis laqueos montibus abditis,
>   Ut pisce ditetis dapes,
> Nec vobis capreas si libeat sequi,
>   Tyrrhena captatis vada.
> Ipsos quin etiam fluctibus abditos
>   Norunt recessus aequoris,
> Quae gemmis niveis unda feracior,
>   Vel quae rubentis purpurae
> Nec non quae tenero pisce vel asperis
>   Praestent echinis litora.
> Sed quonam lateat, quod cupiunt bonum,
>   Nescire caeci sustinent,
> Et, quod stelliferum transabiit polum,
>   Tellure demersi petunt.

hineinsähen? Also nicht deine Leibesbeschaffenheit bewirkt, daß du schön erscheinst, sondern die Unzulänglichkeit der Augen derer, die dich anschauen. Schätzet aber
die Vorzüge des Leibes so hoch ein, wie ihr wollt, wenn
ihr euch nur gesagt sein laßt, daß, was immer ihr bewun-
dert, durch die Heftigkeit eines dreitägigen Fiebers zunichte gemacht werden könne!

Aus all diesem darf als Ergebnis folgendes festgestellt
werden: Diese Güter, die weder zu gewähren vermögen,
was sie verheißen, noch in der Verbindung aller Güter
Vollkommenheit erlangen, führen nicht gleichsam wie
Pfade zur Glückseligkeit und machen auch von sich aus
nicht glücklich.

Welche Unkenntnis doch mühsam vom rechten Weg
 die armen Menschen irreführt!
Sucht ihr Gold zu erspähn etwa auf grünem Baum
 und auf dem Rebstock Edelstein?
Werft ihr wohl euer Netz fern in den Bergen aus,
 wenn Fisch das Mahl bereichern soll?
Und wenn dies euch beliebt, daß ihr den Rehbock jagt,
 kreuzt ihr dann im Tyrrhener Meer?[12]
Jene kennen recht wohl, was, von der Flut versteckt,
 das Meer in seinem Innern birgt,
wo ergiebiger es schimmernden Perlenschatz
 und wo es Purpurschnecken hegt;
ferner, wo sich der Strand zartester Fische rühmt
 und wo es nur See-Igel gibt.
Doch das wahrhafte Gut, das auch für sie bestimmt,
 entdecken diese Blinden nicht;
das was droben nur wohnt hoch überm Sternenraum,
 das suchen sie im Erdenstaub.

> Quid dignum stolidis mentibus imprecer?
>   Opes, honores ambiant
> Et, cum falsa gravi mole paraverint,
>   Tum vera cognoscant bona.

Hactenus mendacis formam felicitatis ostendisse suffecerit; quam si perspicaciter intueris, ordo est deinceps, quae sit vera, monstrare.

Atqui video, inquam, nec opibus sufficientiam nec regnis potentiam nec reverentiam dignitatibus nec celebritatem gloria nec laetitiam voluptatibus posse contingere.

An etiam causas, cur id ita sit, deprehendisti?

Tenui quidem veluti rimula mihi videor intueri, sed ex te apertius cognoscere malim.

Atqui promptissima ratio est. Quod enim simplex est indivisumque natura, id error humanus separat et a vero atque perfecto ad falsum imperfectumque traducit. An tu arbitraris quod nihilo indigeat egere potentia?

Minime, inquam.

Recte tu quidem; nam si quid est, quod in ulla re imbecillioris valentiae sit, in hac praesidio necesse est egeat alieno.

Ita est, inquam.

Igitur sufficientiae potentiaeque una est eademque natura.

Drum was wünsche ich nun ihrem verstörten Geist,
    er suche gleich nur Geld und Ruhm?
Wenn sie schließlich erlangt mühsam das falsche Gut,
    daß sie alsdann das wahre schaun.

Es dürfte ausreichend sein, bis hierher die Erscheinungsform des trügerischen Glückes dargelegt zu haben; wenn
du es deutlich vor dir siehst, so gebührt es sich, nunmehr
zu zeigen, welches das wahre sei.

Ich sagte: Allerdings sehe ich, daß man weder durch
Reichtum zu einem Genügen noch durch Herrschaft zu
Macht kommen kann, noch zu Achtung durch Würden,
noch zu Anerkennung durch Ruhm, noch zu Freude
durch Lüste.

Hast du aber auch die Gründe erfaßt, weshalb das so
ist?

Mir ist zwar, als ob ich sie gleichsam durch einen feinen
Spalt erblicke; ich möchte sie aber von dir genauer erfahren.

Die Beweisführung liegt ja doch ganz klar vor Augen.
Was nämlich von Natur einfach und ungeteilt ist, das leitet
menschliche Verblendung vom Wahren und Vollkommenen zum Falschen und Unvollkommenen hin. Oder
meinst du, daß dasjenige, was nichts braucht, über keine
Macht verfüge?

Durchaus nicht.

Du hast recht; denn wenn es etwas ist, was in irgendeinem Punkte von geringerer Kraft wäre, so müßte es
darin mit Notwendigkeit fremden Schutzes bedürftig sein.

So ist es, sagte ich.

Das Sichselbstgenügen und die Macht sind also von
einer und derselben Natur?

Sic videtur.

Quod vero huius modi sit, spernendumne esse censes an contra rerum omnium veneratione dignissimum?

At hoc, inquam, ne dubitari quidem potest.

Addamus igitur sufficientiae potentiaeque reverentiam, ut haec tria unum esse iudicemus.

Addamus, si quidem vera volumus confiteri.

Quid vero, inquit, obscurumne hoc atque ignobile censes esse an omni celebritate clarissimum? Considera vero, ne quod nihilo indigere, quod potentissimum, quod honore dignissimum esse concessum est, egere claritudine, quam sibi praestare non possit, atque ob id aliqua ex parte videatur abiectius.

Non possum, inquam, quin hoc, uti est, ita etiam celeberrimum esse confitear.

Consequens igitur est, ut claritudinem superioribus tribus nihil differre fateamur.

Consequitur, inquam.

Quod igitur nullius egeat alieni, quod suis cuncta viribus possit, quod sit clarum atque reverendum, nonne hoc etiam constat esse laetissimum.

Sed unde huic, inquam, tali maeror ullus obrepat, ne cogitare quidem possum; quare plenum esse laetitiae, si quidem superiora manebunt, necesse est confiteri.

So sieht es aus.

Was aber so geartet ist, meinst du, daß es zu verachten oder im Gegenteil das Verehrenswürdigste von allem sei?

An letzterem, sagte ich, kann natürlich nicht gezweifelt werden.

Laß uns also dem Selbstgenügen und der Macht die Ehrwürdigkeit hinzufügen, um diese drei als eins zu begreifen.

Fügen wir sie hinzu, da wir ja die Wahrheit bekennen wollen.

Wie nun aber – bist du der Meinung, daß dies etwas Unklares und Geringwertiges sei oder etwas in vollem Glanz Erstrahlendes? Beachte aber, daß das, was als frei von Bedürfnissen, als höchst machtvoll und ehrenwert zugestanden worden ist, nicht scheinbar eines Glanzes entbehre, den es sich nicht selbst zu verschaffen wüßte, und dadurch nicht in gewisser Hinsicht als unzulänglicher erscheine.

Ich kann nicht umhin, sagte ich, einzugestehen, daß das, so wie es ist, etwas sehr Glanzvolles ist.

Also folgt daraus unser Zugeständnis, daß der Glanz sich von den drei oben Genannten in nichts unterscheidet.

Es folgt daraus, sagte ich.

Was somit nichts Fremdes braucht, was aus eigener Kraft alles vermag und was glänzend und ehrenwert ist, ist das nicht ganz gewiß auch etwas sehr Erfreuliches?

Woher wohl, sagte ich, irgendeine Betrübnis ein solches beschleichen sollte, kann ich mir nicht einmal ausmalen. Daher muß zugegeben werden, daß es voll von Freude ist, sofern das oben Ausgeführte bestehen bleibt.

Aus eben diesen Erwägungen folgt dann auch mit Notwendigkeit, daß Selbstgenügen, Macht, Glanz, Ehrwür-

Atqui illud quoque per eadem necessarium est sufficientiae, potentiae, claritudinis, reverentiae, iucunditatis nomina quidem esse diversa, nullo modo vero discrepare
substantiam.

Necesse est, inquam.

Hoc igitur, quod est unum simplexque natura, pravitas
humana dispertit et, dum rei, quae partibus caret, partem
conatur adipisci, nec portionem, quae nulla est nec ipsam,
quam minime affectat, assequitur.

Quonam, inquam, modo?

Qui divitias, inquit, petit penuriae fuga, de potentia
nihil laborat, vilis obscurusque esse mavult, multas etiam
sibi naturales quoque subtrahit voluptates, ne pecuniam,
quam paravit, amittat. Sed hoc modo ne sufficientita quidem contingit ei, quem valentia deserit, quem molestia
pungit, quem vilitas abicit, quem recondit obscuritas. Qui
vero solum posse desiderat, profligat opes, despicit voluptates honoremque potentia carentem, gloriam quoque nihili pendit. Sed hunc quoque quam multa deficiant, vides.
Fit enim, ut aliquando necessariis egeat, ut anxietatibus
mordeatur, cumque haec depellere nequeat, etiam id, quod
maxime petebat, potens esse desistat. Similiter ratiocinari
de honoribus, gloria, voluptatibus licet; nam cum unumquodque horum idem quod cetera sit, quisquis horum
aliquid sine ceteris petit, ne illud quidem quod desiderat
apprehendit.

digkeit, Freude wohl verschiedene Namen darstellen, sich ihrem Wesen nach aber in keiner Weise voneinander unterscheiden.

Mit Notwendigkeit, sagte ich.

Also dies, was von Natur ein Ganzes und Einheitliches ist, wird von menschlicher Verschrobenheit zerlegt, und während sie versucht, den Teil einer Sache zu erlangen, die gar keine Teile hat, bekommt sie weder den Anteil, den es durchaus nicht gibt, noch das Ganze selbst, nach dem sie ganz und gar nicht trachtet.

Wie geschieht das? sagte ich.

Wer nach Reichtum verlangt, um der Armut zu entgehen, sagte sie, der fragt gar nichts nach Einfluß, der will lieber gering und unbekannt sein; und um das Geld nicht einzubüßen, das er sich erworben hat, beraubt er sich mancherlei natürlicher Genüsse. Aber auf diese Weise wird ihm, dem sich die Macht versagt, den der Verdruß plagt, den Geringschätzung demütigt, den Unberühmtheit im Dunkel läßt, keineswegs ein Genüge zuteil. Wer aber bloß mächtig zu sein wünscht, der vergeudet seinen Besitz, der verschmäht Genüsse sowie eine Ehre, die der Macht entbehrt, und der achtet auch den Ruhm für nichts. Du siehst, wie vieles doch auch diesem abgeht. Jedenfalls kommt es vor, daß es ihm gelegentlich am Notwendigsten mangelt, daß er von Ängsten heimgesucht wird und daß er, wenn er diese nicht zu bannen vermag, auch seine Macht verliert, die er so sehr dringlich ersehnte. In ähnlicher Weise darf man bezüglich der Ehren, des Ruhmes, der Genüsse folgern; weil nämlich ein jedes dieser Dinge dasselbe ist wie die übrigen, so erlangt jeder, der irgendeines von ihnen ohne die übrigen erstrebt, nicht einmal das, was er wünscht.

Quid igitur, inquam, si qui cuncta simul cupiat adipisci?

Summam quidem ille beatitudinis velit; sed num in his eam repperiet, quae demonstravimus id, quod pollicentur, non posse conferre?

Minime, inquam.

In his igitur, quae singula quaedam expetendorum prae-stare creduntur, beatitudo nullo modo vestiganda est.

Fateor, inquam, et hoc nihil dici verius potest.

Habes igitur, inquit, et formam falsae felicitatis et cau-sas. Deflecte nunc in adversum mentis intuitum; ibi enim veram, quam promisimus, statim videbis.

Atqui haec, inquam, vel caeco perspicua est eamque tu paulo ante monstrasti, dum falsae causas aperire conaris. Nam nisi fallor, ea vera est et perfecta felicitas, quae suffi-cientem, potentem, reverendum, celebrem laetumque per-ficiat. Atque ut me interius animadvertisse cognoscas, quae unum horum, quoniam idem cuncta sunt, veraciter praestare potest, hanc esse plenam beatitudinem sine am-biguitate cognosco.

O te, alumne, hac opinione felicem, si quidem hoc, inquit, adieceris.

Quidnam? inquam.

Essene aliquid in his mortalibus caducisque rebus putas, quod huiusmodi statum possit afferre?

Was aber, sagte ich, wenn jemand alles zusammen zu erreichen wünscht?

Dann möchte jener wohl die Gesamtheit der Glückseligkeit haben. Wird er sie jedoch in den Dingen ausfindig machen, die nach unserem Nachweis nicht zu bieten vermögen, was sie versprechen?

Nicht im geringsten, sagte ich.

In den Dingen also, von denen man meint, daß sie das Erstrebenswerte einzeln gewähren, ist die Glückseligkeit keineswegs zu suchen.

Ich gebe es zu, sagte ich, und etwas Treffenderes als dies kann nicht gesagt werden.

Da hast du also, sprach sie, sowohl die Erscheinungsform als auch die Ursachen des falschen Glückes; kehre nun den Blick des Geistes nach der entgegengesetzten Seite; dort nämlich wirst du das *wahre*, das wir in Aussicht gestellt haben, alsbald schauen.

Dies ist nun freilich, sagte ich, schon für einen Blinden erkennbar, und du hast es eben erst aufgezeigt, indem du die Ursachen des falschen klarzulegen versuchtest. Denn wenn ich mich nicht irre, so ist dies die wahre und vollkommene Glückseligkeit, die sichselbstgenügend, mächtig, verehrungswürdig, glanzvoll und froh macht. Und damit du merkst, daß ich es innerlich erfaßt habe: Was ein einzelnes davon wirklich zu gewähren vermag, das stellt, da ja alle ein und dasselbe sind, die volle Glückseligkeit dar, wie ich mit Gewißheit erkenne.

O wie glücklich, mein Sohn, bist du bei einer solchen Ansicht, sprach sie, wenn du nur noch folgendes hinzufügen möchtest –

Was denn? sagte ich.

Bist du der Meinung, daß in diesen vergänglichen und

Minime, inquam, puto idque a te, nihil ut amplius desideretur, ostensum est.

Haec igitur vel imagines veri boni vel imperfecta quaedam bona dare mortalibus videntur, verum autem atque perfectum bonum conferre non possunt.

Assentior, inquam.

Quoniam igitur agnovisti, quae vera illa sit, quae autem beatitudinem mentiantur, nunc superest, ut unde veram hanc petere possis agnoscas.

Id quidem, inquam, iam dudum vehementer exspecto.

Sed cum, ut in Timaeo Platoni, inquit, nostro placet, in minimis quoque rebus divinum praesidium debeat implorari, quid nunc faciendum censes, ut illius summi boni sedem reperire mereamur?

Invocandum, inquam, rerum omnium patrem, quo praetermisso nullum rite fundatur exordium.

Recte, inquit, ac simul ita modulata est:

O qui perpetua mundum ratione gubernas,
Terrarum caelique sator, qui tempus ab aevo
Ire iubes stabilisque manens das cuncta moveri,

hinfälligen Dingen irgend etwas enthalten sei, was einen Zustand solcher Art mit sich bringen könnte?

Ich sagte: Keineswegs meine ich das, und es ist von dir so aufgezeigt worden, daß darüber hinaus nichts zu wünschen übrig bleibt.

Diese scheinen also den Sterblichen Trugbilder des wahren Guten oder sozusagen unvollkommene Güter zu geben, können aber das wahre und vollkommene Gut nicht bieten.

Ich bin einverstanden, sagte ich.

Da du somit erkannt hast, welcher Art die wahre Glückseligkeit ist und was dagegen Glückseligkeit vortäuscht, so ist nun noch übrig, daß du erkennst, von wo du jene wahre herholen kannst.

Darauf warte ich ja, sagte ich, schon längst mit Begierde.

Da es sich aber, sagte sie, wie es unser Platon im Timaios[13] für gut befindet, auch bei den geringfügigsten Dingen gebührt, göttlichen Beistand zu erflehen, was muß nach deinem Dafürhalten nun getan werden, damit wir würdig seien, den Sitz jenes höchsten Gutes ausfindig zu machen?

Es muß, sagte ich, der Vater aller Dinge angerufen werden; wenn man ihn übergeht, steht kein Beginn auf rechtem Grund.

Recht so! sprach sie. Und damit begann sie folgendes Gedicht:

Du bist es, der die Welt regiert nach ewigem Ratschluß,
Erde und Himmel erschuf und die Zeit seit ältesten Tagen
fortschreiten läßt und voll Festigkeit sorgt, daß das All
                                                    sich bewege;

Quem non externae pepulerunt fingere causae
Materiae fluitantis opus, verum insita summi
Forma boni, livore carens tu cuncta superno
Ducis ab exemplo; pulchrum pulcherrimus ipse
Mundum mente gerens similique in imagine formans
Perfectasque iubens perfectum absolvere partes.
Tu numeris elementa ligas, ut frigora flammis
Arida conveniant liquidis, ne purior ignis
Evolet aut mersas deducant pondera terras.
Tu triplicis mediam naturae cuncta moventem
Connectens animam per consona membra resolvis.
Quae cum secta duos motum glomeravit in orbes,
In semet reditura meat mentemque profundam
Circuit et simili convertit imagine caelum.
Tu causis animas paribus vitasque minores
Provehis et levibus sublimes curribus aptans
In caelum terramque seris, quas lege benigna
Ad te conversas reduci facis igne reverti.
Da, pater, augustam menti conscendere sedem,
Da fontem lustrare boni, da luce reperta
In te conspicuos animi defigere visus.
Dissice terrenae nebulas et pondera molis
Atque tuo splendore mica; tu namque serenum,
Tu requies tranquilla piis, te cernere finis,
Principium, vector, dux, semita, terminus idem.

denn nicht äußerer Antrieb vermochte, aus flüchtigem
Stoffe auszugestalten sein Werk, sondern nur das Urbild
des eignen, lautersten Guten. Und so allein von dem himmlischen Muster leitest das Ganze du her; und selber der
Herrlichste, hast du, ganz wie dein Geist es erschaut, das
herrliche Weltall geschaffen
und zum vollkommenen Ganzen vollkommene Teile
verbunden.
Du gibst den Grundstoffen Regel und Maß, daß die Kälte
der Hitze,
Trocknes dem Nassen entspreche, daß nicht die Reinheit
des Feuers
sich verflüchtige, nicht seine Schwere den Erdball
versenke.
Du beläßt die bewegende Seele der Welt in der Mitte
dreifach gestufter Natur[14] und gliederst die Kräfte
im Gleichmaß.
Also geteilt, verstärkt sie des zweifachen Kreises
Bewegung,
strebt dann zurück zu sich selbst, umwandelt die Tiefen
des Geistes
und verändert die himmlische Welt nach ähnlichem Bilde.
Du aus gleichem Grunde bringst mindere Wesen und Seelen wie auch erhabne hervor und gibst ihnen luftige
Schwingen, teilst die einen dem Himmel zu, der Erde die
andern;
gnädig führst du erleuchtet zurück, die zu dir sich
bekennen.
Vater, vergönne dem Geist einen Sitz in den
seligen Höhen, weise den Urquell des Guten, erneue die
frühere Klarheit, daß nur auf dich allein sich richten die
Blicke des Geistes. Laß vergehen die irdischen Nebel und

Quoniam igitur, quae sit imperfecti, quae etiam perfecti boni forma, vidisti, nunc demonstrandum reor, quonam haec felicitatis perfectio constituta sit.

In quo illud primum arbitror inquirendum, an aliquod huius modi bonum, quale paulo ante definisti, in rerum natura possit exsistere, ne nos praeter rei subiectae veritatem cassa cogitationis image decipiat. Sed quin exsistat sitque hoc veluti quidam omnium fons bonorum negari nequit. Omne enim, quod imperfectum esse dicitur, id imminutione perfecti imperfectum esse perhibetur. Quo fit, ut, si in quolibet genere imperfectum quid esse videatur, in eo perfectum quoque aliquid esse necesse sit. Etenim perfectione sublata, unde illud, quod imperfectum perhibetur, exstiterit, ne fingi quidem potest; neque enim ab deminutis inconsummatisque natura rerum cepit exordium, sed ab integris absolutisque procedens in haec extrema atque effeta dilabitur. Quodsi, uti paulo ante monstravimus, est quaedam boni fragilis imperfecta felicitas, esse aliquam solidam perfectamque non potest dubitari.

drückenden Lasten, und deinen Glanz laß strahlend leuchten; denn du bist das Lichte,
bist den Frommen friedvolle Ruhe; du bist ihnen Ende,
Anfang und Förderer, Führer und Pfad und Markstein
in einem.

Da du ja gesehen hast, welches die Erscheinungsform des
unvollkommenen, welches die des vollkommenen Gutes
ist, so halte ich dafür, daß nun nachgewiesen werden müsse,
wo sich denn eine solche Vollkommenheit der Glückseligkeit feststellen lasse. Dabei muß nach meiner Ansicht zunächst untersucht werden, ob ein so geartetes Gut, wie du es
kurz vorher näher bezeichnet hast, in der Welt vorkommen
könne, damit uns nicht, der Wirklichkeit der zugrunde
liegenden Angelegenheit zuwider, ein leeres Trugbild der
Phantasie etwas vorgaukle. Aber *daß* es besteht und gleichsam aller Güter Quelle ist, das läßt sich nicht bestreiten.
Alles nämlich, von dem behauptet wird, es sei unvollkommen, erweist sich als durch Verminderung des Vollkommenen unvollkommen. Daher kommt es, daß, in welcher Art
auch immer etwas unvollkommen zu sein scheint, in dieser
auch etwas Vollkommenes vorhanden sein muß. Denn bei
Wegfall der Vollkommenheit ist es doch unausdenkbar, von
wo das, was sich als unvollkommen erwiesen hat, her-
komme; die Welt hat nämlich ihren Anfang nicht von etwas
Vermindertem und Unvollständigem her genommen. Vielmehr vom Unverminderten und in sich Abgeschlossenen
ausgehend, zersplittert sie sich bis zu dieser letzten Entkräf-
tung. Wenn es nun, wie wir kurz zuvor gezeigt haben, eine
gewisse unvollkommene Glückseligkeit über ein hinfälliges
Gut gibt, so kann nicht daran gezweifelt werden, daß es eine
bleibende und vollkommene gibt.

Firmissime, inquam, verissimeque conclusum est.

Quo vero, inquit, habitet, ita considera. Deum, rerum omnium principem, bonum esse communis humanorum conceptio probat animorum. Nam cum nihil deo melius excogitari queat, id, quo melius nihil est, bonum esse quis dubitet? Ita vero bonum esse deum ratio demonstrat, ut perfectum quoque in eo bonum esse convincat. Nam ni tale sit, rerum omnium princeps esse non poterit; erit enim eo praestantius aliquid perfectum possidens bonum, quod hoc prius atque antiquius esse videatur; omnia namque perfecta minus integris priora esse claruerunt. Quare ne in infinitum ratio prodeat, confitendum est summum deum summi perfectique boni esse plenissimum. Sed perfectum bonum veram esse beatitudinem constituimus: veram igitur beatitudinem in summo deo sitam esse necesse est.

Accipio, inquam, nec est, quod contra dici ullo modo queat.

Sed quaeso, inquit, te, vide, quam id sancte atque inviolabiliter probes, quod boni summi summum deum diximus esse plenissimum.

Quonam, inquam, modo?

Das ist, sagte ich, eine sehr zuverlässige und wahre Folgerung. *Wo* sie sich aber findet, sprach sie, das überlege folgendermaßen: Daß Gott, der Oberherr aller Dinge, gut sei, dafür liefert den Beweis die gemeinsame Auffassung der menschlichen Geister. Denn da nichts Besseres als Gott gedacht werden kann, wer möchte daran zweifeln, daß das, neben dem es etwas Besseres nicht gibt, gut sei? Daß Gott gut ist, das zeigt vollends die Vernunft in der Weise auf, daß sie den Nachweis führt, daß auch das vollkommene Gute in ihm west. Denn wenn das *nicht* so ist, so wird er der Oberherr aller Dinge nicht sein können; dann nämlich wird irgend etwas, was im Besitze des vollkommenen Guten ist, überragender sein als er, weil es das Frühere und das Ältere zu sein scheint; denn es ist ja offenbar das Vollkommene eher da als das minder Vollkommene. Daher muß, damit die Beweisführung sich nicht ins Unermeßliche ausdehne, zugestanden werden, daß der höchste Gott vom höchsten und vollkommenen Guten völlig erfüllt ist. Nun ist aber, wie wir festgestellt haben, das vollkommene Gute die wahre Glückseligkeit; also muß die wahre Glückseligkeit dem höchsten Gott notwendig innewohnen.

Ich bin einverstanden, sagte ich; es gibt nichts, was sich irgendwie dagegen einwenden ließe.

Ich bitte dich aber, sprach sie, überlege, wie du gewissenhaft und unumstößlich nachweisest, daß der höchste Gott vom höchsten Guten völlig erfüllt sei, wie wir gesagt haben.

Auf welche Weise denn? sagte ich.

Dadurch, daß du nicht von dem Vorurteil ausgehst, daß dieser, der Vater aller Dinge, jenes höchste Gut, von dem man ihn erfüllt glaubt, entweder von außen her in Emp-

Ne hunc rerum omnium patrem illud summum bonum, quo plenus esse perhibetur, vel extrinsecus accepisse vel ita naturaliter habere praesumas, quasi habentis dei habitaeque beatitudinis diversam cogites esse substantiam. Nam si extrinsecus acceptum putes, praestantius id, quod dederit, ab eo, quod acceperit, existimare possis. Sed hunc esse rerum omnium praecellentissimum dignissime confitemur. Quod si natura quidem inest, sed est ratione diversum, cum de rerum principe loquamur deo, fingat, qui potest, quis haec diversa coniunxerit? Postremo, quod a qualibet re diversum est, id non est illud, a quo intellegitur esse diversum. Quare quod a summo bono diversum est sui natura, id summum bonum non est; quod nefas est de eo cogitare, quo nihil constat esse praestantius. Omnino enim nullius rei natura suo principio melior poterit exsistere; quare, quod omnium principium sit, id etiam sui substantia summum esse bonum verissima ratione concluserim.

Rectissime, inquam.

Sed summum bonum beatitudinem esse concessum est.

Ita est, inquam.

Igitur, inquit, deum esse ipsam beatitudinem necesse est confiteri.

Nec propositis, inquam, prioribus refragari queo et illis hoc inlatum consequens esse perspicio.

fang genommen habe oder es von Natur mit der Einschränkung innehabe, als könne man sich das Wesen Gottes, als des Besitzers, und das der Glückseligkeit, als des Besitzes, voneinander verschieden denken. Denn wenn man annimmt, daß es von außen empfangen sei, so könnte man das, was gegeben hat, für überragender halten als das, was empfangen hat. Wir bekennen aber in aller Form, daß Er der über alles Emporragende ist. Wenn es nun aber von Natur in ihm liegt, doch grundsätzlich von ihm verschieden, so stelle sich vor, wer es vermag – denn wir reden von Gott als dem Herrn der Welt –, wer solches Gegensätzliche vereinigt habe. Schließlich: was von irgendeinem Ding verschieden ist, das ist nicht das, von dem es als verschieden wahrgenommen wird. Aus diesem Grunde ist das, was seiner eigenen Natur nach vom höchsten Gut verschieden ist, nicht das höchste Gut; es ist frevelhaft, dies von dem zu denken, neben dem es, wie allgemein anerkannt ist, nichts Hervorragenderes gibt. Es wird nämlich überhaupt die Natur keines einzigen Dinges besser sein können als ihr Ursprung; deshalb dürfte ich wohl auch auf das, was den Ursprung von allem darstellt, mit treffendster Folgerichtigkeit als auf das seinem Wesen nach höchste Gut schließen.

Sehr richtig, sagte ich.

Es ist aber zugegeben, daß das höchste Gut die Glückseligkeit sei.

So ist es, sagte ich.

Also, sprach sie, muß man einräumen, daß Gott auch die Glückseligkeit ist.

Ich sagte: Ich kann den früheren Darlegungen nicht widersprechen, und ich sehe deutlich, daß diese Schlußfolgerung ihnen angemessen ist.

Respice, inquit, an hinc quoque idem firmius approbetur, quod duo summa bona, quae a se diversa sint, esse non possunt. Etenim quae discrepant bona, non esse alterum, quod sit alterum, liquet; quare neutrum poterit esse perfectum, cum alterutri alterum deest; sed quod perfectum non sit, id summum non esse manifestum est; nullo modo igitur, quae summa sunt bona, ea possunt esse diversa. Atqui et beatitudinem et deum summum bonum esse collegimus, quare ipsam necesse est summam esse beatitudinem, quae sit summa divinitas.

Nihil, inquam, nec reapse verius nec ratiocinatione firmius nec deo dignius concludi potest.

Super haec, inquit, igitur veluti geometrae solent demonstratis propositis aliquid inferre, quae porismata ipsi vocant, ita ego quoque tibi veluti corollarium dabo. Nam quoniam beatitudinis adeptione fiunt homines beati, beatitudo vero est ipsa divinitas, divinitatis adeptione beatos fieri manifestum est; sed uti iustitiae adeptione iusti, sapientiae sapientes fiunt, ita divinitatem adeptos deos fieri simili ratione necesse est. Omnis igitur beatus deus. Et natura quidem unus; participatione vero nihil prohibet esse quam plurimos.

Überlege, sprach sie, ob sich dasselbe wohl auch von daher noch zuverlässiger bezeugen ließe, daß es zwei höchste Güter, die unter sich verschieden sind, nicht geben könne. Es leuchtet nämlich ein, daß von einander widerstrebenden Gütern das eine nicht sein kann, was das andere ist; dadurch daß dem einen das andere fehlt, wird keines von beiden vollkommen sein können. Was aber nicht vollkommen ist, das ist ganz offenbar nicht das Höchste; also können die höchsten Güter keineswegs voneinander verschieden sein. Nun haben wir erschlossen, daß sowohl die Glückseligkeit als auch Gott das höchste Gut seien; darum ist mit Notwendigkeit auch die höchste Glückseligkeit das gleiche wie die höchste Gottheit.

Es kann, sagte ich, nichts wirklich Treffenderes und in der Schlußfolge Zuverlässigeres und Gottes Würdigeres geschlossen werden.

Außerdem werde ich dir nun, sprach sie, gleich den Mathematikern, die den Beweisen für ihre Lehrsätze noch etwas folgen zu lassen pflegen, was sie selber Porismata[15] nennen, auch meinerseits gleichsam ein Corollarium geben. Da ja die Menschen durch Erlangung der Glückseligkeit glückselig werden, die Glückseligkeit aber auch die Gottheit ist, so werden sie augenscheinlich durch Erlangung der Gottheit glückselig; aber wie sie durch Erlangung der Gerechtigkeit gerecht, der Weisheit weise werden, so werden sie notwendigerweise aus dem gleichen Grunde zu Göttern, wenn sie die Gottheit erlangt haben. Also jeder Glückselige ist ein Gott. Von Natur ist es gewiß ein einziger; doch nichts hindert daran, daß möglichst viele seiner teilhaftig werden.

Das ist wirklich schön und kostbar, sagte ich, ob du

Et pulchrum, inquam, hoc atque pretiosum, sive porisma sive corollarium vocari mavis.

Atqui hoc quoque pulchrius nihil est, quod his annec-
tendum esse ratio persuadet.

Quid? inquam.

Cum multa, inquit, beatitudo continere videatur,
utrumne haec omnia unum veluti corpus beatitudinis quadam partium varietate coniungant, an sit eorum aliquid,
quod beatitudinis substantiam compleat, ad hoc vero cetera referantur?

Vellem, inquam, id ipsarum rerum commemoratione
patefaceres.

Nonne, inquit, beatitudinem bonum esse censemus?

Ac summum quidem, inquam.

Addas, inquit, hoc omnibus licet. Nam eadem sufficientia summa est, eadem summa potentia, reverentia quoque,
claritas ac voluptas beatitudo esse iudicatur.

Quid igitur, haecine omnia, sufficientia, potentia ceteraque veluti quaedam beatitudinis membra sunt, an ad
bonum veluti ad verticem cuncta referuntur?

Intellego, inquam, quid investigandum proponas, sed
quid constituas audire desidero.

Cuius discretionem rei sic accipe: Si haec omnia beatitudinis membra forent, a se quoque invicem discreparent.

nun vorziehst, daß es Porisma oder daß es Corollarium
genannt werde.

Aber auch das ist unübertrefflich schön, was aufgrund
vernunftgemäßer Überzeugung damit in Verbindung gebracht werden muß.

Was? sagte ich.

Da die Glückseligkeit, sagte sie, vielerlei Dinge zu umfassen scheint – vereinigt sich dies alles, bei einer gewissen
Verschiedenartigkeit der Teile, gleichsam zu einem einzigen Körper der Glückseligkeit, oder ist etwas unter ihnen
vorhanden, was das Wesen der Glückseligkeit vollendet
darstellt, und bezieht sich vollends das übrige darauf?

Ich wollte, sagte ich, du machtest das durch eine Darlegung der Dinge selbst deutlich.

Wir sind doch, sprach sie, der Auffassung, daß die
Glückseligkeit ein Gut sei?

Und zwar das höchste, sagte ich.

Sie sprach: Zu alledem darfst du folgendes noch hinzutun. Sie ist nämlich auch höchstes Genügen, höchste
Macht; auch Ehrwürdigkeit, Glanz und Vergnügen werden für Glückseligkeit gehalten. Was nun? Alle diese
Dinge hier: Gut, Genügen, Macht und die übrigen – sind
sie gleichsam Glieder der Glückseligkeit, oder werden sie
alle zusammen auf das Gute als auf ihren Gipfelpunkt
bezogen?

Ich verstehe, sagte ich, was du dir für die Untersuchung
vornimmst; aber es verlangt mich danach, von deinen
Feststellungen zu hören.

Vernimm folgende Beurteilung der Sache: Wenn alles
dies Glieder der Glückseligkeit wären, so würden sie
unter sich verschieden sein; denn das ist das Wesen der
Teile, daß sie, in sich verschieden, *einen* Körper ausma-

Haec est enim partium natura, ut unum corpus divers componant. Atqui haec omnia idem esse monstrata sunt; minime igitur membra sunt. Alioquin ex uno membro beatitudo videbitur esse coniuncta, quod fieri nequit.

Id quidem, inquam, dubium non est, sed id, quod restat, exspecto.

Ad bonum vero cetera referri palam est. Idcirco enim sufficientia petitur, quoniam bonum esse iudicatur, idcirco potentia, quoniam id quoque esse creditur bonum; idem de reverentia, claritudine, iucunditate coniectare licet. Omnium igitur expetendorum summa atque causa bonum est. Quod enim neque re neque similitudine ullum in se retinet bonum, id expeti nullo modo potest. Contraque etiam, quae natura bona non sunt, tamen si esse videantur, quasi vere bona sint, appetuntur. Quo fit, uti summa, cardo atque causa expetendorum omnium bonitas esse iure credatur. Cuius vero causa quid expetitur, id maxime videtur optari. Veluti si salutis causa quispiam velit equitare, non tam equitandi motum desiderat quam salutis effectum. Cum igitur omnia boni gratia petantur, non illa potius quam bonum ipsum desideratur ab omnibus. Sed propter quod cetera optantur, beatitudinem esse concessimus; quare sic quoque sola quaeritur beatitudo. Ex quo liquido apparet ipsius boni et beatitudinis unam atque eandem esse substantiam.

chen. Nun ist aber gezeigt worden, daß dies alles ein und dasselbe ist; folglich sind es keinesfalls Glieder; sonst wird es scheinen, als sei die Glückseligkeit aus *einem* Gliede zusammengestellt, was unmöglich ist.

Das ist allerdings, sagte ich, nicht zu bezweifeln; ich bin aber gespannt auf das, was noch kommt.

Es ist doch wohl offenkundig, daß sich das übrige auf das Gute bezieht. Das Genügen wird deswegen erstrebt, weil man es für ein Gut hält; die Macht deswegen, weil man auch dies als ein Gut ansieht; dasselbe darf man von der Ehrwürdigkeit, vom Glanz, von der Freude vermuten. Der Inbegriff und der Grund alles Begehrenswerten ist also das Gute; denn was weder tatsächlich noch dem Schein nach irgendein Gutes in sich birgt, das kann keineswegs begehrenswert sein. Im Widerspruch hierzu trachtet man dennoch auch nach dem, was von Natur nicht gut ist, sofern es den Eindruck macht, als sei es wirklich gut. Daher kommt es, daß als Inbegriff, Hauptpunkt und Grund alles Begehrenswerten mit Recht die Gutheit angesehen wird. Dasjenige nun, um dessentwillen etwas begehrt wird, scheint vorzüglich gewünscht zu werden; wie zum Beispiel jemand, der seines Wohlbefindens wegen reiten will, nicht sowohl nach der Tätigkeit des Reitens verlangt als nach der gesundheitlichen Auswirkung. Da denn alle Dinge des Guten wegen begehrt werden, so werden sie von allen nicht lebhafter gewünscht als vielmehr das Gute selbst. Wir haben aber eingeräumt, daß es die Glückseligkeit sei, deretwegen die anderen Dinge gewünscht werden; auch hiernach sucht man deshalb allein die Glückseligkeit. Daraus ergibt sich klar, daß das Gute selbst und die Glückseligkeit ganz gleichen Wesens sind.

Nihil video, cur dissentire quispiam possit.

Sed deum veramque beatitudinem unum atque idem esse monstravimus.

Ita, inquam.

Securo igitur concludere licet dei quoque in ipso bono nec usquam alio sitam esse substantiam.

> Huc omnes pariter venite, capti,
>   Quos fallax ligat improbis catenis
> Terrenas habitans libido mentes.
>   Haec erit vobis requies laborum,
> Hic portus placida manens quiete,
>   Hoc patens unum miseris asylum.
> Non quidquid Tagus aureis harenis
>   Donat aut Hermus rutilante ripa
> Aut Indus calido propinquus orbi
>   Candidis miscens virides lapillos,
> Illustrent aciem magisque caecos
>   In suas condunt animos tenebras.
> Hoc, quicquid placet excitatque mentes,
>   Infimis tellus aluit cavernis;
> Splendor, quo regitur vigetque caelum,
>   Vitat obscuras animae ruinas.
> Hanc quisquis poterit notare lucem,
>   Candidos Phoebi radios negabit.

Assentior, inquam; cuncta enim firmissimis nexa rationibus constant.

Tum illa: Quanti, inquit, aestimabis, si, bonum ipsum quid sit, agnoveris?

Ich sehe nicht, wie irgend jemand abweichender Meinung sein könnte.

Wir haben aber gezeigt, daß Gott und die wahre Glückseligkeit ein und dasselbe sind.

Gewiß, sagte ich.

Es darf also getrost gefolgert werden, daß auch das Wesen Gottes im Guten selbst liege und nirgends sonst.

Allzumal kommt hierher, die ihr gefangen
  arge Ketten tragt jener bösen Triebe,
die das menschliche Herz so gern bewohnen.
  Hier wird Ruhe euch von den schweren Plagen,
winkt ein Hafen zu Rast und stiller Einkehr;
  hier steht ein Asyl für die Ärmsten offen. –
Was der Tagus[16] auch schenkt von goldnem Sande,
  was der Hermus[17] wohl von dem roten Ufer,
was der Indus[18], so nah der heißen Zone,
  grünen Edelstein mit dem hellen mischend:
nichts davon klärt den Blick; nur tiefer hüllt es
  blinde Geister ein in das eigne Dunkel.
Was auch immer den Sinn erfreut und anreizt,
  alles das erstand aus der Erde Tiefen.
Zwar der Glanz, dessen Macht den Himmel meistert,
  flieht die Dunkelheit einer wirren Seele;
doch wer immer vermag dies Licht zu schauen,
  selbst des Phöbus Strahl wird er niedrig achten.

Ich stimme zu, sagte ich; es stimmt alles, denn es ist durch zuverlässigste Beweisführung verbunden.

Darauf sprach jene: Wie hoch wirst du es bewerten, wenn du erkannt hast, was das Gute selbst sei?

Grenzenlos hoch, sagte ich, sofern es mir gelingt, in gleicher Weise auch Gott, der das Gute ist, zu erkennen.

Infinito, inquam, si quidem mihi pariter deum quoque, qui bonum est, continget agnoscere.

Atqui hoc verissima, inquit, ratione patefaciam, maneant modo, quae paulo ante conclusa sunt.

Manebunt.

Nonne, inquit, monstravimus ea, quae appetuntur pluribus idcirco vera perfectaque bona non esse, quoniam a se invicem discreparent, cumque alteri abesset alterum, plenum absolutumque bonum afferre non posse? Tum autem verum bonum fieri, cum in unam veluti formam atque efficientiam colliguntur, ut, quae sufficientia est, eadem sit potentia, reverentia, claritas atque iucunditas, nisi vero unum atque idem omnia sint, nihil habere, quo inter expetenda numerentur?

Demonstratum, inquam, nec dubitari ullo modo potest.

Quae igitur, cum discrepant, minime bona sunt, cum vero unum esse coeperint, bona fiunt, nonne, haec ut bona sint, unitatis fieri adeptione contingit?

Ita, inquam, videtur.

Sed omne, quod bonum est, boni participatione bonum esse concedis an minime?

Ita est.

Oportet igitur idem esse unum atque bonum simili ratione concedas; eadem namque substantia est eorum, quorum naturaliter non est diversus effectus.

Negare, inquam, nequeo.

Das will ich dir nun, sprach sie, durch die begründetste
Beweisführung deutlich machen; nur muß es bei dem bleiben, was kurz zuvor gefolgert worden ist.

Es bleibt dabei.

Sie sprach: Haben wir nicht gezeigt, daß das, was von
den meisten begehrt wird, deswegen keine wahren und
vollkommenen Güter darstellt, weil sie ja unter sich verschieden sind, und daß es, weil das eine dem anderen fehlt,
ein volles und uneingeschränktes Gut nicht bringen kann?
Daß es aber dann zum wahren Gut wird, wenn es gleichsam zu einer einzigen Form und Wirksamkeit zusammengefaßt wird, so daß das, was Genügen ist, gleichzeitig auch Macht, Ehrwürdigkeit, Glanz und Freude ist;
daß es allerdings, wenn nicht alles ein und dasselbe ist,
zum Begehrenswerten durchaus nicht gerechnet werden
kann.

Das ist bewiesen, sagte ich, und kann in keiner Weise
bezweifelt werden.

Denjenigen Dingen also, die ganz und gar keine Güter
sind, wenn sie untereinander verschieden sind, die aber zu
Gütern werden, wenn sie beginnen, ein und dasselbe zu
sein, denen wird es doch wohl durch Erlangung der Einheit zuteil, daß sie Güter sind?

Gewiß, sagte ich, so scheint es.

Gibst du aber zu, daß alles, was gut ist, durch Teil-
nahme an dem Guten gut ist, oder nicht?

Es ist so.

Somit mußt du aus gleichem Grunde zugeben, daß die
Einheit und das Gute ebendasselbe sind; denn die Dinge,
deren Wirkung von Natur aus nicht unterschiedlich ist,
die sind gleichen Wesens.

Das kann ich nicht bestreiten, sagte ich.

Nostine igitur, inquit, omne quod est tam diu manere atque subsistere, quamdiu sit unum, sed interire atque dissolvi, pariter atque unum esse destiterit?

Quonam modo?

Ut in animalibus, inquit; cum in unum coeunt ac permanent anima corpusque, id animal vocatur. Cum vero haec unitas utriusque separatione dissolvitur, interire nec iam esse animal liquet. Ipsum quoque corpus, cum in una forma membrorum coniunctione permanet, humana visitur species. At si distributae segregataeque partes corporis distraxerint unitatem, desinit esse quod fuerat. Eoque modo percurrenti cetera procul dubio patebit subsistere unumquodque, dum unum est, cum vero unum esse desinit, interire.

Consideranti, inquam, mihi plura minime aliud videtur.

Estne igitur, inquit, quod in quantum naturaliter agat, relicta subsistendi appetentia venire ad interitum corruptionemque desideret?

Si animalia, inquam, considerem, quae habent aliquam volendi nolendique naturam, nihil invenio, quod nullis extra cogentibus abiciant manendi intentionem et ad interitum sponte festinent. Omne namque animal tueri salutem laborat, mortem vero perniciemque devitat. Sed quid de herbis arboribusque, quid de inanimatis omnino sentiam rebus, prorsus dubito.

Weißt du denn, sprach sie, daß alles, was ist, so lange beharrt und bestehen bleibt, wie es *eines* ist, daß es aber schwindet und vergeht, sobald es aufhört, eines zu sein?

Wieso denn?

So wie bei den Lebewesen, sprach sie. Wenn Seele und Leib sich in eines zusammenschließen und so verbleiben, wird das ein Lebewesen genannt. Wenn jedoch diese Vereinigung beider durch Trennung gelöst wird, so leuchtet ein, daß es zugrunde geht und kein lebendes Wesen mehr ist. So auch der Körper selbst: wenn er in der Verbindung der Glieder die einheitliche Form wahrt, so schaut man eine menschliche Gestalt. Wenn aber die Teile des Körpers, zerteilt und voneinander gesondert, die Einheit gesprengt haben, so hört er auf, das zu sein, was er gewesen war. Und wer in gleicher Art und Weise das übrige durchdenkt, dem wird zweifellos offenbar werden, daß ein jedes so lange von Bestand ist, wie es *eines* ist, daß es aber zugrunde geht, wenn es aufhört, eines zu sein.

Wenn ich das mehr und mehr überlege, sagte ich, dann scheint es mir durchaus nicht anders zu sein.

Gibt es wohl etwas, sprach sie, was, insoweit es naturgemäß verfährt, seinen Daseinswillen aufgibt und den Wunsch hat, in Untergang und Verderben zu geraten?

Ich sagte: Wenn ich auf die lebenden Wesen sehe, die eine gewisse Möglichkeit zum Wollen und Nichtwollen besitzen, so finde ich keineswegs, daß sie ohne Zwang von außen her auf den Drang, bestehen zu bleiben, verzichten und ihren Untergang freiwillig beeilen. Denn jedes Lebewesen ist bestrebt, seine Unverletztheit zu bewahren, und vollends sucht es Sterben und Verderben zu vermeiden. Ich bin aber durchaus im Zweifel, wieweit ich hinsichtlich

Atqui non est, quod de hoc quoque possis ambigere, cum herbas atque arbores intuearis primum sibi convenientibus innasci locis, ubi, quantum earum natura queat, cito exarescere atque interire non possint. Nam aliae quidem campis, aliae montibus oriuntur, alias ferunt paludes, aliae saxis haerent, aliarum fecundae sunt steriles harenae, quas si in alia quispiam loca transferre conetur, arescant. Sed dat cuique natura, quod convenit, et ne, dum manere possunt, intereant, elaborat. Quid, quod omnes velut in terras ore demerso trahunt alimenta radicibus ac per medullas robur corticemque diffundunt? Quid, quod mollissimum quidque, sicuti medulla est, interiore semper sede reconditur, extra vero quadam ligni firmitate, ultimus autem cortex adversum caeli intemperiem quasi mali patiens defensor opponitur? Iam vero quanta est naturae diligentia, ut cuncta semine multiplicato propagentur. Quae omnia non modo ad tempus manendi, verum generatim quoque quasi in perpetuum permanendi veluti quasdam machinas esse quis nesciat?

Ea etiam, quae inanimata esse creduntur, nonne, quod suum est, quaeque simili ratione desiderant? Cur enim flammas quidem sursum levitas vehit, terras vero deorsum pondus deprimit, nisi, quod haec singulis loca motionesque conveniunt?

der Kräuter und der Bäume und der gänzlich unbelebten Dinge zustimmen soll.

Dennoch besteht auch hier keine Veranlassung für dich, unschlüssig zu sein, denn du siehst, daß die Kräuter und Bäume zunächst an den ihnen zusagenden Stellen wachsen, wo sie, soweit ihre Natur es vermag, nicht schnell vertrocknen und umkommen können. Denn die einen wachsen im Flachlande auf, die anderen auf den Bergen; die einen bringen die Sümpfe hervor, die anderen hangen an Felsen, für wieder andere ist dürrer Sandboden fruchtbar; sie verdorren, wenn jemand sie an andere Stellen zu versetzen versucht. Die Natur aber gibt jedem, was ihm zusagt, und bemüht sich darum, daß es nicht umkomme, solange es ausdauern kann. Was soll man dazu sagen, daß sie alle, als hätten sie ihren Mund in das Erdreich getaucht, die Nährstoffe mit den Wurzeln aufsaugen und durch Mark, Stamm und Rinde allseitig verteilen? Daß gerade das Weichste, wie es das Mark ist, durch seine Lage im Inneren geborgen ist, nach außen aber durch die Festigkeit des Holzes? Daß wiederum die Rinde, gleichsam unempfindlich gegen Widriges, den Unregelmäßigkeiten des Wetters als Abwehr zuäußerst entgegengesetzt wird? Wie groß ist doch die Umsicht der Natur, so daß sich alles durch vielfache Vermehrung des Samens ausbreitet! Wer wüßte nicht, daß all das gewissermaßen Kunstgriffe sind, um nicht nur ein zeitlich begrenztes Bestehen, sondern überhaupt eine ewige Dauer zu ermöglichen? – Aber trachtet nicht auch von dem, was für unbelebt gehalten wird, ein jedes nach dem, was sein ist? Warum hebt ihre Schwerelosigkeit die Flammen aufwärts, drückt ihre Last die Erde abwärts? Doch wohl darum, weil sich für jedes einzelne gerade diese Lage, diese Bewegung eignet. Ferner

Porro autem, quod cuique consentaneum est, id unumquodque conservat, sicuti ea, quae sunt inimica, corrum-
punt. Iam vero, quae dura sunt ut lapides, adhaerent tena-
cissime partibus suis et, ne facile dissolvantur, resistunt.
Quae vero liquentia ut aer atque aqua, facile quidem divi-
dentibus cedunt, sed cito in ea rursus, a quibus sunt ab-
scisa, relabuntur, ignis vero omnem refugit sectionem.

Neque nunc nos de voluntariis animae cognoscentis
motibus, sed de naturali intentione tractamus. Sicuti est,
quod acceptas escas sine cogitatione transigimus, quod in
somno spiritum ducimus nescientes; nam ne in animalibus
quidem manendi amor ex animae voluntatibus, verum ex
naturae principiis venit. Nam saepe mortem cogentibus
causis, quam natura reformidat, voluntas amplectitur, contraque illud, quo solo mortalium rerum durat diuturnitas,
gignendi opus, quod natura semper appetit, interdum
coercet voluntas. Adeo haec sui caritas non ex animali
motione, sed ex naturali intentione procedit. Dedit enim
providentia creatis a se rebus hanc vel maximam manendi
causam, ut, quoad possunt, naturaliter manere desiderent;
quare nihil est, quod ullo modo queas dubitare cuncta,
quae sunt, appetere naturaliter constantiam permanendi,
devitare perniciem.

Confiteor, inquam, nunc me indubitato cernere, quae
dudum incerta videbantur.

aber: ein jedes wird bewahrt durch das, was mit ihm im Einklang steht, so wie es zugrunde gerichtet wird durch das, was ihm feind ist. Was nun hart ist, wie die Steine, das hängt aufs zäheste in seinen Teilen zusammen und läßt es nicht zu, ohne Schwierigkeit aufgelöst zu werden. Was aber flüssig ist, wie die Luft und das Wasser, das fügt sich zwar leicht dem, durch was es zerteilt wird, fließt jedoch rasch zu dem zurück, von dem es getrennt wurde; das Feuer vollends scheut jede Trennung. – Wir behandeln nunmehr nicht die vorsätzliche Tätigkeit des erkennenden Geistes, sondern den natürlichen Trieb: daß wir beispielsweise die Nahrung, die wir zu uns genommen haben, gedankenlos verarbeiten, daß wir im Schlafe atmen, ohne davon zu wissen; denn nicht einmal bei den lebenden Wesen kommt die Liebe zum Dasein von den Willensäußerungen des Geistes her, sondern von den Grundtrieben der Natur. Oft nämlich begrüßt der Wille aus zwingender Veranlassung den Tod, vor dem die Natur zurückschrickt, während der Wille zuweilen das, wodurch allein der Bestand sterblicher Dinge fortdauert, das Zeugungsgeschäft, in Schranken hält, das die Natur immer begehrt. Diese Liebe zu sich selbst geht nicht so sehr aus geistigem Antrieb hervor, wie aus dem Naturtrieb. Die Vorsehung nämlich hat den von ihr erschaffenen Dingen dies als wohl wichtigste Grundlage des Ausdauerns verliehen, daß sie von Natur den Wunsch hegen, bestehen zu bleiben, solange sie können. Deshalb ist gar kein Grund für dich, irgendwie daran zu zweifeln, daß alles, was besteht, nach beständigem Dauern strebt, den Untergang vermeidet.

Ich gestehe, sagte ich, daß ich nun zweifelsfrei erkenne, was eben noch ungewiß schien.

Das aber, sprach sie, was zu leben und zu beharren

Quod autem, inquit, subsistere ac permanere petit, id unum esse desiderat; hoc enim sublato ne esse quidem cuiquam permanebit.

Verum est, inquam.

Omnia igitur, inquit, unum desiderant.

Consensi.

Sed unum id ipsum monstravimus esse, quod bonum.

Ita quidem.

Cuncta igitur bonum petunt, quod quidem ita describas licet, ipsum bonum esse, quod desideretur ab omnibus.

Nihil, inquam, verius excogitari potest. Nam vel ad nihil unum cuncta referuntur et uno veluti vertice destituta sine rectore fluitabunt, aut, si quid est, ad quod universa festinant, id erit omnium summum bonorum.

Et illa: Nimium, inquit, o alumne laetor, ipsam enim mediae veritatis notam mente fixisti. Sed in hoc patuit tibi, quod ignorare te paulo ante dicebas.

Quid? inquam.

Quis esset, inquit, rerum omnium finis. Is est enim profecto, quod desideratur ab omnibus, quod quia bonum esse collegimus, oportet rerum omnium finem bonum esse fateamur.

> Quisquis profunda mente vestigat verum
> Cupitque nullis ille deviis falli,
> In se revolvat intimi lucem visus,
> Longosque in orbem cogat inflectens motus

wünscht, das ist bestrebt, *eines* zu sein; wenn das nämlich wegfällt, dann wird auch keines im Dasein beharren.

Das ist wahr, sagte ich.

Also alles, sprach sie, strebt nach dem Eins-sein?

Einverstanden.

Daß aber das Eine dasselbe sei wie das Gute, haben wir gezeigt.

Allerdings.

Alles strebt also nach dem Guten, was du gewiß auch so ausdrücken kannst, daß das, was von allen erstrebt wird, eben das Gute sei.

Es kann nichts Treffenderes erdacht werden, sagte ich. Denn entweder bezieht sich alles auf das Nicht-eine und wird, gleichsam eines einheitlichen Zieles entbehrend, führerlos dahinwanken; oder aber, wenn es etwas gibt, wonach sich alles insgesamt drängt, so wird dies das höchste aller Güter sein.

Und jene sprach: Ich bin höchlich erfreut, mein Sohn, daß du deinem Geiste eingeprägt hast, welches das Merkmal der eigentlichen Wahrheit sei; denn darin ist dir deutlich geworden, was du noch kurz zuvor nicht zu wissen erklärtest.

Was? fragte ich.

Welches das Ziel aller Dinge sei, sagte sie. Dieses ist es nämlich auf jeden Fall, wonach von allen gestrebt wird; und weil wir den Schluß gezogen haben, daß es das Gute sei, müssen wir zugeben, daß aller Dinge Ziel das Gute ist.

Wer hohen Mutes voll nach Wahrheit nur trachtet[19]
und sich nicht täuschen lassen möchte durch Irrweg,
der muß ins eigne Innre tief hineinleuchten,
sein weitgespanntes Streben muß er eindämmen

Animumque doceat, quidquid extra molitur,
Suis retrusum possidere thesauris.
Dudum quod atra texit erroris nubes,
Lucebit ipso perspicacius Phoebo.
Non omne namque mente depulit lumen
Obliviosam corpus invehens molem.
Haeret profecto semen introrsum veri,
Quod excitatur ventilante doctrina.
Nam cur rogati sponte recta censetis,
Ni mersus alto viveret fomes corde?
Quodsi Platonis Musa personat verum,
Quod quisque discit, immemor recordatur.

Tum ego: Platoni, inquam, vehementer assentior, nam me horum iam secundo commemoras, primum quod memoriam corporea contagione, dehinc cum maeroris mole pressus amisi.

Tum illa: Si priora, inquit, concessa respicias, ne illud quidem longius aberit, quin recorderis, quod te dudum nescire confessus es.

Quid? inquam.

Quibus, ait illa, gubernaculis mundus regatur.

Memini, inquam, me inscitiam meam fuisse confessum, sed quid afferas, licet iam prospiciam, planius tamen ex te audire desidero.

Mundum, inquit, hunc deo regi paulo ante minime dubitandum putabas.

und lehren seinen Geist: was er erstrebt draußen,
daß das versteckt sein eignes Innre längst aufweist.
Und was des Irrtums Wolken lange Zeit trübten,
das wird noch heller als des Phöbus Strahl glänzen,
weil ja dem Geist nicht alles Licht der Leib raubte.
Bringt er auch Last, die das Vergessen schafft, mit sich,
birgt jener doch den Keim des Wahren tief innen,
bis der, wenn weise Lehre ihn belebt, aufsprießt.
Wie könnt ihr wahre Einsicht durch euch selbst haben,
wenn nicht der Funke, der im Herzen lebt, zündet?
Somit – wenn Platons Muse Wahres uns kündet,
heißt etwas lernen: sich Vergeßnes wachrufen.[20]

Danach sagte ich: Ich pflichte Platon durchaus bei; denn
schon zum zweiten Male erinnerst du mich daran. Zum
ersten Male, als ich das Erinnerungsvermögen durch körperliche Einwirkung, sodann, als ich es unter der nieder-
drückenden Last des Kummers verloren habe.

Darauf sprach jene: Wenn du berücksichtigst, was du
früher zugestanden hast, dann kann es auch nicht länger
fehlen, daß du dich dessen erinnerst, was du kurz vorher
nach deinem Eingeständnis nicht gewußt hast.

Was? sagte ich.

Nach welchen Leitgedanken die Welt gelenkt werde,
sagte sie.

Ich erinnere mich, sagte ich, meine Unwissenheit einge-
standen zu haben; aber wenn ich auch vorher weiß, was du
vorzubringen hast, so möchte ich es doch deutlicher von
dir hören.

Du meintest vor kurzem, sprach sie, es sei nicht zu
bezweifeln, daß diese Welt von Gott gelenkt werde.

Ich sagte: Auch jetzt glaube ich nicht, daß es zu bezwei-

Et nunc quidem arbitror, inquam, nec umquam dubitandum putabo, quibusque in hoc rationibus accedam,
breviter exponam. Mundus hic ex tam diversis contrariis-
que partibus in unam formam minime convenisset, nisi
unus esset, qui tam diversa coniungeret. Coniuncta vero
naturarum ipsa diversitas invicem discors dissociaret
atque divelleret, nisi unus esset, qui quod nexuit contine-
ret. Non tam vero certus naturae ordo procederet nec tam
dispositos motus locis, temporibus, efficientia, spatiis,
qualitatibus explicaret, nisi unus esset, qui has mutatio-
num varietates manens ipse disponeret. Hoc quicquid est,
quo condita manent atque agitantur, usitato cuncits voca-
bulo deum nomino.

Tum illa: Cum haec, inquit, ita sentias, parvam mihi
restare operam puto, ut felicitatis compos patriam sospes
revisas. Sed, quae proposuimus, intueamur. Nonne in beatitudine sufficientiam numeravimus deumque beatitudinem ipsam esse consensimus?

Ita quidem.

Et ad mundum igitur, inquit, regendum nullis extrinsecus adminiculis indigebit; alioquin, si quo egeat, plenam
sufficientiam non habebit.

Id, inquam, ita est necessarium.

Per se igitur solum cuncta disponit?

feln sei, und werde nie dieser Meinung sein; und aus welchen Erwägungen ich dazu komme, will ich kurz entwickeln. Diese Welt hätte sich auf keinen Fall aus so verschiedenen und widerstrebenden Teilen zu einer einheitlichen Form zusammengefunden, wenn nicht der Eine wäre, der so Unterschiedliches vereinigte. Das Vereinigte wiederum würde eben der in sich zwieträchtige Unterschied seiner Beschaffenheit trennen und auseinanderreißen, wenn nicht der Eine wäre, der zusammenhielte, was er verbunden hat. Die Ordnung der Natur würde wirklich nicht so gesichert fortschreiten, und es würden ihre nach Ort, Zeit, Wirkung, Umfang, Eigenschaften so wohlgeordneten Bewegungen nicht zustande kommen, wenn nicht der Eine wäre, der, selber fortdauernd, diese vielfältigen Veränderungen regelte. Was es auch immer sei, wodurch das, was erschaffen wurde, Dauer und Bewegung hat, das nenne ich mit dem bei allen gebräuchlichen Worte Gott.

Darauf sprach jene: Weil du das so empfindest, bleibt mir, wie ich annehme, nur noch eine geringe Bemühung übrig, daß du der Glückseligkeit teilhaftig werdest und deine Heimat wohlbehalten wiedersiehst. Doch laß uns ins Auge fassen, was wir uns vorgenommen haben. Nicht wahr, wir haben zur Glückseligkeit das Genügen gerechnet und waren uns darüber einig, daß Gott die Glückseligkeit selber sei?

Allerdings.

Und demnach, sprach sie, wird er zur Lenkung der Welt keiner Hilfsmittel von außen her bedürfen; andernfalls, wenn er etwas nötig hat, wird er ein volles Genügen nicht haben.

So ist es, sagte ich, mit Notwendigkeit.

Er regelt also alles nur von sich aus?

Negari, inquam, nequit.

Atqui deus ipsum bonum esse monstratus est.

Memini, inquam.

Per bonum igitur cuncta disponit, si quidem per se regit omnia, quem bonum esse consensimus, et hic est veluti quidam clavus atque gubernaculum, quo mundana machina stabilis atque incorrupta servatur.

Vehementer assentior, inquam, et id te paulo ante dicturam tenui licet suspicione prospexi.

Credo, inquit; iam enim, ut arbitror, vigilantius ad cernenda vera oculos deducis; sed quod dicam, non minus ad contuendum patet.

Quid? inquam.

Cum deus, inquit, omnia bonitatis clavo gubernare iure credatur eademque omnia, sicuti docui, ad bonum naturali intentione festinent, num dubitari potest, quin voluntaria regantur seque ad disponentis nutum veluti convenientia contemperataque rectori sponte convertant?

Ita, inquam, necesse est; nec beatum regimen esse videretur, si quidem detrectantium iugum foret, non obtemperantium salus.

Nihil est igitur, quod naturam servans deo contra ire conetur?

Nihil, inquam.

Das kann, sagte ich, nicht bestritten werden.

Nun ist doch Gott, wie nachgewiesen wurde, das Gute selbst.

Ich entsinne mich, sagte ich.

Durch das Gute also regelt er alles, insofern er alles durch *sich* lenkt, über den wir uns einig waren, daß er das Gute sei; und er ist gewissermaßen Steuer und Ruder, wodurch das Getriebe der Welt fest und unversehrt aufrecht erhalten wird.

Ich pflichte dir nachdrücklich bei, sagte ich, und daß du dich so äußern würdest, habe ich schon kurz zuvor, wenn auch nur bescheidentlich vermutend, vorausgesehen.

Das glaube ich, sprach sie; denn wie ich beobachte, wendest du die Augen bereits aufmerksamer der Erkenntnis der Wahrheit zu; was ich aber nun sagen werde, liegt für die Betrachtung nicht minder offen zutage.

Was? sagte ich.

Sie sprach: Wenn Gott, wie man mit Recht glaubt, alles mit dem Steuerrade des Guten lenkt und wenn sich, wie ich gelehrt habe, zugleich alles, einem Naturtriebe folgend, zum Guten drängt, kann dann wohl daran gezweifelt werden, daß es sich aus freiem Willen lenken läßt und sich, gewissermaßen in Übereinstimmung und Verbundenheit mit dem Lenker, seinem ordnenden Befehl von selber zuwendet?

Nein, sagte ich, so muß es sein, und eine Herrschaft würde nicht glücklich scheinen, wenn sie ein Joch wäre für diejenigen, die sie ablehnen, und nicht zum Segen für die, die ihr Gehorsam leisten.

Es gibt also nichts, was bei Wahrung seiner Natur den Versuch machte, sich gegen Gott zu stellen?

Nichts, sagte ich.

Quodsi conetur, ait, num tandem proficiet quicquam adversum eum, quem iure beatitudinis potentissimum esse concessimus?

Prorsus, inquam, nihil valeret.

Non est igitur aliquid, quod summo huic bono vel velit vel possit obsistere?

Non, inquam, arbitror.

Est igitur summum, inquit, bonum, quod regit cuncta fortiter suaviterque disponit.

Tum ego: Quam, inquam, me non modo ea, quae conclusa est, summa rationum, verum multo magis haec ipsa, quibus uteris, verba delectant, ut tandem aliquando stultitiam magna lacerantem sui pudeat.

Accepisti, inquit, in fabulis lacessentes caelum Gigantas; sed illos quoque, uti condignum fuit, benigna fortitudo disposuit. Sed visne rationes ipsas invicem collidamus? Forsitan ex huius modi conflictatione pulchra quaedam veritatis scintilla dissiliat.

Tuo, inquam, arbitratu.

Deum, inquit, esse omnium potentem nemo dubitaverit.

Qui quidem, inquam, mente consistat, nullus prorsus ambigat.

Qui vero est, inquit, omnium potens, nihil est, quod ille non possit.

Nihil, inquam.

Num igitur deus facere malum potest?

Minime, inquam.

Wenn es das aber versucht, sprach sie, wird es doch endlich etwas ausrichten gegen den, der, wie wir eingeräumt haben, vermöge der Glückseligkeit der Mächtigste ist?

Dazu, sagte ich, würde es gänzlich außerstande sein.

Es gibt also nicht irgend etwas, was diesem höchsten Gut widerstreben wollte oder könnte?

Ich denke nein, sagte ich.

Es ist also, sprach sie, das höchste Gute, das alles machtvoll lenkt und milde ordnet?

Ich sagte darauf: Wie sehr mich doch nicht nur das Ergebnis der Erwägungen, so wie es erschlossen wurde, sondern viel mehr noch gerade diese Worte, deren du dich bedienst, erfreuen, so daß sich endlich einmal die Torheit, die das Große herabsetzt, ihrer selbst schämen mag!

Du hast, sprach sie, aus Erzählungen gehört von den Giganten,[21] die den Himmel herausforderten; aber auch über diese hat eine gütige Macht verfügt, wie es angemessen war. Willst du aber, daß wir die Beweisgründe selbst aufeinanderstoßen lassen? Vielleicht springt aus einem solchen Streit ein schöner Funke der Wahrheit hervor.

Nach deinem Belieben, sagte ich.

Es dürfte niemand daran zweifeln, sprach sie, daß Gott allmächtig ist.

Keiner jedenfalls, sagte ich, der seines Verstandes mächtig ist, sollte im geringsten daran zweifeln.

Für den, der wahrhaft allmächtig ist, sprach sie, gibt es nichts, was er nicht vermöchte.

Nichts, sagte ich.

So kann Gott also das Böse tun?

Durchaus nicht, sagte ich.

Demnach ist das Böse ein Nichts, sprach sie, weil jener es nicht tun kann, der nichts *nicht* kann.

Malum igitur, inquit, nihil est, cum id facere ille non possit, qui nihil non potest.

Ludisne, inquam, me inextricabilem labyrinthum rationibus texens, quae nunc quidem, qua egrediaris, introeas, nunc vero, quo introieris, egrediare, an mirabilem quendam divinae simplicitatis orbem complicas? Etenim paulo ante a beatitudine incipiens eam summum bonum esse dicebas, quam in summo deo sitam loquebare. Ipsum quoque deum summum esse bonum plenamque beatitudinem disserebas, ex quo neminem beatum fore, nisi qui pariter deus esset, quasi munusculum dabas. Rursus ipsam boni formam dei ac beatitudinis loquebaris esse substantiam ipsumque unum id ipsum esse bonum docebas, quod ab omni rerum natura peteretur. Deum quoque bonitatis gubernaculis universitatem regere disputabas volentiaque cuncta parere nec ullam mali esse naturam. Atque haec nullis extrinsecus sumptis, sed ex altero altero fidem trahente insitis domesticisque probationibus explicabas.

Tum illa: Minime, inquit, ludimus, remque omnium maximam dei munere, quem dudum deprecabamur, exegimus. Ea est enim divinae forma substantiae, ut neque in externa dilabatur nec in se externum aliquid ipsa suscipiat, sed, sicut de ea Parmenides ait: Πάντοθεν εὐκύκλου σφαίρης ἐναλίγκιον ὄγκῳ rerum orbem mobilem rotat, dum se immobilem ipsa conservat.

Ich sagte: Tändelst du mit mir, indem du ein nicht zu entwirrendes Labyrinth[22] von Beweisgründen aufbaust? Bald trittst du dort ein, von wo du heraustreten müßtest, bald aber trittst du dort heraus, wo du eintreten müßtest. Oder schließest du die göttliche Einheitlichkeit gewissermaßen zum wunderbaren Kreise zusammen? In der Tat, du hast vorhin erst die Glückseligkeit, von der du den Ausgang nahmst, als das höchste Gut bezeichnet und gesagt, sie habe ihren Sitz beim höchsten Gott. Auch führtest du aus, daß Gott selbst das höchste Gut und die vollkommene Glückseligkeit sei, weshalb niemand glückselig sein werde (das gabst du mir wie zum Angebinde), als wer gottgleich sei. Dann wieder sprachst du davon, daß die Erscheinungsform des Guten selbst das Wesen Gottes und der Glückseligkeit sei, das von aller Welt erstrebt werde. Du setztest auch auseinander, daß Gott das Weltall mit dem Steuerrade des Guten lenke, daß alles freiwillig Gehorsam leiste und daß es nichts von Natur Böses gebe. Und dies erörtertest du nicht mit von außen her herangeholten Beweisen, sondern mit inneren und eigenen, indem eins aus dem anderen seine Gewißheit schöpfte.

Darauf sagte jene: Wir tändeln nicht im geringsten, und dank der Gnade Gottes, zu dem wir vorhin flehten, haben wir das größte aller Probleme zu Ende gebracht. Das nämlich ist die Erscheinungsform des göttlichen Wesens, daß es sich nicht nach außen hin verzettelt, noch selbst etwas von außen her an sich nimmt, sondern daß es, wie Parmenides[23] von ihm sagt, »wohlgerundeter Kugelgestalt allseitig vergleichbar« den Erdkreis zu rascher Umdrehung bringt, indessen es selbst in Unbeweglichkeit verharrt. Wenn wir nun Beweisgründe besprochen haben, die

Quodsi rationes quoque non extra petitas, sed intra rei, quam tractabamus, ambitum collocatas agitavimus, nihil est, quod admirere, cum Platone sanciente didiceris cognatos, de quibus loquuntur, rebus oportere esse sermones.

> Felix, qui potuit boni
> Fontem visere lucidum,
> Felix, qui potuit gravis
> Terrae solvere vincula.
> Quondam funera coniugis
> Vates Threicius gemens
> Postquam flebilibus modis
> Silvas currere, mobiles
> Amnes stare coegerat
> Iunxitque intrepidum latus
> Saevis cerva leonibus
> Nec visum timuit lepus
> Iam cantu placidum canem,
> Cum flagrantior intima
> Fervor pectoris ureret
> Nec, qui cuncta subegerant,
> Mulcerent dominum modi,
> Immites superos querens
> Infernas adiit domos.
> Illic blanda sonantibus
> Chordis carmina temperans,
> Quidquid praecipuis deae
> Matris fontibus hauserat,
> Quod luctus dabat impotens,
> Quod luctum geminans amor,
> Deflet Taenara commovens

auch nicht von außen herangeholt waren, sondern im Umkreis der behandelten Angelegenheit lagen, so ist das kein
Grund, dich zu wundern, da du – wie Platon es festlegte –
gelernt hast, daß die Worte den Dingen, von denen sie
reden, verwandt sein müssen.[24]

> Glücklich er, dem des Guten Quell
> voller Klarheit zu schaun gelang,
> glücklich er, der sich selbst befreit
> von den Fesseln der Erdenlast. –
> Es beweint seiner Gattin Tod
> schmerzlich Thrakiens Sänger[25] einst,
> der durch klagende Melodie
> selbst den Wald zu bewegen weiß
> und die eilenden Ströme hemmt.
> Es gesellt sich der scheue Hirsch
> furchtlos schrecklichen Löwen zu,
> Hasen fürchten den Hund nicht mehr,
> den das Lied rasch besänftigt hat.
> Da im Herzen des Sängers selbst
> heißer nur seine Qual erglüht
> und sein Lied, welches alle zwingt,
> ihm doch nimmer die Ruhe gibt,
> klagt er über der Götter Haß
> und begibt sich zur Unterwelt.
> Hier beim Klange des Saitenspiels
> stimmt er lockende Weisen an:
> Was er je aus der Quelle nahm,
> die der Mutter, der Muse, wert,
> was ihm maßloser Schmerz gebot
> und die Liebe, die ihn nur mehrt,
> klagt er rührend dem Tänarus,[26]

Et dulci veniam prece
Umbrarum dominos rogat.
Stupet tergeminus novo
Captus carmine ianitor,
Quae sontes agitant metu,
Ultrices scelerum deae,
Iam maestae lacrimis madent.
Non Ixionium caput
Velox praecipitat rota,
Et longa site perditus
Spernit flumina Tantalus.
Vultur, dum satur est modis,
Non traxit Tityi iecur.
Tandem »Vincimur« arbiter
Umbrarum miserans ait:
»Donamus comitem viro
Emptam carmine coniugem.
Sed lex dona coerceat,
Ne, dum Tartara liquerit,
Fas sit lumina flectere.«
Quis legem det amantibus?
Maior lex amor est sibi.
Heu, noctis prope terminos
Orpheus Eurydicen suam
Vidit, perdidit, occidit.
Vos haec fabula respicit,
Quicumque in superum diem
Mentem ducere quaeritis.
Nam qui Tartareum in specus
Victus lumina flexerit,
Quicquid praecipuum trahit,
Perdit, dum videt inferos.

und in holdem Gebete fleht
er um Gnade das Schattenreich.
Staunend hört es der Cerberus,[27]
den der neue Gesang betört.
Rachegöttinnen,[28] die so streng
Frevlern sonst auf den Fersen sind,
weinen jetzt in Ergriffenheit.
Nicht mehr kreist des Ixion[29] Haupt
auf dem rasenden Rad herum.
Ob auch ständiger Durst ihn quält,
meidet Tantalus[30] doch die Flut.
Klangberauscht nagt der Geier nicht
an der Leber des Tityus.[31]
Schließlich ruft selbst der Schatten Fürst[32]
voll Erbarmen: »Wir sind besiegt!
Geben wir die Gefährtin ihm,
die sein Lied ihm erneut gewann.
Eins nur schränkt das Geschenk dir ein:
Eh den Tartarus[33] sie verläßt,
wende ja nicht nach ihr dich um.«
Wer gibt Liebenden ihr Gesetz?
Liebe ist sich allein Gesetz:
Orpheus blickt nach Eurydice
dicht am Ausgang der Schattenwelt
und verliert sie zugleich und stirbt. –
Diese Fabel geht auch auf euch,
die ihr immer zum höchsten Licht
euren Geist zu entwickeln wünscht:
Wer, in Schwachheit zurückgewandt,
in des Tartarus Höhlen blickt,
der verliert, was ihm wertvoll scheint,
schaut er unten das Schattenreich.

LIBER QUARTUS

Haec cum Philosophia dignitate vultus et oris gravitate servata leniter suaviterque cecinisset, tum ego nondum penitus insiti maeroris oblitus intentionem dicere adhuc aliquid parantis abrupi et: O, inquam, veri praevia luminis, quae usque adhuc tua fudit oratio, cum sui speculatione divina tum tuis rationibus invicta patuerunt, eaque mihi, etsi ob iniuriae dolorem nuper oblita, non tamen antehac prorsus ignorata dixisti. Sed ea ipsa est vel maxima nostri causa maeroris, quod, cum rerum bonus rector exsistat, vel esse omnino mala possint vel impunita praetereant; quod solum quanta dignum sit admiratione, profecto consideras. At huic aliud maius adiungitur; nam imperante florenteque nequitia virtus non solum praemiis caret, verum etiam sceleratorum pedibus subiecta calcatur et in locum facinorum supplicia luit. Quae fieri in regno scientis omnia, potentis omnia, sed bona tantummodo volentis dei nemo satis potest nec admirari nec conqueri.

Tum illa: Et esset, inquit, infiniti stuporis omnibusque horribilius monstris, si, uti tu aestimas, in tanti velut patrisfamilias dispositissima domo vilia vasa colerentur, pretiosa sordescerent.

VIERTES BUCH

Als dies die Philosophie, das Würdevolle ihrer Gestalt und die Ernsthaftigkeit ihres Antlitzes wahrend, in gelassener und anziehender Weise vorgetragen hatte, da unterbrach ich sie, die noch etwas hinzufügen wollte, in ihrer Absicht; denn ich hatte den im Innersten festhaftenden Kummer noch nicht vergessen. Und ich sagte: O du Wegweiserin zum wahren Licht! Alles, was deine Worte bis jetzt vorgebracht haben, das hat – als etwas bei Betrachtung seines Wesens Göttliches und nach deinen Beweisen Unwiderlegbares – deutlich zutage gelegen, und wenn es auch kürzlich infolge meines Schmerzes über das Unrecht in Vergessenheit geraten war, so hast du mir dennoch damit nichts gesagt, was mir früher völlig unbekannt gewesen wäre. Aber eben das ist ja der hauptsächlichste Grund meiner Betrübnis, daß, obwohl es einen guten Lenker der Dinge gibt, das Böse sowohl überhaupt sein kann, als auch ungesühnt bleibt: du siehst gewiß, wie verwunderlich dies allein schon ist. Aber es kommt noch etwas anderes, Wesentlicheres hinzu. Denn solange die Nichtsnutzigkeit herrscht und in Blüte steht, entbehrt die Tugend nicht nur der Belohnungen, sondern sie wird auch von den Bösewichten mit Füßen getreten, und sie erleidet, an Stelle der Schandtaten, Bestrafung. Daß dies im Herrschaftsbereich eines allwissenden, allmächtigen, doch nur das Gute wollenden Gottes geschieht, darüber kann sich niemand genug verwundern und beklagen.

Darauf sagte jene: Wirklich wäre es ein Grund zu maßloser Verblüfftheit, und es wäre das Ungeheuerlichste von allem, wenn, wie du meinst, gewissermaßen in dem be-

Sed non ita est; nam si ea, quae paulo ante conclusa sunt, inconvulsa servantur, ipso, de cuius nunc regno loquimur, auctore cognosces semper quidem potentes esse bonos, malos vero abiectos semper atque imbecilles, nec sine poena umquam esse vitia nec sine praemio virtutes, bonis felicia, malis semper infortunata contingere multaque id genus, quae sopitis querelis firma te soliditate corroborent. Et quoniam verae formam beatitudinis me dudum monstrante vidisti, quo etiam sita sit, agnovisti, decursis omnibus, quae praemittere necessarium puto, viam tibi, quae te domum revehat, ostendam. Pennas etiam tuae menti, quibus se in altum tollere possit, adfigam, ut perturbatione depulsa sospes in patriam meo ductu, mea semita, meis etiam vehiculis revertaris.

Sunt etenim pinnae volucres mihi,
  Quae celsa conscendant poli.
Quas sibi cum velox mens induit,
  Terras perosa despicit,
Aeris immensi superat globum
  Nubesque postergum videt,
Quique agili motu calet aetheris,
  Transcendit ignis verticem,
Donec in astriferas surgat domos

stens geordneten Hauswesen eines so angesehenen Fami-
lienvaters die wertlosen Geräte gepflegt würden, die kost-
baren einschmutzten. Aber so ist es nicht; denn wenn das,
was kurz zuvor gefolgert worden ist, unentstellt aufrecht-
erhalten bleibt, so wirst du mit Unterstützung eben dessen, von dessen Herrschaftsbereich wir jetzt sprechen, erkennen, daß die Guten stets mächtig, die Bösen aber stets
gedrückt und ohnmächtig sind, daß niemals die Laster
straflos und die Tugenden unbelohnt bleiben, daß den
Guten Glück, den Bösen immer Unglück zugeteilt wird,
und noch vielerlei dieser Art, was deine Klagen verstummen machen und dich zuverlässig und dauernd kräftigen
soll. Und da du ja die Erscheinungsform der wahren
Glückseligkeit, wie ich sie vor einer Weile zeigte, geschaut
hast und auch erkannt hast, wo sie zu finden sei, so werde
ich, nachdem wir alles das durchlaufen haben, was voraus-
zuschicken ich für notwendig erachte, dir den Weg weisen,
der dich heimbringen mag. Auch werde ich Flügel an deinen Geist heften, mit denen er sich zur Höhe emporheben
kann; auf daß du, wenn seine Verwirrung behoben ist, unter
meiner Führung, auf meinem Wege, ja mit meinen Schwingen wohlbehalten zur Heimat zurückkehren mögest.

> Denn es sind eilende Flügel mir zugeteilt,
>   die steigen auf zum Himmelspol;
> hat der bewegliche Geist sie sich angelegt,
>   so achtet er der Erde nicht,
> dringt in des Luftraums unendliche Weite ein
>   und sieht die Wolken hinter sich.
> Dann übersteigt er den Wirbel des Feuerreichs,
>   der von des Himmels Drehung glüht,
> bis er emporschwebt zum Sitze der Sternenwelt

Phoeboque coniungat vias
Aut comitetur iter gelidi senis
   Miles corusci sideris
Vel, quocumque micans nox pingitur,
   Recurrat astri circulum.
Atque ubi iam exhausti fuerit satis,
   Polum relinquat extimum
Dorsaque velocis premat aetheris
   Compos verendi luminis.
Hic regum sceptrum dominus tenet
   Orbisque habenas temperat
Et volucrem currum stabilis regit
   Rerum coruscus arbiter.
Huc te si reducem referat via,
   Quam nunc requiris immemor:
Haec, dices, memini, patria est mihi,
   Hinc ortus, hic sistam gradum.
Quodsi terrarum placeat tibi
   Noctem relictam visere,
Quos miseri torvos populi timent,
   Cernes tyrannos exsules.

Tum ego: Papae, inquam, ut magna promittis. Nec dubito, quin possis efficere; tu modo, quem excitaveris, ne moreris.

Primum igitur, inquit, bonis semper adesse potentiam, malos cunctis viribus esse desertos agnoscas licebit, quorum quidem alterum demonstratur ex altero. Nam cum bonum malumque contraria sint, si bonum potens esse constiterit, liquet imbecillitas mali, at si fragilitas clarescat mali, boni firmitas nota est.

und auf der Bahn des Phöbus geht
oder dem Laufe des eiskalten Greises[1] folgt,
    Vasall des schimmernden Gestirns;
und wo auch immer die funkelnde Nacht erglänzt,
    umkreist er ihre Sternenbahn.
Wenn es dann aber genug der Gesichte ist,
    verläßt er den entfernten Pol,
und von dem flüchtigen Äther dahingeführt,
    erfreut er sich des heilgen Lichts.
Dort trägt das Zepter der Herr aller Könige
    und hält den Weltraum fest am Zaum,
lenkt den beflügelten Umlauf mit Festigkeit,
    so wie er alles glanzvoll führt.
Wenn dich dein Weg einmal hierher zurückleitet
    (noch folgst du ihm gedankenlos),
rufst du: »Ich weiß es wohl, dies ist mein Vaterland!
    Ich kam von hier und bleibe hier.«
Wenn aber noch dich gelüstet, zurückzuschaun
    zur Erdennacht, der du entflohn,
wirst du die grimmen, von allen gefürchteten
    Tyrannen ohne Heimstatt sehn.

Sieh an, sagte ich darauf, was für große Dinge versprichst
du da! Und ich zweifle nicht daran, daß du es halten
kannst; aber laß mich nicht warten, nachdem du mich
neugierig gemacht hast.

Zunächst also, sprach sie, wirst du erkennen müssen,
daß die Guten immer über Macht verfügen, die Bösen von
allen Kräften verlassen sind. Das eine wird durch das
andere bewiesen: denn weil gut und böse gegensätzlich
sind, so liegt die Schwäche des Bösen auf der Hand, sofern
es feststeht, daß das Gute mächtig ist; wenn hingegen die

Sed uti nostrae sententiae fides abundantior sit, alterutro calle procedam nunc hinc, nunc inde proposita con-
firmans.

Duo sunt, quibus omnis humanorum actuum constat
effectus, voluntas scilicet ac potestas, quorum si alterutrum desit, nihil est, quod explicari queat. Deficiente
etenim voluntate ne aggreditur quidem quisque, quod
non vult, at si potestas absit, voluntas frustra sit. Quo fit,
ut, si quem videas adipisci velle, quod minime adipiscatur,
huic obtinendi, quod voluerit, defuisse valentiam dubitare
non possis.

Perspicuum est, inquam, nec ullo modo negari potest.

Quem vero effecisse, quod voluerit, videas, num etiam
potuisse dubitabis?

Minime.

Quod vero quisque potest, in eo validus, quod vero
non potest, in hoc imbecillis esse censendus est.

Fateor, inquam.

Meministine igitur, inquit, superioribus rationibus esse
collectum intentionem omnem voluntatis humanae, quae
diversis studiis agitur, ad beatitudinem festinare?

Memini, inquam, illud quoque esse demonstratum.

Num recordaris beatitudinem ipsum esse bonum eoque
modo, cum beatitudo petitur, ab omnibus desiderari
bonum?

Kraftlosigkeit des Bösen offenbar ist, so ist die Stärke des Guten gegeben. Damit aber die Glaubwürdigkeit unseres Lehrsatzes vollkommener sei, werde ich auf zweifachem Wege vorgehen, indem ich einmal von hier aus, einmal von da aus die Behauptungen beweise. Es sind zwei Dinge, auf denen aller Erfolg menschlicher Handlungen beruht, nämlich der Wille und die Macht. Fehlt eins von beiden, so läßt sich gar nichts zustande bringen. Wenn nämlich der Wille fehlt, dann geht jeder erst gar nicht heran an das, was er nicht will; wenn aber die Macht fehlt, dann ist wohl der Wille vergeblich. So kommt es, daß, wenn du einen siehst, der etwas erlangen will, was er keineswegs erlangt, du nicht daran zweifeln kannst, ihm habe die Kraft zur Erreichung des Gewollten gefehlt.

Das ist klar, sagte ich, und kann keinesfalls bestritten werden.

Wenn du aber einen siehst, der das, was er wollte, durchgesetzt hat, wirst du wohl zweifeln, daß er es auch gekonnt habe?

Durchaus nicht.

Was aber jemand kann, darin muß er als kraftvoll, was er jedoch nicht kann, darin als kraftlos gelten.

Das gebe ich zu, sagte ich.

Erinnerst du dich also, sprach sie, daß durch frühere Erwägungen erschlossen worden ist, daß alles Drängen des menschlichen Willens, der sich in verschiedenartigen Bestrebungen auswirkt, auf die Glückseligkeit hinauswolle?

Ich erinnere mich, sagte ich, daß auch dies nachgewiesen worden ist.

Vergegenwärtigst du dir noch, daß die Glückseligkeit das Gute selbst ist und daß auf diese Weise, indem die

Minime, inquam, recorder, quoniam id memoriae fixum teneo.

Omnes igitur homines, boni pariter ac mali, indiscreta intentione ad bonum pervenire nituntur?

Ita, inquam, consequens est.

Sed certum adeptione boni bonos fieri.

Certum.

Adipiscuntur igitur boni, quod appetunt?

Sic videtur.

Mali vero, si adipiscerentur, quod appetunt, bonum, mali esse non possent.

Ita est.

Cum igitur utrique bonum petant, sed hi quidem adipiscantur, illi vero minime, num dubium est bonos quidem potentes esse, qui vero mali sunt, imbecilles? Quisquis, inquam, dubitat, nec rerum naturam nec consequentiam potest considerare rationum.

Rursus, inquit, si duo sint, quibus idem secundum naturam propositum sit eorumque unus naturali officio id ipsum agat atque perficiat, alter vero naturale illud officum minime administrare queat, alio vero modo, quam naturae convenit, non quidem impleat propositum suum, sed imitetur implentem, quemnam horum valentiorem esse decernis?

Glückseligkeit erstrebt wird, von allen das Gute begehrt wird?

Keineswegs »vergegenwärtige« ich es mir, sagte ich, da ich es ja fest im Gedächtnis bewahre.

Alle Menschen also, gleichermaßen gute und böse, bemühen sich in nicht unterscheidbarem Drang, zum Guten zu gelangen?

So ist es folgerecht, sagte ich.

Es ist aber gewiß, daß sie durch Erlangung des Guten gut werden?

Es ist gewiß.

So erlangen die Guten, wonach sie streben?

Es scheint so.

Die Bösen wiederum, wenn sie das Gute, wonach sie streben, erlangten, könnten gar nicht böse sein.

Ja, so ist es.

Wenn also beide nach dem Guten verlangen, aber nur jene es erreichen, diese hingegen nicht, ist es dann wohl zweifelhaft, daß zwar die Guten mächtig sind, aber die, die böse sind, machtlos?

Wer auch immer daran zweifelt, sagte ich, der vermag die Natur der Dinge und die Folgerichtigkeit der Beweisgründe nicht zu würdigen.

Anderseits, sprach sie, wenn zwei sind, die nach Maßgabe ihrer Natur vor die gleichen Aufgabe gestellt sind, und der eine von ihnen sie in naturgemäßer Handlungsweise betreibt und durchführt, der andere aber jene naturgemäße Handlungsweise keineswegs zu verrichten weiß, vielmehr auf andere Weise, als es der Natur angemessen ist, seine Aufgabe zwar nicht erfüllt, doch sich so stellt, als erfüllte er sie, welcher von diesen ist dann nach deiner Meinung der Mächtigere?

Etsi coniecto, inquam, quid velis, planius tamen audire desidero.

Ambulandi, inquit, motum secundum naturam esse hominibus num negabis?

Minime, inquam.

Eiusque rei pedum officium esse naturale num dubitas?

Ne hoc quidem, inquam.

Si quis igitur pedibus incedere valens ambulet aliusque, cui hoc naturale pedum desit officium, manibus nitens ambulare conetur, quis horum iure valentior existimari potest?

Contexe, inquam, cetera; nam quin naturalis officii potens eo, qui idem nequeat, valentior sit, nullus ambigat.

Sed summum bonum, quod aeque malis bonisque propositum boni quidem naturali officio virtutum petunt, mali vero variam per cupiditatem, quod adipiscendi boni naturale officium non est, idem ipsum conantur adipisci. An tu aliter existimas?

Minime, inquam; nam etiam, quod est consequens, patet. Ex his enim, quae concesserim, bonos quidem potentes, malos vero esse necesse est imbecilles.

Recte, inquit, praecurris idque, uti medici sperare solent, indicium est erectae iam resistentisque naturae.

Sed quoniam te ad intellegendum promptissimum esse conspicio, crebras coacervabo rationes. Vide enim, quanta vitiosorum hominum pateat infirmitas, qui ne ad hoc quidem pervenire queunt, ad quod eos naturalis ducit ac paene compellit intentio.

Obwohl ich vermute, was du willst, sagte ich, möchte ich es doch deutlicher hören.

Wirst du bestreiten, sprach sie, daß die Bewegung des Gehens für die Menschen etwas der Natur Gemäßes sei?

Nicht im geringsten, sagte ich.

Und zweifelst du wohl daran, daß hierfür die Tätigkeit der Füße das Naturgegebene sei?

Selbstverständlich nicht, sagte ich.

Wenn also jemand, der auf den Füßen einherzugehen vermag, umhergeht, und ein anderer, dem diese natürliche Betätigung der Füße versagt ist, angestrengt auf den Händen umherzugehen versucht – wer von ihnen kann mit Recht als der Stärkere angesehen werden?

Ich sagte: Füge noch das übrige hinzu; denn es dürfte wohl keiner im Zweifel darüber sein, daß derjenige, der einer natürlichen Betätigung mächtig ist, stärker sei als der, der das gleiche nicht vermag.

Aber das höchste Gut, das den Bösen und den Guten in gleicher Weise vor Augen gestellt ist, erstreben die Guten durch die natürliche Verrichtung der Tugenden, während die Bösen ebendasselbe durch Begierde von mannigfacher Art, was eine natürliche Betätigung nicht darstellt, zu erlangen suchen. Oder bist du anderer Auffassung?

Ganz und gar nicht, sagte ich; denn auch das, was sich daraus ergibt, ist klar. Nach dem nämlich, was ich zugegeben habe, sind notwendigerweise die Guten mächtig, die Bösen aber schwach.

Du eilst gehörig voraus, sprach sie, und das ist, wie die Ärzte gewohnt sind zu hoffen, das Merkmal einer bereits aufgerichteten und widerstandsfähigen Natur. Aber da ich ja erkenne, wie sehr du geneigt bist zu verstehen, so werde ich eine ganze Menge von Beweisgründen häufen. Beachte

Et quid, si hoc tam magno ac paene invicto praeeuntis naturae desererentur auxilio? Considera vero, quanta sceleratos homines habeat impotentia. Neque enim levia aut ludicra praemia petunt, quae consequi atque obtinere non possunt, sed circa ipsam rerum summam verticemque deficiunt nec in eo miseris contingit effectus, quod solum dies noctesque moliuntur; in qua re bonorum vires eminent. Sicut enim eum, qui pedibus incedens ad eum locum usque pervenire potuisset, quo nihil ulterius pervium iaceret incessui, abulandi potentissimum esse censeres, ita eum, qui expetendorum finem, quo nihil ultra est, apprehendit, potentissimum necesse est iudices. Ex quo fit, quod huic obiacet, ut idem scelesti idem viribus omnibus videantur esse deserti.

Cur enim relicta virtute vitia sectantur? Inscitiane bonorum? Sed quid enervatius ignorantiae caecitate? An sectanda noverunt, sed transversos eos libido praecipitat? Sic quoque intemperantia fragiles, qui obluctari vitio nequeunt. An scientes volentesque bonum deserunt, ad vitia deflectunt?

jedenfalls, eine wie große Schwachheit der lasterhaften Menschen augenscheinlich ist, die nicht einmal zu dem gelangen können, zu dem ein natürlicher Trieb sie hinlenkt und beinahe drängt. Wie nun gar, wenn sie von einer derartig großen und fast unbezwinglichen Hilfeleistung der richtungweisenden Natur im Stich gelassen werden? Überlege doch, welche Ohnmacht die unseligen Menschen umfangen muß! Die von ihnen erstrebten Werte, die sie nicht zu erlangen und festzuhalten vermögen, sind ja nicht geringfügiger und tändelnder Art; vielmehr ist es der eigentliche Haupt- und Gipfelpunkt der Dinge, wo sie ihre Kräfte verlieren, und den Beklagenswerten ist ein Erfolg in dem, wonach allein sie Tag und Nacht streben, nicht beschieden. Hierin treten die Kräfte der Guten deutlich hervor. So wie du nämlich denjenigen, der zu Fuß gehend bis zu der Stelle zu gelangen vermocht hätte, über die hinaus es einen beschreitbaren Weg nicht gäbe, für den – was das Gehen anlangt – Mächtigsten erklären würdest, so mußt du mit Notwendigkeit denjenigen, der das Ziel erstrebenswerter Dinge, über das hinaus es weiter nichts gibt, erreicht, für den Mächtigsten halten. Hieraus ergibt sich, was im Gegensatz dazu steht, daß diejenigen, die durch Freveltaten befleckt sind, zugleich von allen Kräften verlassen zu sein scheinen. Warum lassen sie denn die Tugend außer acht und laufen dem Laster nach? Aus Unkenntnis des Guten? Aber was gäbe es Schwächlicheres als die Blindheit der Unerfahrenheit? Oder wissen sie um das, nach dem man streben soll, und drängt nur die Begierde sie vom rechten Wege ab? Auch so sind sie, die dem Laster nicht Widerstand zu leisten vermögen, ohne Kraft, weil ohne Mäßigung. Oder geben sie wissentlich und willig das Gute auf und wenden sich dem Laster zu? Auf diese

Sed hoc modo non solum potentes esse, sed omnino esse desinunt. Nam qui communem omnium, quae sunt, finem relinquunt, pariter quoque esse desistunt.

Quod quidem cuipiam mirum forte videatur, ut malos, qui plures hominum sunt, eosdem non esse dicamus; sed ita sese res habet. Nam qui mali sunt, eos malos esse non abnuo; sed eosdem esse pure atque simpliciter nego. Nam uti cadaver hominem mortuum dixeris, simpliciter vero hominem appellare non possis, ita vitiosos malos quidem esse concesserim, sed esse absolute nequeam confiteri. Est enim, quod ordinem retinet servatque naturam; quod vero ab hac deficit, esse etiam, quod in sua natura situm est, derelinquit. Sed possunt, inquies, mali. Ne ego quidem negaverim, sed haec eorum potentia non a viribus, sed ab imbecillitate descendit. Possunt enim mala, quae minime valerent, si in bonorum efficientia manere potuissent. Quae possibilitas eos evidentius nihil posse demonstrat; nam si, uti paulo ante collegimus, malum nihil est, cum mala tantummodo possint, nihil posse improbos liquet.

Perspicuum est.

Atque ut intellegas, quaenam sit huius potentiae vis, summo bono nihil potentius esse paulo ante definivimus.

Ita est, inquam.

Sed idem, inquit, facere malum nequit.

Weise jedoch hören sie nicht nur auf, machtvoll zu sein, sondern überhaupt zu sein. Denn die, die das gemeinsame Ziel alles Bestehenden außer acht lassen, hören zu gleicher Zeit auch auf, zu sein. Nun könnte es manchem vielleicht erstaunlich vorkommen, daß wir gerade die Bösen, die die Mehrzahl der Menschen darstellen, als nicht-seiend bezeichnen. Es ist aber so. Denn ich bestreite nicht, daß die Bösen böse sind; aber ich verneine es unbedingt und gerade heraus, daß sie *sind*. Denn wie man einen Leichnam einen toten Menschen nennen würde, ihn aber nicht für einen Menschen schlechtweg erklären könnte, so möchte ich zwar zugeben, daß die Lasterhaften böse sind, könnte aber nicht anerkennen, daß sie ohne Vorbehalt *sind*. Was nämlich an der Ordnung festhält und seine Natur wahrt, das *ist*. Was hingegen von ihr abtrünnig wird, das gibt auch das Sein, das auf seine Natur gegründet ist, gänzlich auf. Aber, wirst du sagen, die Bösen haben doch Macht. Das möchte ich selbst nicht bestreiten; aber diese ihre Macht entstammt nicht der Kraft, sondern der Schwachheit. Sie richten nämlich das Böse aus; wozu sie durchaus nicht imstande wären, wenn sie hätten dabei bleiben können, das Gute zu wirken. Diese Fähigkeit zeigt noch einleuchtender, daß sie nichts vermögen; wenn nämlich, wie wir vorhin erst gefolgert haben, das Böse ein Nichts ist, so ist klar, daß die schlechten Menschen, da sie bloß das Böse vermögen, *nichts* vermögen.

Das leuchtet ein.

Und damit du merkst, was es denn mit solcher Macht auf sich habe: Wir haben vorhin festgestellt, daß es nichts Mächtigeres gebe als das höchste Gut.

Ja, sagte ich, so ist es.

Dieses aber, sprach sie, kann das Böse nicht tun.

Minime.

Est igitur, inquit, aliquis, qui omnia posse homines putet?

Nisi quis insaniat, nemo.

Atqui idem possunt mala.

Utinam quidem, inquam, non possent.

Cum igitur bonorum tantummodo potens possit omnia, non vero queant omnia potentes etiam malorum, eosdem, qui mala possunt, minus posse manifestum est. Huc accedit, quod omnem potentiam inter expetenda numerandam omniaque expetenda referri ad bonum velut ad quoddam naturae suae cacumen ostendimus. Sed patrandi sceleris possibilitas referri ad bonum non potest, expetenda igitur non est. Atqui omnis potentia expetenda est; liquet igitur malorum possiblitatem non esse potentiam.

Ex quibus omnibus bonorum quidem potentia, malorum vero minime dubitabilis apparet informitas veramque illam Platonis esse sententiam liquet solos, quod desiderent, facere posse sapientes, improbos vero exercere quidem, quod libeat, quod vero desiderent, explere non posse. Faciunt enim quaelibet, dum per ea, quibus delectantur, id bonum, quod desiderant, se adepturos putant; sed minime adipiscuntur, quoniam ad beatitudinem probra non veniunt.

Gewiß nicht.

Gibt es wohl irgend jemand, der glaubte, daß die Menschen alles können? sagte sie.

Niemand, wenn er kein Narr ist.

Nun vermögen aber eben sie das Böse.

Ach, wenn sie es doch nicht vermöchten! sagte ich.

Wenn hiernach der, der nur des Guten mächtig ist, alles vermag, nicht aber die, die auch des Bösen mächtig sind, alles können, so ist offenbar, daß diejenigen, die das Böse vermögen, weniger vermögen. Hinzu kommt, daß wir nachgewiesen haben, alle Macht sei dem Begehrenswerten zuzuzählen und alles Begehrenswerte beziehe sich auf das Gute gleichsam als auf den Gipfelpunkt seines Wesens. Die Fähigkeit aber, eine Schlechtigkeit zu begehen, kann auf das Gute *nicht* bezogen werden, ist somit nicht begehrenswert. Nun ist aber alle Macht begehrenswert; somit ist klar, daß die Fähigkeit, das Böse zu tun, keine Macht bedeutet. Aus all diesem geht einerseits die Macht der Guten, anderseits die unzweifelhafte Schwachheit der Bösen hervor; und jener Gedanke Platons ist offensichtlich richtig, daß allein die Weisen das tun können, was sie wünschen, daß aber die Bösewichte wohl betreiben, was ihnen gefällt, jedoch nicht zustande bringen können, was sie wünschen. Sie tun nämlich alles und jedes und meinen, sie würden durch das, was ihnen Vergnügen gewährt, das Gut erlangen, nach dem sie sich sehnen; sie erlangen es aber keinesfalls, weil ja das Schändliche nicht zur Glückseligkeit gelangt.

> Auf der Throne steilen Höhen
> siehst du stolz Könige sitzen,
> weit gerühmt, in Purpur prangend
> und im Schutz grimmiger Waffen;

Quos vides sedere celsos solii culmine reges,
Purpura claros nitente, saeptos tristibus armis,
Ore torvo comminantes, rabie cordis anhelos,
Detrahat si quis superbis vani tegmina cultus,
Iam videbit intus artas dominos ferre catenas.
Hinc enim libido versat avidis corda venenis,
Hinc flagellat ira mentem fluctus turbida tollens,
Maeror aut captos fatigat aut spes lubrica torquet.
Ergo cum caput tot unum cernas ferre tyrannos,
Non facit quod optat ipse dominis pressus iniquis.

Videsne igitur, quanto in caeno probra volvantur, qua probitas luce resplendeat? In quo perspicuum est numquam bonis praemia, numquam sua sceleribus deesse supplicia. Rerum etenim quae geruntur illud, propter quod unaquaeque res geritur, eiusdem rei praemium esse non iniuria videri potest, uti currendi in stadio, propter quam curritur, iacet praemium corona. Sed beatitudinem esse id ipsum bonum, propter quod omnia geruntur, ostendimus. Est igitur humanis actibus ipsum bonum veluti praemium commune propositum, atqui hoc a bonis non potest separari; neque enim bonus ultra iure vocabitur, qui careat bono; quare probos mores sua praemia non relinquunt.

mit den finstren Mienen drohend
und vor Wut schnaubend im Herzen.
Aber nimmt man diesen Stolzen
ihres Prunks nichtige Hüllen,
merkt man: Auch die Herrscher haben
in der Brust Fesseln zu tragen.
Denn es reizt mit scharfen Giften
die Begier dort die Gemüter,
aufgepeitscht wird dort die Seele
durch den Zorn, wogend und stürmisch.
Kummer lähmt, die so gefesselt,
und es quält trugvolle Hoffnung.
Wisse, wenn in *einem* Haupte
sich so viel Zwingherren finden,
kann Erstrebtes der nicht leisten,
den so hart Mächtige drücken.

Siehst du also, in welchem Schmutz sich die Schändlichkeit herumwälzt, in welchem Licht die Rechtschaffenheit
erglänzt? Hierbei ist einleuchtend, daß für das Gute niemals die Belohnung, für die Bosheit niemals ihre Bestrafung ausbleibt. Denn dasjenige, um deswillen von den
Dingen, die getan werden, jedes einzelne Ding getan wird,
kann nicht mit Unrecht als Lohn für eben dieses Ding
gelten; so wie ein Kranz, dessenthalben gelaufen wird, als
Belohnung für das Laufen in der Kampfbahn zur Verfügung steht. Wir haben aber gezeigt, daß die Glückseligkeit
eben das Gut sei, um deswillen man alles tut. Es ist also
das Gute selbst als allgemeine Belohnung menschlicher
Handlungen hingestellt worden. Daran allerdings kann es
den Guten nicht fehlen; denn wer des Guten ermangelt,
der wird nicht länger mit Recht gut genannt werden, wes-

Quantumlibet igitur saeviant mali, sapienti tamen corona
non decidet, non arescet. Neque enim probis animis proprium decus aliena decerpit improbitas. Quodsi extrinsecus accepto laetaretur, poterat hoc vel alius quispiam vel
ipse etiam, qui contulisset, auferre. Sed quoniam id sua
cuique probitas confert, tum suo praemio carebit, cum
probus esse desierit. Postremo cum omne praemium idcirco appetatur, quoniam bonum esse creditur, quis boni
compotem praemii iudicet expertem?

At cuius praemii? Omnium pulcherrimi maximique.
Memento etenim corollarii illius, quod paulo ante praecipuum dedi, ac sic collige: Cum ipsum bonum beatitudo
sit, bonos omnes eo ipso, quod boni sint, fieri beatos
liquet. Sed qui beati sint, deos esse convenit. Est igitur
praemium bonorum, quod nullus deterat dies, nullius minuat potestas, nullius fuscet improbitas, deos fieri.

Quae cum ita sint, de malorum quoque inseparabili
poena dubitare sapiens nequeat. Nam cum bonum malumque, item poenae atque praemium adversa fronte dissi-
deant, quae in boni praemio videmus accedere, eadem
necesse est in mali poena contraria parte respondeant.
Sicut igitur probis probitas ipsa fit praemium, ita improbis
nequitia ipsa supplicium est. Iam vero quisquis afficitur
poena, malo se affectum esse non dubitat. Si igitur sese
ipsi aestimare velint, possuntne sibi supplicii expertes videri, quos omnium malorum extremo nequitia non affecit
modo, verum etiam vehementer infecit?

Vide autem ex adversa parte bonorum, quae improbos
poena comitetur. Omne namque, quod sit, unum esse
ipsumque unum bonum esse paulo ante didicisti, cui consequens est, ut omne, quod sit, id etiam bonum esse videatur.

halb tugendhaften Sitten ihr eigener Lohn nicht vorenthalten bleibt; wenn also die Bösen auch noch so sehr wüten, so wird dennoch dem Weisen der Kranz weder herunterfallen noch verwelken; denn fremde Schlechtigkeit beraubt rechtschaffene Herzen nicht ihres besonderen Schmuckes. Wenn er über ihn Freude empfände als über etwas von außen Empfangenes, so könnte ihn entweder irgendein anderer wegnehmen oder der selber, der ihn dargeboten hatte. Aber da ihn ja jedem sein eigene Rechtschaffenheit einbringt, so wird er nur dann auf seinen Lohn verzichten müssen, wenn er aufhört, rechtschaffen zu sein. Schließlich – da jeder Lohn deswegen ersehnt wird, weil man ihn als etwas Gutes ansieht, wer möchte den, der im Genusse des Guten ist, für eines Lohnes unteilhaftig halten? Aber welches Lohnes? Des schönsten und größten von allen. Erinnere dich doch an jenes Corollarium, das ich vorhin erst als etwas ganz Besonderes angeführt habe, und folgere so: Weil das Gute an sich die Glückseligkeit ist, so ist es einleuchtend, daß alle Guten eben deswegen, weil sie gut sind, glückselig werden. Wir haben uns aber darauf geeinigt, daß diejenigen, die glückselig sind, Gottheiten seien. Also der Lohn der Guten, den keine Zeit verwischt, den niemands Macht verringert, den niemands Böswilligkeit verdunkelt, ist, daß sie göttlich werden.

Da sich dies so verhält, so kann der Weise wohl auch an der unumgänglichen Bestrafung der Bösen nicht zweifeln. Denn da Gutes und Böses und ebenso Strafen und Lohn in erklärtem Widerspruch zueinander stehen, so muß es, wenn wir beobachten, daß dem Guten Belohnung zuteil wird, auf der anderen Seite notwendig in der Bestrafung des Bösen seine Entsprechung finden. Wie also den Rechtschaffenen ihre Rechtschaffenheit selber zum Lohne ge-

Hoc igitur modo quicquid a bono deficit, esse desistit; quo fit, ut mali desinant esse, quod fuerant; sed fuisse homines adhuc ipsa humani corporis reliqua species ostentat. Quare versi in malitiam humanam quoque amisere naturam. Sed cum ultra homines quemque provehere sola probitas possit, necesse est, ut, quos ab humana condicione deiecit, infra hominis meritum detrudat improbitas. Evenit igitur, ut, quem transformatum vitiis videas, hominem aestimare non possis. Avaritia fervet alienarum opum violentus ereptor? Lupis similem dixeris. Ferox atque inquies linguam litigiis exercet? Cani comparabis. Insidiator occultus subripuisse fraudibus gaudet? Vulpeculis exaequetur. Irae intemperans fremit? Leonis animum gestare credatur. Pavidus ac fugax non metuenda formidat? Cervis similis habeatur. Segnis ac stupidus torpet? Asinum vivit.

reicht, so ist für die Bösewichte die Nichtsnutzigkeit selber
Strafe. Wem nun aber Bestrafung widerfährt, der zweifelt
nicht, daß ihm Böses widerfahren sei. Könnten sie sich
somit, wenn sie sich selbst begutachten wollten, straffrei
vorkommen, die doch die Schlechtigkeit mit dem alleräu-
ßersten Bösen nicht nur befallen, sondern auch gründlich
vergiftet hat? Beobachte anderseits von der Gegenpartei
der Guten her, welcher Art die Strafe sei, die die Bösewichte begleitet. Daß nämlich alles, was ist, *eines* ist und
dieses Eine selber das Gute, das hast du vorhin gelernt;
woraus sich ergibt, daß alles, was ist, anscheinend auch das
Gute ist. Insofern hört also dasjenige auf, zu sein, was sich
vom Guten lossagt. So kommt es, daß die Bösen aufhören, das zu sein, was sie gewesen waren. Daß sie aber
Menschen gewesen waren, bezeugt nur noch die bis jetzt
bewahrte äußere Erscheinung eines menschlichen Körpers; sie haben darum auch, als sie sich der Schlechtigkeit
überlieferten, das menschliche Wesen eingebüßt. Da aber
einen jeden allein die Rechtschaffenheit über die Menschen
erheben kann, so muß die Ruchlosigkeit diejenigen, die sie
der menschlichen Bestimmung abwendig gemacht hat,
unter das Menschenwürdige hinabdrängen. Demnach geschieht es, daß du den nicht als Menschen einschätzen
kannst, den du durch Laster verwandelt siehst: Vor Habgier brennt der brutale Räuber fremden Besitzes? Du
könntest ihn als den Wölfen vergleichbar bezeichnen.
Trotzig und ruhelos übt einer die Zunge in Zänkereien?
Du wirst ihn einem Hunde vergleichen. Dem verborgenen Strauchdieb macht es Spaß, hinterlistig geräubert zu
haben? Er mag den Füchsen gleichgestellt werden. Es
schnaubt einer in unbeherrschtem Zorn? Man könnte
glauben, er zeige das Wesen eines Löwen. Furchtsam und

Levis atque inconstans studia permutat? Nihil avibus differt. Foedis immundisque libidinibus immergitur? Sordidae suis voluptate detinetur. Ita fit, ut qui probitate deserta homo esse desierit, cum in divinam condicionem transire non possit, vertatur in beluam.

Vela Neritii ducis
Et vagas pelago rates
Eurus appulit insulae,
Pulchra qua residens dea
Solis edita semine
Miscet hospitibus novis
Tacta carmine pocula.
Quos ut in varios modos
Vertit herbipotens manus,
Hunc apri facies tegit,
Ille Marmaricus leo
Dente crescit et unguibus.
Hic lupis nuper additus,
Flere dum parat, ululat.
Ille tigris ut Indica
Tecta mitis obambulat.
Sed licet variis malis
Numen Arcadis alitis
Obsitum miserans ducem

scheu empfindet einer Grausen vor dem, was nicht furchterregend ist? Man betrachte ihn als den Hirschen ähnlich.
Einer starrt träge und dümmlich vor sich hin? Er lebt
eines Esels Leben. Haltlos und unbeständig wechselt einer
seine Neigungen? Der unterscheidet sich in nichts von den
Vögeln. Einer taucht in garstigen und unsauberen Lüsten
unter? Ihn nimmt die Begierde des schmutzigen Schwei-
nes gefangen. – Daher kommt es, daß der, der von der
Rechtschaffenheit gelassen hat und somit aufgehört hat,
ein Mensch zu sein, sich zum Tiere wandelt, da er in ein
göttliches Verhältnis nicht überzugehen vermag.

Als das Schiff des Odysseus[2] einst
planlos trieb auf dem weiten Meer,
führt es Eurus der Insel zu,
wo die reizende Kirke wohnt,
eine Tochter des Sonnengotts,
die für neue Besucher gern
Sprüche murmelnd die Becher mischt.
Sie verzaubert sie mannigfach
mit der kräutergeübten Hand:
Einer sieht einem Eber gleich;
Zahn und Klaue dem zweiten wächst
wie den Löwen aus Afrika;
dieser, Wölfen nun beigesellt,
heult, sobald er zu weinen denkt;
und als Tiger vom Inderland
jener still um die Häuser schleicht.
Wohl der Anführer selber blieb,
weil ihn vielfaches Leid gehetzt,
durch den Gott aus Arkadien[3]
vor der Gastfreundin Fluch bewahrt.

Peste solverit hospitis,
Iam tamen mala remiges
Ore pocula traxerant,
Iam sues Cerealia
Glande pabula verterant,
Et nihil manet integrum
Voce, corpore perditis.
Sola mens stabilis super
Monstra, quae patitur, gemit.
O levem nimium manum
Nec potentia gramina,
Membra quae valeant licet,
Corda vertere non valent.
Intus est hominum vigor
Arce conditus abdita.
Haec venena potentius
Detrahunt hominem sibi
Dira, quae penitus meant
Nec nocentia corpori
Mentis vulnere saeviunt.

Tum ego: Fateor, inquam, nec iniuria dici video vitiosos, tametsi humani corporis speciem servent, in beluas tamen animorum qualitate mutari; sed quorum atrox scelerataque mens bonorum pernicie saevit, id ipsum eis licere noluissem.

Nec licet, inquit, uti convenienti monstrabitur loco.

Doch die Schiffsleute hatten schon
den verderblichen Trunk getan
und als Schweine der Ceres Brot
eingetauscht gegen Eichelkost.
Nichts blieb übrig, was unversehrt,
Sprache, Körpergestalt sind fort;
unberührt nur verbleibt der Geist
und beklagt den erlittnen Graus.
Allzuschwach freilich war die Hand,
war die Wirkung des Kräuterwerks,
die den Körper wohl wandeln mag,
doch das Herz nicht verändern kann,
das die menschliche Lebenskraft
hinter heimlicher Schutzwehr birgt.
Unheilvoller doch wirkt das Gift,
raubt es Menschen ihr Eigenstes,
weil es tief in das Innre dringt
und, gefahrlos dem Leibe zwar,
in den Wunden der Seele tobt.

Ich bekenne mich dazu, sagte ich hierauf, und ich sehe,
daß nicht mit Unrecht gesagt wird, daß die Lasterhaften
sich, wenngleich sie die äußere Erscheinung des menschlichen Körpers wahren, dennoch hinsichtlich ihrer geistigen Verfassung in Tiere wandeln; aber es wäre mir gerade
das lieber gewesen, daß ihnen nicht vergönnt werde, daß
sich ihre wilde und ruchlose Sinnesart im Verderben der
Guten austobt.

Es ist ihnen gar nicht vergönnt, sprach sie, wie an
geeigneter Stelle gezeigt werden wird. Immerhin aber
würde die Strafe verbrecherischer Menschen, wenn man
ihnen eben das nähme, von dem man glaubt, daß es ihnen

Sed tamen, si id ipsum, quod eis licere creditur, aufera-
tur, magna ex parte sceleratorum hominum poena releve-
tur. Etenim quod incredibile cuiquam forte videatur, infeliciores esse necesse est malos, cum cupita perfecerint,
quam si ea, quae cupiunt, implere non possint. Nam si
miserum est voluisse prava, potuisse miserius est, sine quo
voluntatis miserae langueret effectus. Itaque cum sua singulis miseria sit, triplici infortunio necesse est urgeantur,
quos videas scelus velle, posse, perficere.

Accedo inquam, sed uti hoc infortunio cito careant patrandi sceleris possibilitate deserti, vehementer exopto.

Carebunt, inquit, ocius, quam vel tu forsitan velis vel
illi sese aestiment esse carituros. Neque enim est aliquid in
tam brevibus vitae metis ita serum, quod exspectare lon-
gum immortalis praesertim animus putet; quorum magna
spes et excelsa facinorum machina repentino atque in-
sperato saepe fine destruitur, quod quidem illis miseriae
modum statuit. Nam si nequitia miseros facit, miserior sit
necesse est diuturnior nequam; quos infelicissimos esse
iudicarem, si non eorum malitiam saltem mors extrema
finiret. Etenim si de pravitatis infortunio vera conclusi-
mus, infinitam liquet esse miseriam, quam esse constat
aeternam.

freistehe, zum großen Teil aufgehoben werden. Und in
der Tat – mag es irgend jemand auch vielleicht unglaub-
lich scheinen – sind die Bösen notwendigerweise unglücklicher, wenn sie das Gewünschte zuwege bringen, als
wenn sie nicht zu erreichen vermögen, was sie wünschen.
Wenn es nämlich übel ist, Schlechtes gewollt zu haben, so
ist es übler, es vermocht zu haben; denn ohne das bliebe
die Wirkung des üblen Willens aus. Daher muß, weil jedes
einzelne sein eigenes Übel hat, unweigerlich dreifaches
Unglück diejenigen befallen, die du ein Verbrechen wollen
und vermögen und durchführen siehst.

Ich stimme zu, sagte ich, wünsche aber nachdrücklich,
daß sie von diesem Unglück rasch frei sein mögen und
daß ihnen die Möglichkeit, ein Verbrechen zu vollführen,
entzogen werde.

Sie werden eher davon frei sein, sagte sie, als du vielleicht willst oder als jene von sich meinen, daß sie frei sein
werden. In den so engen Grenzen des Lebens nämlich gibt
es nichts so Verspätetes, daß besonders ein unsterblicher
Geist es für zu langwierig hielte, darauf zu warten; ihre
große Hoffnung und das ragende Gerüst ihrer Schandtaten wird häufig durch ein plötzliches und unvermutetes
Ende niedergerissen, was für jene freilich dem Elend ein
Ziel setzt. Denn wenn die Schlechtigkeit elend macht, so
muß unumgänglich derjenige elender sein, der länger
schlecht ist; ich würde diese als die Unglückseligsten betrachten, wenn nicht schließlich der Tod ihrer Bosheit ein
Ende bereitete. Wenn wir wirklich das Richtige gefolgert
haben über das aus der Schlechtigkeit entstehende Unheil,
so ist klar, daß das Elend, von dem feststeht, daß es ewig
währt, unermeßlich ist.

Darauf sagte ich: Eine verwunderliche Schlußfolge

Tum ego: Mira quidem, inquam, et concessu difficilis inlatio, sed his eam, quae prius concessa sunt, nimium convenire cognosco.

Recte, inquit, aestimas; sed qui conclusioni accedere durum putat, aequum est vel falsum aliquid praecessisse demonstret vel collocationem propositionum non esse efficacem necessariae conclusionis ostendat; alioquin concessis praecedentibus nihil prorsus est, quod de inlatione causetur. Nam hoc quoque, quod dicam, non minus mirum videatur, sed ex his, quae sumpta sunt, aeque est necessarium.

Quidnam? inquam.

Feliciores, inquit, esse improbos supplicia luentes, quam si eos nulla iustitiae poena coerceat. Neque id nunc molior, quod cuivis veniat in mentem, corrigi ultione pravos mores et ad rectum supplicii terrore deduci, ceteris quoque exemplum esse culpanda fugiendi, sed alio quodam modo infeliciores esse improbos arbitror impunitos, tametsi nulla ratio correctionis, nullus respectus habeatur exempli.

Et quis erit, inquam, praeter hos alius modus?

Et illa: Bonos, inquit, esse felices, malos vero miseros nonne concessimus?

Ita est, inquam.

zwar, der mit Schwierigkeit beizutreten ist; ich merke aber, daß sie mit dem früher Zugegebenen genau übereinstimmt.

Du urteilst richtig, sprach sie; aber wenn einer es für schwierig hält, einem Schluß beizupflichten, so ist es recht und billig, daß er den Nachweis führe, daß etwas Falsches vorausgesetzt worden ist, oder daß er zeige, daß die Vordersätze nicht so aufgestellt sind, daß sie die erforderliche Schlußfolgerung[4] ermöglichen. Andererseits, wenn die Voraussetzungen gebilligt sind, ist durchaus keine Veranlassung, etwas gegen den Schluß einzuwenden. Auch das, was ich sagen werde, mag ja nicht minder verwunderlich scheinen, doch ergibt es sich aus dem, was festgestellt wurde, ebenso mit Notwendigkeit.

Was denn? sagte ich.

Daß die Bösewichte, sagte sie, glücklicher sind, wenn sie Strafen erleiden, als wenn keine gerechte Strafe sie bändigt. Ich will nicht darauf hinaus, was jedem beliebigen einfallen könnte, daß verderbte Sitten durch die Sühne gebessert und durch den Schauder vor der Bestrafung zum Rechten hingeleitet werden; daß es auch anderen ein Beispiel dafür sei, wie man das Tadelnswerte zu meiden habe – ich meine vielmehr, daß die unbestraft bleibenden Missetäter in anderer Art und Weise unglücklich seien, auch wenn nicht an Besserung gedacht oder das warnende Beispiel berücksichtigt wird.

Und welches soll neben diesen, sagte ich, die andere Art und Weise sein?

Und jene sprach: Wir haben doch eingeräumt, daß die Guten glücklich, die Bösen hingegen elend sind?

Jawohl, sagte ich.

Wenn also, sprach sie, zu dem Elend irgend jemands

Si igitur, inquit, miseriae cuiuspiam bonum aliquid addatur, nonne felicior est eo, cuius pura ac solitaria sine cuiusquam boni admixtione miseria est?

Sic, inquam, videtur.

Quid, si eidem misero, qui cunctis careat bonis, praeter ea, quibus miser est, malum aliud fuerit adnexum, nonne multo infelicior eo censendus est, cuius infortunium boni participatione relevatur?

Quidni? inquam.

Sed puniri improbos iustum, impunitos vero elabi iniquum esse manifestum est.

Quis id neget?

Sed ne illud quidem, ait, quisquam negabit, bonum esse omne, quod iustum est, contraque, quod iniustum est, malum.

Liquere respondi.

Habent igitur improbi, cum puniuntur quidem, boni aliquid adnexum, poenam ipsam scilicet, quae ratione iustitiae bona est, idemque cum supplicio carent, inest eis aliquid ulterius, mali ipsa impunitas, quam iniquitatis merito malum esse confessus es.

Negare non possum.

Multo igitur infeliciores improbi sunt iniusta impunitate donati quam iusta ultione puniti.

Tum ego: Ista quidem consequentia sunt eis, quae paulo ante conclusa sunt. Sed quaeso, inquam, te, nullane animarum supplicia post defunctum morte corpus relinquis?

etwas Gutes dazugetan wird, ist er dann nicht glücklicher als der, dessen Elend rein und für sich allein ist, ohne Beimischung von irgend etwas Gutem?

Es scheint so, sagte ich.

Was nun, wenn diesem Unglücklichen, der des Guten ganz und gar entbehrt, zu dem, durch was er elend ist, noch ein anderes Schlimmes hinzugetan wird: Muß man ihn nicht für viel unglücklicher halten als den, dessen Unglück durch ein Teilhaben am Guten gemindert wird?

Freilich, sagte ich.

Es ist aber augenscheinlich gerecht, daß die Bösewichte bestraft werden, dagegen unbillig, wenn sie straffrei ausgehen.

Wer möchte das bestreiten?

Aber nicht einmal das, versicherte sie, wird jemand abstreiten, daß alles, was gerecht ist, gut sei, und daß dagegen böse sei, was ungerecht ist.

Es ist einleuchtend, antwortete ich.

Es ist also den Schlechten, wenn sie bestraft werden, unstreitig etwas Gutes beigegeben, nämlich eben die Strafe, die in Hinsicht auf die Gerechtigkeit gut ist; und wenn diese straffrei bleiben, dann steckt in ihnen das weitere Böse: die Straflosigkeit selbst, von der du um ihrer Unbilligkeit willen anerkannt hast, daß sie etwas Böses sei.

Das kann ich nicht verneinen.

Es sind somit um vieles unglücklicher die mit ungerechtfertigter Straffreiheit beschenkten Übeltäter, als die mit gerechter Sühne bestraften.

Darauf sagte ich: Das ergibt sich freilich aus dem, was kurz zuvor gefolgert worden ist. Aber ich bitte dich, hebst du für die Seelen, wenn der Leib im Tode verblichen ist, keinerlei Strafen auf?

Et magna quidem, inquit, quorum alia poenali acerbitate, alia vero purgatoria clementia exerceri puto. Sed nunc de his disserere consilium non est. Id vero hactenus egimus, ut, quae indignissima tibi videbatur malorum potestas, eam nullam esse cognosceres, quosque impunitos querebare, videres numquam improbitatis suae carere suppliciis, licentiam, quam cito finiri precabaris, nec longam esse disceres infelicioremque fore, si diuturnior infelicissimam vero, si esset aeterna; post haec miseriores esse improbos iniusta impunitate dimissos quam iusta ultione punitos. Cui sententiae consequens est, ut tum demum gravioribus suppliciis urgeantur, cum impuniti esse creduntur.

Tum ego: Cum tuas, inquam, rationes considero, nihil dici verius puto. At si ad hominum iudicia revertar, quis ille est, cui haec non credenda modo, sed saltem audienda videantur?

Ita est, inquit illa. Nequeunt enim oculos tenebris assuetos ad lucem perspicuae veritatis attollere similesque avibus sunt, quarum intuitum nox illuminat, dies caecat; dum enim non rerum ordinem, sed suos intuentur affectus, vel licentiam vel impunitatem scelerum putant esse felicem. Vide autem, quid aeterna lex sanciat.

Und zwar große, sagte sie; die einen von ihnen werden nach meiner Meinung mit der Bitternis der Sühne, die anderen aber mit reinigender Milde durchgeführt. Doch es liegt nicht in meiner Absicht, jetzt darüber zu sprechen. Bis hierher haben wir jedenfalls das betrieben, daß du die Macht der Bösen, die dir als höchst unwert erschien, als ein Nichts kennenlerntest; daß du sähest, wie diejenigen, deren Straflosigkeit du bemängeltest, nie ohne Strafe für ihre Bosheit bleiben; daß du erführest, daß ihre Frechheit, deren rasche Beendigung du erflehtest, nicht von langer Dauer sei und um so unheilvoller für sie, je länger sie anhalte, am unheilvollsten aber, wenn sie ewig dauere; ferner, daß die mit ungerechtfertigter Straflosigkeit freigelassenen Übeltäter unglücklicher seien als die mit gerechter Sühne bestraften. Aus diesem Satze folgt, daß sie gerade dann erst von härteren Strafen betroffen sind, wenn man sie für ungestraft hält.

Ich sagte darauf: Wenn ich deine Beweisgründe überdenke, so meine ich, daß etwas Wahreres nicht zu sagen ist. Wenn ich mich jedoch wieder dem Urteilsvermögen der Menschen zuwende: Wer ist jener, dem dies auch nur als hörenswert erschiene, geschweige denn als glaubwürdig?

So ist es, sprach jene. Sie können nämlich ihre an das Dunkel gewöhnten Augen nicht zum Lichte der klaren Wahrheit erheben und gleichen denjenigen Vögeln, deren Augenlicht die Nacht hell und der Tag trübe macht. Indem sie nämlich nicht auf die Ordnung der Dinge sehen, sondern auf ihre eigenen Neigungen, halten sie Willkür sowie Straffreiheit der Verbrechen für Glück. Achte aber auf das, was das ewige Gesetz verordnet.

Hast du deinen Geist am Besseren geschult, so bedarfst

Melioribus animum conformaveris, nihil opus est iudice
praemium deferente, tu te ipse excellentioribus addidisti.
Studium ad peiora deflexeris, extra ne quaesieris ultorem,
tu te ipse in deteriora trusisti, veluti, si vicibus sordidam
humum caelumque respicias, cunctis extra cessantibus ipsa
cernendi ratione nunc caeno, nunc sideribus interesse vi-
dearis. At vulgus ista non respicit. Quid igitur? Hisne
accedamus, quos beluis similes esse monstravimus? Quid,
si quis amisso penitus visu ipsum etiam se habuisse obli-
visceretur intuitum nihilque sibi ad humanam perfectio-
nem deesse arbitraretur, num videntes eadem caeco puta-
remus? Nam ne illud quidem adquiescent, quod aeque
validis rationum nititur firmamentis, infeliciores eos esse,
qui faciant, quam qui patiantur iniuriam.

Vellem, inquam, has ipsas audire rationes.

Omnem, inquit, improbum num supplicio dignum
negas?

Minime.

Infelices vero esse, qui sint improbi, multipliciter liquet.

Ita, inquam.

Qui igitur supplicio digni sunt, miseros esse non dubitas?

Convenit, inquam.

Si igitur cognitor, ait, resideres, cui supplicium inferen-
dum putares, eine, qui fecisset an qui pertulisset iniuriam?

du keines Richters, der dich belohne: du selbst hast dich dem Höheren zugesellt; hast du dein Streben auf das Schlechtere gerichtet, so suche den Rächer nicht außen: du selbst hast dich zum Niederen gedrängt. Es ist so, wie wenn du abwechselnd zur schmutzigen Erde und zum Himmel schaust und, während von außen her dazu gar nichts getan wird, je nach deiner persönlichen Art, zu schauen, bald dem Schmutze, bald den Gestirnen zugehörig scheinst. Aber eben dies bedenkt die Menge nicht. Was also? Wollen wir an die Seite derer treten, die nach unserem Nachweis den Tieren vergleichbar sind? Wie, wenn einer nach völligem Verlust des Augenlichts nun auch noch vergäße, die Sehfähigkeit besessen zu haben, und der Auffassung wäre, es fehle ihm nichts zur menschlichen Vollkommenheit: Würden wir, die wir sehend sind, das gleiche denken wie der Nichtsehende? Sie werden freilich auch dem keinen Glauben beimessen, was auf gleich festen Stützen der Beweisgründe ruht: daß diejenigen, die das Unrecht tun, unglücklicher seien als die, die es erleiden.

Ich sagte: Ich würde diese Beweisgründe selbst gern hören.

Du bestreitest wohl nicht, sprach sie, daß jeder Missetäter Strafe verdiene?

Durchaus nicht.

Daß aber gerade die Missetäter unglücklich sind, leuchtet in mannigfacher Hinsicht ein.

So ist es, sagte ich.

Somit zweifelst du nicht daran, daß diejenigen, die Strafe verdienen, unglückselig sind?

Ganz recht, sagte ich.

Wenn du also, äußerte sie, als Ankläger zu Gericht säßest, wem wäre nach deiner Ansicht Strafe aufzuerlegen;

Nec ambigo, inquam, quin perpesso satisfacerem dolore facientis.

Miserior igitur tibi iniuriae inlator quam acceptor esse videretur.

Consequitur, inquam. Hac igitur aliisque causis ea radice nitentibus, quod turpitudo suapte natura miseros faciat, apparet inlatam cuilibet iniuriam non accipientis, sed inferentis esse miseriam.

Atqui nunc, ait, contra faciunt oratores; pro his enim, qui grave quid acerbumque perpessi sunt, miserationem iudicum excitare conantur, cum magis admittentibus iustior miseratio debeatur, quos non ab iratis, sed a propitiis potius miserantibusque accusatoribus ad iudicium veluti aegros ad medicum duci oportebat, ut culpae morbos supplicio resecarent. Quo pacto defensorum opera vel tota frigeret vel, si prodesse hominibus mallet, in accusationis habitum verteretur. Ipsi quoque improbi, si eis aliqua rimula virtutem relictam fas esset aspicere vitiorumque sordes poenarum cruciatibus se deposituros viderent, compensatione adipiscendae probitatis nec hos cruciatus esse ducerent defensorumque operam repudiarent ac se totos accusatoribus iudicibusque permitterent.

dem, der ein Unrecht getan hatte, oder dem, der es erlitten
hatte?

Kein Zweifel für mich, sagte ich, daß ich dem, der es
erduldet hatte, durch die Qualen des Täters Genugtuung
bieten würde.

Es würde dir also der, der das Unrecht begeht, un-
glückseliger erscheinen als der, der es erleidet.

Das ergibt sich daraus, sagte ich. Aus diesem Umstande
also sowie aus den anderen, die auf die Grundwahrheit
zurückgehen, daß die Schändlichkeit durch ihr eigenes
Wesen Unglückliche schafft, geht klar hervor, daß ein
Unrecht, das irgend jemand zugefügt worden ist, ein Unglück nicht für den darstellt, der es erduldet, sondern für
den, der es tut.

Dennoch, bemerkte sie, verfahren die Redner jetzt umgekehrt; nämlich für die, die Schweres und Kränkendes
erlitten haben, suchen sie das Mitleid der Richter zu erre-
gen, während ein begründeteres Mitleid mehr den Tätern
gebührt, die nicht sowohl von erzürnten, als vielmehr von
wohlgeneigten und barmherzigen Anklägern dem Gericht
wie Kranke dem Arzt zugeführt werden sollten, damit den
Krankheiten der Schuld durch Bestrafung Einhalt gebo-
ten werde. Auf diese Art und Weise würde die Tätigkeit
der Verteidiger entweder gänzlich stocken oder, wenn sie
vorzöge, den Menschen von Nutzen zu sein, sich zur Anklage wandeln. Auch die Bösewichte selbst würden dann,
wenn es ihnen verstattet wäre, die im Stich gelassene Tugend durch irgendeinen feinen Spalt zu schauen, und
wenn sie sähen, sie könnten den Unrat der Laster durch
die Qualen der Strafen von sich abtun, die den Ausgleich
zur Erwerbung der Rechtschaffenheit bilden, diese Qualen
gar nicht als solche ansehen, würden die Mühewaltung der

Quo fit, ut apud sapientes nullus prorsus odio locus relinquatur. Nam bonos quis nisi stultissimus oderit? Malos vero odisse ratione caret. Nam si, uti corporum languor, ita vitiositas quidam est quasi morbus animorum, cum aegros corpore minime dignos odio, sed potius miseratione iudicemus, multo magis non insequendi, sed miserandi sunt, quorum mentes omni languore atrocior urguet improbitas.

> Quid tantos iuvat excitare motus
> > Et propria fatum sollicitare manu?
>
> Si mortem petitis, propinquat ipsa
> > Sponte sua volucres nec remoratur equos.
>
> Quos serpens, leo, tigris, ursus, aper
> > Dente petunt, idem se tamen ense petunt.
>
> An distant quia dissidentque mores,
> > Iniustas acies et fera bella movent
>
> Alternisque volunt perire telis?
> > Non est iusta satis saevitiae ratio.
>
> Vis aptam meritis vicem referre?
> > Dilige iure bonos et miseresce malis.

Verteidiger nicht in Anspruch nehmen und sich gänzlich den Anklägern und den Richtern überlassen. So kommt es, daß bei den Weisen ein Platz für Haß durchaus nicht übrigbleibt. Denn wer, wenn er nicht ein großer Tor ist, möchte wohl die Guten hassen? Die Bösen zu hassen ist vollends unvernünftig. Wenn nämlich, so wie Schwachheit eine Krankheit der Körper ist, Lasterhaftigkeit sozusagen eine Krankheit der Seelen ist, und da wir der Meinung sind, daß die körperlich Kranken keineswegs Haß, sondern vielmehr Mitleid verdienen, so sind erst recht diejenigen nicht zu verfolgen, sondern zu bemitleiden, deren Seelen die Schlechtigkeit hart bedrängt, die unheilvoller ist denn alle Schwachheit.

Warum freut euch, so viel Tumult zu machen
   und mit eigener Hand euer Geschick zu vollziehn?
Wenn den Tod ihr euch wünscht – der kommt schon
                             selber,
   nimmermehr von allein hemmt er sein rasches
                            Gefährt.
Schlange, Tiger und Leu und Bär und Eber
   drohn mit dem Zahn; mit dem Schwert dennoch
                    bedroht ihr euch selbst.
Nur weil Brauchtum und Art sich unterscheiden,
   hetzt ihr zu unrechtem Kampf und zu entsetzlichem
                          Krieg,
wünscht ihr kämpfend den Tod euch gegenseitig?
   Für solches wütende Tun ist kein verständlicher
                         Grund.
Denkst du jedem Verdienst gerecht zu werden:
   liebe die Guten zu Recht, Böse bemitleide nur.

Hic ego: Video, inquam, quae sit vel felicitas vel miseria in ipsis proborum atque improborum meritis constituta. Sed in hac ipsa fortuna populari non nihil boni malive inesse perpendo. Neque enim sapientum quisquam exsul, inops ignominiosusque esse malit potius, quam pollens opibus, honore reverendus, potentia validus in sua permanens urbe florere. Sic enim clarius testatiusque sapientiae tractatur officium, cum in contingentes populos regentium quodam modo beatitudo transfunditur, cum praesertim carcer ceteraque legalium tormenta poenarum perniciosis potius civibus, propter quos etiam constitutae sunt, debeantur. Cur haec igitur versa vice mutentur scelerumque supplicia bonos premant, praemia virtutum mali rapiant, vehementer admiror, quaeque tam iniustae confusionis ratio videatur, ex te scire desidero. Minus etenim mirarer, si misceri omnia fortuitis casibus crederem. Nunc stuporem meum deus rector exaggerat. Qui cum saepe bonis iucunda, malis aspera contraque bonis dura tribuat, malis optata concedat, nisi causa deprehenditur, quid est, quod a fortuitis casibus differre videatur?

Nec mirum, inquit, si quid ordinis ignorata ratione temerarium confusumque credatur. Sed tu quamvis causam tantae dispositionis ignores, tamen, quoniam bonus mundum rector temperat, recte fieri cuncta ne dubites.

An dieser Stelle sagte ich: Ich sehe, welcher Art das Glück bzw. Unglück ist, das je nachdem, wie Tüchtige und Untüchtige es verdienen, festgelegt ist. Ich ziehe aber in Erwägung, daß in solchem landläufigen Schicksal selber etwas Gutes oder auch etwas Böses steckt. Kein Weiser will ja lieber verbannt, armselig und beschimpft sein, anstatt reich an Besitz, ehrengeachtet und machtvoll in seiner Stadt zu verbleiben und eine glänzende Rolle zu spielen; ruhmreicher und überzeugender nämlich wird die Aufgabe der Weisheit dann durchgeführt, wenn die Glückseligkeit der Regierenden sozusagen auf die dazu gehörige Bevölkerung ausströmt. Dagegen gebühren vor allem Kerker und die anderen Leiden gesetzlicher Strafen mehr den schädlichen Bürgern, um derentwillen sie auch festgesetzt worden sind. Warum das also ins Gegenteil verkehrt wird, warum Strafe für Freveltaten die Guten trifft und die Bösen sich des Lohnes für die Tugenden bemächtigen – das befremdet mich aufs äußerste, und ich möchte von dir wissen, was als Grund eines so ungerechten Durcheinanders zu gelten habe. Ich würde mich allerdings weniger wundern, wenn ich dächte, daß alles durch sinnlosen Zufall verwirrt werde. Nun vergrößert es meine Bestürzung, daß Gott der Lenker ist. Wenn er oftmals den Guten Angenehmes, den Bösen Mißliches und anderseits den Guten Ungünstiges zuerteilt, den Bösen Erwünschtes zubilligt, weshalb sollte das wohl, wenn sich ein Grund dafür nicht erkennen läßt, den Anschein haben, als unterscheide es sich vom sinnlosen Zufall?

Es ist durchaus nicht verwunderlich, sagte sie, wenn man aus Unkenntnis der vernunftgemäßen Ordnung etwas für planlos und wirr ansieht. Aber wenn du auch von dem Grund einer so bedeutenden Ordnung nichts

Si quis Arcturi sidera nescit
  Propinqua summo cardine labi,
Cur legat tardus plaustra Bootes
  Mergatque seras aequore flammas,
Cum nimis celeres explicet ortus,
  Legem stupebit aetheris alti.
Palleant plenae cornua lunae
  Infecta metis noctis opacae,
Quaeque fulgenti texerat ore,
  Confusa Phoebe detegat astra;
Commovet gentes publicus error,
  Lassantque crebris pulsibus aera.
Nemo miratur flamina cori
  Litus frementi tundere fluctu
Nec nivis duram frigore molem
  Fervente Phoebi solvier aestu.
Hic enim causas cernere promptum est,
  Illic latentes pectora turbant.
Cuncta, quae rara provehit aetas,
  Stupetque subitis mobile vulgus.
Cedat inscitiae nubilus error,
  Cessent profecto mira videri.

Ita est, inquam; sed cum tui muneris sit latentium rerum
causas evolvere velatasque caligine explicare rationes,
quaeso, uti, quae hinc decernas, quoniam hoc me miraculum maxime perturbat, edisseras.

weißt, so darfst du dennoch, da ja ein guter Lenker die
Welt in Ordnung hält, nicht daran zweifeln, daß alles in
rechter Weise geschehe.

> Weiß man nicht, wie des Pols oberste Achse
>   umrundet wird vom nahen Arcturus,
> wie den Wagen träg rüstet Bootes
>   und spät sein Licht erst taucht in die Fluten,
> der doch allzurasch wiederum auftaucht –
>   bestaunt man wohl die himmlische Ordnung.
> Weicht des Vollmondes Glanz, bleichend zur Sichel,
>   bis ganz sie deckt der Mitternacht Schatten,[5]
> läßt den Sternenschein aufleuchten Phöbe,
>   den erst ihr strahlend Antlitz verhüllte –
> dann ergreift das Volk weithin Bestürzung,
>   und ständig rührt es eherne Becken.
> Doch wer staunt noch, wenn brausend der Corus
>   die Ufer stürmt mit rasenden Wogen,
> oder wenn des Schnees frostharte Massen
>   zerschmelzt des Phöbus glühende Hitze?
> Hier ist ja der Grund klar zu erkennen,
>   der dort verborgen Unruhe stiftet.
> Was im Lauf der Zeit selten nur eintritt
>   und plötzlich, schreckt die unstete Menge;
> wenn des Unverstands Nebel entweichen,
>   dann hört es auf, als Wunder zu gelten.

Es ist so, sagte ich; da es aber deines Amtes ist, die
Gründe der verborgenen Dinge auseinanderzusetzen und
ihre mit Dunkel bedeckten Gesetzmäßigkeiten zu entwik-
keln, so bitte ich dich, da mich ja diese wunderliche Sache
höchlich erregt, zu erörtern, wie du dich hierzu stellst.

Tum illa paulisper arridens: Ad rem me, inquit, omnium quaesitu maximam vocas, cui vix exhausti quicquam satis sit. Talis namque materia est, ut una dubitatione succisa innumerabiles aliae velut hydrae capita succrescant; nec ullus fuerit modus, nisi quis eas vivacissimo mentis igne coerceat. In hac enim de providentiae simplicitate, de fati serie, de repentinis casibus, de cognitione ac praedestinatione divina, de arbitrii libertate quaeri solet, quae quanti oneris sint ipse perpendis. Sed quoniam haec quoque te nosse quaedam medicinae tuae portio est, quamquam angusto limite temporis saepti tamen aliquid delibare conabimur. Quodsi te musici carminis oblectamenta delectant, hanc oportet paulisper differas voluptatem, dum nexas sibi ordine contexo rationes.

Ut libet, inquam.

Tunc velut ab alio orsa principio ita disseruit: Omnium generatio rerum cunctusque mutabilium naturarum progressus et quicquid aliquo movetur modo, causas, ordinem, formas ex divinae mentis stabilitate sortitur. Haec in suae simplicitatis arce composita multiplicem rebus gerendis modum statuit; qui modus cum in ipsa divinae intellegentiae puritate conspicitur, providentia nominatur, cum vero ad ea, quae movet atque disponit, refertur, fatum a veteribus appellatum est.

Danach lächelte jene mich ein wenig an und sprach: Du rufst mich zu etwas auf, was am allerschwierigsten zu untersuchen und kaum irgendwie hinreichend ausschöpfbar ist. Die Aufgabe ist nämlich von der Art, daß, wenn *ein* Zweifel behoben ist, zahllose andere gleich den Köpfen der Hydra[6] nachwachsen; und es gibt keinen Einhalt, wenn man sie nicht mit dem lebhaftesten Feuer des Geistes niederzwingt. Hier nämlich pflegt man in Erwägungen einzutreten über die Einheitlichkeit der Vorsehung, über den Ablauf des Schicksals, über die unvermuteten Zufälle, über die göttliche Weisheit und Vorherbestimmung, über die Freiheit des Willens, und wie mühsam das ist, ermißt du selber. Aber da es ja einen gewissen Teil deiner Arznei ausmacht, daß du auch dies weißt, so werden wir, wenn auch durch eng begrenzte Zeit eingeschränkt, einiges reiflich zu überlegen versuchen. Wenn du an der Unterhaltung durch ein lehrreiches Gedicht deine Freude hast, so mußt du diesen Genuß einstweilen aufschieben, währenddessen ich die in sich verknüpften Beweisgründe der Reihe nach in genauen Zusammenhang bringe.

Nach deinem Belieben, sagte ich.

Danach, gleichsam von einem anderen Anfangspunkt ausgehend, äußerte sie sich, wie folgt: Die Erzeugung aller Dinge und die ganze weitere Entwicklung veränderlicher Wesen und das, was sich in irgendeiner Weise bewegt, entnimmt Ursachen, Ordnung, Form der Unveränderlichkeit des göttlichen Geistes. Dieser bestimmt in seiner erhabenen Einheitlichkeit ruhevoll dem, was geschehen soll, seine mannigfaltige Regelung; wenn diese Regelung in Hinsicht auf die Reinheit der göttlichen Erkenntnis selbst betrachtet wird, so wird sie Vorsehung

Quae diversa esse facile liquebit, si quis utriusque vim mente conspexerit. Nam providentia est ipsa illa divina ratio in summo omnium principe constituta, quae cuncta disponit; fatum vero inhaerens rebus mobilibus dispositio, per quam providentia suis quaeque nectit ordinibus. Providentia namque cuncta pariter quamvis diversa, quamvis infinita complectitur, fatum vero singula digerit in motum locis, formis ac temporibus distributa, ut haec temporalis ordinis explicatio in divinae mentis adunata prospectum providentia sit, eadem vero adunatio digesta atque explicata temporibus fatum vocetur.

Quae licet diversa sint, alterum tamen pendet ex altero. Ordo namque fatalis ex providentiae simplicitate procedit. Sicut enim artifex faciendae rei formam mente praecipiens movet operis effectum et, quod simpliciter praesentarieque prospexerat, per temporales ordines ducit, ita deus providentia quidem singulariter stabiliterque facienda disponit, fato vero haec ipsa, quae disposuit, multipliciter ac temporaliter administrat. Sive igitur famulantibus quibusdam providentiae divinis spiritibus fatum exercetur seu anima seu tota inserviente natura seu caelestibus siderum motibus seu angelica virtute seu daemonum varia sollertia seu aliquibus horum seu omnibus fatalis series texitur;

geheißen; wird sie aber auf das bezogen, dem sie Bewegung und Ordnung verleiht, so ist ihr von den Alten der Name Schicksal beigelegt worden. Daß sie verschiedenartig sind, wird ohne weiteres klar sein, wenn man den Sinn beider vernunftvoll ins Auge faßt. Denn die Vorsehung ist jene göttliche Einsicht selbst, wie sie im obersten Herrscher aller Dinge begründet ist, die alles ordnet. Das Schicksal aber ist die den wandelbaren Dingen innewohnende Bestimmung, mittels deren die Vorsehung alles mit ihren Ordnungen in Einklang bringt. Die Vorsehung nämlich schließt alles auf gleiche Weise ein, sei es noch so verschiedenartig, sei es unbegrenzt. Das Schicksal hingegen ordnet die Bewegung des einzelnen, wie es nach Ort, Form und Zeit zugeteilt ist; so daß dieser Ablauf einer zeitlichen Ordnung, in göttlicher Sicht zusammengefaßt, die Vorsehung darstellt, daß aber, wenn eben dieser Zusammenhang im Zeitlichen aufgegliedert und entwickelt wird, von Schicksal gesprochen wird. Mögen sie auch verschiedenartig sein, so hängt doch das eine vom anderen ab. Die Schicksalsordnung nämlich geht hervor aus der Einheitlichkeit der Vorsehung. Wie nun aber der Künstler die Form dessen, was gestaltet werden soll, im Geiste vorausnimmt, alsdann an die Ausführung der Arbeit geht und das, was er als einheitlich und gegenwärtig vorausgeschaut hatte, nach zeitlicher Reihenfolge durchführt, so ordnet Gott zwar durch die Vorsehung das, was getan werden muß, in einheitlicher und dauerhafter Weise; durch das Schicksal aber führt er eben das, was er geordnet hat, in vielfältiger Weise und für eine gewisse Zeit aus. Mag es also sein, daß das Schicksal vollzogen wird durch gewisse der Vorsehung dienstbare göttliche Geister oder durch die Seele oder die Gesamtheit der dienenden Natur

illud certe manifestum est, immobilem simplicemque ge-
rendarum formam rerum esse providentiam, fatum vero
eorum, quae divina simplicitas gerenda disposuit, mobilem nexum atque ordinem temporalem.

Quo fit, ut omnia, quae fato subsunt, providentiae quoque subiecta sint, cui ipsum etiam subiacet fatum, quaedam vero, quae sub providentia locata sunt, fati seriem
superent. Ea vero sunt, quae primae propinqua divinitati
stabiliter fixa fatalis ordinem mobilitatis excedunt. Nam ut
orbium circa eundem cardinem sese vertentium, qui est
intimus, ad simplicitatem medietatis accedit ceterorumque
extra locatorum veluti cardo quidam, circa quem versen-
tur, exsistit, extimus vero maiore ambitu rotatus quanto a
puncti media individuitate discedit, tanto amplioribus
spatiis explicatur, si quid vero illi se medio conectat et
societ, in simplicitatem cogitur diffundique ac diffluere
cessat, simili ratione, quod longius a prima mente discedit,
maioribus fati nexibus implicatur, ac tanto aliquid fato
liberum est, quanto illum rerum cardinem vicinius petit.

oder durch die Bewegungen der himmlischen Gestirne
oder durch die Wunderkraft von Engeln oder durch man-
nigfache Anschläge von Dämonen; mag es sein, daß durch
einiges hiervon oder durch alles der Ablauf des Schicksals
zusammengefügt wird: Jenes eine ist gewiß augenscheinlich, daß die unveränderliche und einheitliche Form der
Geschehnisse die Vorsehung ist, das Schicksal dagegen die
veränderliche Verknüpfung und die zeitliche Ordnung
dessen, was nach der Ordnung der göttlichen Einheitlichkeit geschehen soll. So kommt es, daß alles, was dem
Schicksal unterliegt, auch der Vorsehung unterworfen ist,
der auch das Schicksal selbst untergeordnet ist; daß aber
einiges, was der Vorsehung untersteht, über den Schick-
salsablauf hinausgehoben ist. Es ist dasjenige, was, der
höchsten Göttlichkeit nahe, auf Beständigkeit gegründet
ist und die veränderliche Ordnung des Schicksals überragt. Wie nämlich der innerste der Kreise, die sich um
denselben Mittelpunkt drehen, der Einheitlichkeit der
Mitte nahekommt und für die übrigen, außen liegenden
gleichsam zum Mittelpunkt wird, um den sie sich drehen,
der äußerste aber, der sich in größerem Umlauf dreht, sich
auf um so weitere Räume ausdehnt, je mehr er sich von
der Unteilbarkeit des Mittelpunktes entfernt, während
das, was sich jenem Mittelpunkt anreiht und zugesellt, zur
Einheitlichkeit zusammengedrängt wird und aufhört, sich
auszubreiten und auseinanderzufließen – so in ganz ähnlicher Weise verwickelt sich das, was sich weiter vom höchsten Geiste entfernt, in größere Verknüpfungen des
Schicksals; und ne näher es jenem Zentralpunkt der Dinge
zu rücken sucht, um so freier ist es vom Schicksal. Und
wenn es sich der Festigkeit des obersten Geistes ange-
schlossen hat, so ist es unveränderlich und der Unaus-

Quodsi supernae mentis haeserit firmitati, motu carens fati quoque supergreditur necessitatem. Igitur uti est ad intellectum ratiocinatio, ad id quod est, id quod gignitur, ad aeternitatem tempus, ad punctum medium circulus, ita est fati series mobilis ad providentiae stabilem simplicitatem.

Ea series caelum ac sidera movet, elementa in se invicem temperat et alterna commutatione transformat; eadem nascentia occidentiaque omnia per similes fetuum seminumque renovat progressus. Haec actus etiam fortunasque hominum indissolubili causarum conexione constringit, quae cum ab immobilis providentiae proficiscatur exordiis, ipsas quoque immutabiles esse necesse est.

Ita enim res optime reguntur, si manens in divina mente simplicitas indeclinabilem causarum ordinem promat, hic vero ordo res mutabiles et alioquin temere fluituras propria incommutabilitate coerceat. Quo fit, ut, tametsi vobis hunc ordinem minime considerare valentibus confusa omnia perturbataque videantur, nihilo minus tamen suus modus at bonum dirigens cuncta disponat. Nihil est enim, quod mali causa ne ab ipsis quidem improbis fiat; quos, ut uberrime demonstratum est, bonum quaerentes pravus error avertit, nedum ordo de summi boni cardine proficiens a suo quoquam deflectat exordio.

weichlichkeit des Schicksals überhoben. Wie sich also die Überlegung zur Einsicht, das Werdende zum Seienden, das Zeitliche zum Ewigen, der Kreis zum Mittelpunkt verhält, so verhält sich der wandelbare Ablauf des Schicksals zur beständigen Einheitlichkeit der Vorsehung.

Dieser Ablauf bewegt den Himmel und die Gestirne, bringt die Elemente untereinander in das gehörige Verhältnis und gestaltet sie durch wechselseitigen Austausch um; eben derselbe erneuert alles, wie es entsteht und vergeht, in gleicher Entwicklung von Frucht und Samen; in unlösbarer Verflechtung des Ursächlichen verbindet er auch die Handlungen und die Geschicke der Menschen miteinander; da er dem Ursprung der unveränderlichen Vorsehung entstammt, so müssen notwendigerweise auch sie unwandelbar sein. So werden jedenfalls die Dinge am besten gelenkt, wenn die im göttlichen Geiste fortbestehende Einheitlichkeit eine unabänderliche Ordnung des Ursächlichen hervorbringt. Diese Ordnung aber soll durch ihre eigene Unveränderlichkeit die Dinge, die wandelbar sind und überhaupt aufs Geratewohl umhertreiben würden, in Schranken halten. Daher kommt es, daß, wenngleich ihr diese Ordnung keineswegs zu durchdenken vermögt und euch alles unklar und verworren erscheint, nichtsdestoweniger ihre Verfahrensweise, die auf das Gute gerichtet ist, alles gehörig regelt. Es gibt nämlich nichts, was um des Bösen willen geschieht, nicht einmal durch die Übeltäter selbst; wie auf das ausführlichste nachgewiesen worden ist, lenkt sie schlimmer Irrtum ab, wenn sie sich um das Gute bemühen; geschweige denn, daß die Ordnung, die ihren Ausgang vom Mittelpunkt des höchsten Guten nimmt, von ihrem Ursprung irgendwohin abwiche.

Quae vero, inquies, potest ulla iniquior esse confusio, quam ut bonis tum adversa tum prospera, malis etiam tum optata tum odiosa contingant? Num igitur ea mentis integritate homines degunt, ut, quos probos improbosve censuerunt, eos quoque, uti existimant, esse necesse sit? Atqui in hoc hominum iudicia depugnant et, quos alii praemio, alii supplicio dignos arbitrantur.

Sed concedamus, ut aliquis possit bonos malosque discernere; num igitur poterit intueri illam intimam temperiem, velut in corporibus dici solet, animorum? Non enim dissimile est miraculum nescienti, cur sanis corporibus his quidem dulcia, illis vero amara conveniant, cur aegri etiam quidam lenibus, quidam vero acribus adiuvantur; at hoc medicus, qui sanitatis ipsius atque aegritudinis modum temperamentumque dinoscit, minime miratur. Quid vero aliud animorum salus videtur esse quam probitas? Quid aegritudo quam vitia? Quis autem alius vel servator bonorum vel malorum depulsor quam rector ac medicator mentium deus? Qui cum ex alta providentiae specula respexit, quid unicuique conveniat, agnoscit et quod convenire novit, accommodat. Hic iam fit illud fatalis ordinis insigne miraculum, cum ab sciente geritur, quod stupeant ignorantes.

Kann es aber, wirst du sagen, irgendeine unbilligere
Verwirrung geben, als daß den Guten bald Mißliches, bald
Günstiges und auch den Bösen bald Erwünschtes, bald
Verhaßtes zufällt? Leben denn die Menschen in solcher
Vorurteilslosigkeit des Geistes, daß diejenigen, die sie als
rechtschaffen oder nicht rechtschaffen erklären, mit Notwendigkeit auch so sind, wie sie glauben? Vielmehr
widersprechen sich die Urteile der Menschen hierin, und
diejenigen, die von den einen einer Belohnung wert erachtet werden, werden von den anderen einer Bestrafung
wert erachtet.

Aber räumen wir ein, jemand könne die Guten und die
Bösen unterscheiden! Wird er wohl jene innerste Veranla-
gung (wie wir das bei den Körpern zu nennen pflegen) der
Seelen zu erblicken vermögen? Für den Nichtwissenden
nämlich ist es ein ganz gleiches Wunder, warum den einen
gesunden Körpern Süßes, den anderen aber Bitteres be-
kömmlich sei; warum den einen Kranken durch Mildes,
den anderen durch Scharfes geholfen werde. Der Arzt
aber, der sich in Art und Verhältnis der Gesundheit selbst
sowie der Krankheit auskennt, wundert sich darüber
durchaus nicht. Was scheint aber die Gesundheit der Seelen anderes zu sein als Rechtschaffenheit, was die Krankheit anderes als Laster? Wer anders aber ist der Bewahrer
des Guten und der Abwehrer des Bösen als Gott, der
Lenker und Heiler der Seelen? Wenn er sich von der
hohen Warte der Vorsehung aus umschaut, so erkennt er,
was einem jeden zusagt, und gewährt ihm das, was er als
zusagend kennt. Hier eben ereignet sich jenes bemerkens-
werte Wunder der Schicksalsordnung, daß von dem Wis-
senden das vollführt wird, worüber die Unwissenden er-
staunen. Denn um einiges wenige über die Tiefe des Gött-

Nam ut pauca, quae ratio valet humana, de divina pro-
funditate perstringam: de hoc, quem tu iustissimum et
aequi servantissimum putas, omnia scienti providentiae
diversum videtur. Et victricem quidem causam dis, victam
vero Catoni placuisse familiaris noster Lucanus admonuit.
Hic igitur quicquid citra spem videas geri, rebus quidem
rectus ordo est, opinioni vero tuae perversa confusio.

Sed sit aliquis ita bene moratus, ut de eo divinum iudicium pariter humanumque consentiat, sed est animi viribus infirmus; cui si quid eveniat adversi, desinet colere
forsitan innocentiam, per quam non potuit retinere fortunam. Parcit itaque sapiens dispensatio ei, quem deterio-
rem facere possit adversitas, ne, cui non convenit, laborare
patiatur. Est alius cunctis virtutibus absolutus sanctusque
ac deo proximus. Hunc contingi quibuslibet adversis nefas
providentia iudicat adeo, ut ne corporeis quidem morbis
agitari sinat. Nam ut quidam me quoque excellentior:

Ἀνδρὸς δὴ ἱεροῦ δέμας αἰθέρες ᾠχοδόμησαν.

Fit autem saepe, uti bonis summa rerum regenda deferatur, ut exuberans retundatur improbitas. Aliis mixta quaedam pro animorum qualitate distribuit;
quosdam remordet, ne longa felicitate luxurient, alios
duris agitari, ut virtutes animi patientiae usu atque exercitatione confirment.

lichen, soweit menschliche Vernunft dazu imstande ist, kurz zu berühren: Über den, der nach deiner Meinung der Gerechteste und der auf Wahrung des Rechten am meisten Bedachte ist, ist die allwissende Vorsehung abweichender Ansicht. Daß die siegreiche Sache wohl den Göttern, die besiegte aber Cato gefallen habe, hat unser Freund Lucanus[7] angemerkt. Hier also ist das, was du wider deine Hoffnung geschehen siehst, für die Dinge die richtige Ordnung, für deine Auffassung aber eine üble Verwirrung. Gesetzt aber den Fall, daß irgend jemand so wohlgeartet sei, daß das göttliche wie das menschliche Urteil über ihn übereinstimmen: Nun ist er aber schwach an geistigen Kräften; wenn dem etwas Mißliches widerfährt, wird er vielleicht aufhören, die Unbescholtenheit zu wahren, durch die er sein Glück nicht festhalten konnte. Deshalb verschont ihn, den Widerwärtigkeit schlechter machen könnte, eine weise Fügung, um es nicht geschehen zu lassen, daß der leide, dem es gar nicht zukommt. – Ein anderer ist in allen Tugenden vollkommen, unantastbar und der Gottheit am nächsten. Daß dieser von Widerwärtigem aller möglichen Art befallen werde, betrachtet die Vorsehung so sehr als unrecht, daß sie ihn nicht einmal von körperlichen Krankheiten gepeinigt werden läßt; heißt es doch bei einem, der bedeutender ist als selbst ich:[8]

»Denn eines heiligen Mannes Gestalt hat der Himmel
                                        gebildet.«

Es ereignet sich aber häufig, daß die Guten mit der höchsten Gewalt betraut werden, damit der übermäßigen Schlechtigkeit gesteuert werde. Den einen teilt sie, je nach

Alii plus aequo metuunt, quod ferre possunt, alii plus aequo despiciunt, quod ferre non possunt. Hos in experimentum sui tristibus ducit. Nonnulli venerandum saeculis nomen gloriosae pretio mortis emerunt; quidam suppliciis inexpugnabiles exemplum ceteris praetulerunt invictam malis esse virtutem; quae quam recte atque disposite et ex eorum bono, quibus accedere videntur, fiant, nulla dubitatio est.

Nam illud quoque, quod improbis nunc tristia, nunc optata proveniunt, ex eisdem ducitur causis; ac de tristibus quidem nemo miratur, quod eos malo meritos omnes existimant. Quorum quidem supplicia tum ceteros ab sceleribus deterrent, tum ipsos, quibus invehuntur, emendant; laeta vero magnum bonis argumentum loquuntur, quid de huius modi felicitate debeant iudicare, quam famulari saepe improbis cernant. In qua re illud etiam dispensari credo, quod est forsitan alicuius tam praeceps atque importuna natura, ut eum in scelera potius exacerbare possit rei familiaris inopia; huius morbo providentia collatae pecuniae remedio medetur.

der Beschaffenheit ihres Geistes, gewissermaßen Mischungen zu; manchen macht sie hin und wieder zu schaffen, damit sie nicht infolge anhaltender Glückseligkeit übermütig werden; die anderen werden hart gepeinigt, damit sie die Tugenden des Geistes durch Anwendung und Übung der Geduld kräftigen. Die einen fürchten sich mehr als recht ist vor dem, was sie zu tragen vermögen; die anderen verachten mehr als recht ist, was sie nicht zu tragen vermögen. Diese bringt sie durch etwas Betrübliches zur Selbstprüfung. Manche haben um den Preis eines rühmlichen Todes einen für Jahrhunderte verehrungswürdigen Namen erkauft; etliche, durch Martern nicht zu überwinden, haben den übrigen ein Beispiel dafür vorangetragen, daß die Tugend unbesiegbar durch das Böse sei; wie richtig und wohlgeordnet und zum Vorteil derer das ist, denen es zuzustoßen scheint, darüber besteht kein Zweifel. Doch auch dies, daß den Bösewichten bald Trauriges, bald Erwünschtes beschieden ist, rührt von denselben Ursachen her; und zwar wundert sich niemand über das Traurige, weil man allgemein der Ansicht ist, daß sie es um des Bösen willen verdient haben. Gewiß schrecken ihre Bestrafungen einesteils die übrigen von Freveltaten ab, wie sie anderteils diejenigen selbst bessern, denen sie widerfahren; das Erfreuliche hingegen zeigt den Guten einen bedeutenden Beweisgrund dafür an, was sie von einem so gearteten Glück zu denken haben, das nach ihrer Beobachtung oftmals den Bösewichten dienstbar ist. Hierbei wird, wie ich glaube, auch das folgende im rechten Verhältnis zugemessen: Wenn jemands Charakter so hitzig und unverschämt ist, daß ihn Mangel an Besitz noch mehr zu Freveltaten anreizt, so hilft die Vorsehung seiner Krankheit durch das Heilmittel aufgehäuften Geldes ab.

Hic foedatam probris conscientiam spectans et se cum
fortuna sua comparans forsitan pertimescit, ne, cuius ei
iucundus usus est, sit tristis amissio. Mutabit igitur mores,
ac dum fortunam metuit amittere, nequitiam derelinquit.
Alios in cladem meritam praecipitavit indigne acta felicitas; quibusdam permissum puniendi ius, ut exercitii bonis
et malis esset causa supplicii. Nam ut probis atque improbis nullum foedus est, ita ipsi inter se improbi nequeunt
convenire. Quidni, cum a semet ipsis discerpentibus conscientiam vitiis quisque dissentiat faciantque saepe, quae,
cum gesserint, non fuisse gerenda decernant? Ex quo
saepe summa illa providentia protulit insigne miraculum,
ut malos mali bonos facerent. Nam dum iniqua sibi a
pessimis quidam perpeti videntur, noxiorum odio flagran-
tes ad virtutis frugem rediere, dum se eis dissimiles stu-
dent esse, quos oderant.

Sola est enim divina vis, cui mala quoque bona sint,
cum eis competenter utendo alicuius boni elicit effectum.
Ordo enim quidam cuncta complectitur, ut, quod adsi-
gnata ordinis ratione decesserit, hoc licet in alium tamen
ordinem relabatur, ne quid in regno providentiae liceat
temeritati.

Dieser wieder schaut auf sein durch Schandtaten besudeltes Gewissen und vergleicht sich mit seinem Glück, und es wird ihm vielleicht angst und bange, wie trübselig der Verlust dessen wäre, was zu nützen ihm so angenehm ist. Also wird er seine Gepflogenheiten ändern, und so, indem er sein Glück einzubüßen fürchtet, läßt er ab von seiner Nichtsnutzigkeit. Andere hat unwürdig durchlebtes Glück in verdientes Unheil gestürzt; etlichen ist das Recht zu strafen übertragen, damit es für die Guten eine Veranlassung zur Übung sei und für die Bösen eine solche zur Strafe. Denn wie es keinen Bund zwischen Rechtschaffenen und Bösewichten gibt, so können die Bösewichte selbst unter sich nicht übereinstimmen. Warum auch anders, wenn ihr Gewissen eben durch ihre Laster zerfressen ist, so daß jeder mit sich selber im Widerspruch steht und sie häufig etwas tun, von dem sie, wenn sie es ausgeführt haben, erklären, daß es nicht hätte ausgeführt werden sollen? So hat denn jene höchste Vorsehung oft das bezeichnende Wunder hervorgebracht, daß Böse aus Bösen Gute machten. In der Meinung nämlich, daß sie von den ganz Bösen Unbilliges erlitten, kehrten manche, von glühendem Haß gegen die Schuldigen erfüllt, zum Genuß der Tugend zurück, bemüht, denen unähnlich zu sein, die sie haßten.

Die göttliche Kraft allein ist es nämlich, der das Böse auch das Gute ist, indem sie durch seinen angemessenen Gebrauch die Wirkung von etwas Gutem herausholt. Denn eine bestimmte Ordnung schließt alles ein, so daß, was vom zugewiesenen Ordnungsplan abgekommen ist, wohl in eine andere, aber immerhin in eine Ordnung zurückgleitet, damit im Reiche der Vorsehung nichts der Planlosigkeit freigestellt werde.

’Αργαλέον δέ με ταῦτα θεὸν ὥς πάντ’ ἀγορεύειν.

Neque enim fas est homini cunctas divinae operae machinas vel ingenio comprehendere vel explicare sermone.
Hoc tantum perspexisse sufficiat, quod naturarum omnium proditor deus idem ad bonum dirigens cuncta disponat dumque ea, quae protulit in sui similitudinem, retinere festinat, malum omne de rei publicae suae terminis
per fatalis seriem necessitatis eliminet. Quo fit, ut, quae in
terris abundare creduntur, si disponentem providentiam
spectes, nihil usquam mali esse perpendas.

Sed video te iam dudum et pondere quaestionis onera-
tum et rationis prolixitate fatigatum aliquam carminis exspectare dulcedinem. Accipe igitur haustum, quo refectus
firmior in ulteriora contendas.

>   Si vis celsi iura Tonantis
>   Pura sollers cernere mente,
>   Aspice summi culmina caeli.
>   Illic iusto foedere rerum
>   Veterem servant sidera pacem.
>   Non sol rutilo concitus igne
>   Gelidum Phoebes impedit axem,
>   Nec, quae summo vertice mundi
>   Flectit rapidos Ursa meatus,
>   Numquam occiduo lota profundo,
>   Cetere cernens sidera mergi
>   Cupit Oceano tinguere flammas.

»Schwierig ist es für mich, wie ein Gott dieses alles zu reden.«[9] Der Mensch hat nämlich kein Recht, das gesamte Gefüge des göttlichen Werkes im Geiste zu erfassen und mit Worten auseinanderzusetzen. Es mag genügen, nur so viel eingesehen zu haben, daß Gott, aller Dinge Schöpfer, alles insgesamt regelt, indem er es zugleich zum Guten hinlenkt; daß er sich angelegen sein läßt, das in Ähnlichkeit mit ihm selbst Erschaffene zu bewahren, und daß er so alles Böse den Grenzen seines Herrschaftsbereiches durch den Ablauf notwendigen Schicksals fernhält. Daher kommt es, daß du, mag es auf Erden angeblich auch im Übermaß vorhanden sein, nirgendwo etwas Böses feststellst, wenn du auf die ordnende Vorsehung blickst. – Aber ich sehe, daß du schon eine ganze Weile durch das Gewicht der Untersuchung beschwert und durch die Weitläufigkeit der Erwägung ermüdet bist und Verlangen hast nach der Lieblichkeit eines Liedes. Nimm deshalb einen Trunk entgegen, damit du, durch ihn erquickt, dem Ferneren kraftvoller zustreben mögest.

Willst du mit klarem Geiste erforschen
des allgewaltgen Donnergotts[10] Satzung,
so schau empor zur Höhe des Himmels;
dort wahren ja den ewigen Frieden
des Alls der Sterne feste Gesetze:
Nicht wird durch Sol, den Feuer beschleunigt,
der Lauf gestört der eisigen Phöbe;
die Bärin, die am obersten Gipfel
des Weltalls kreist in rascher Umdrehung,
wünscht niemals, gleich den übrigen Sternen
zu tauchen in die Tiefen des Westens
und ihren Glanz im Meere zu löschen;

Semper vicibus temporis aequis
Vesper seras nuntiat umbras
Revehitque diem Lucifer almum.
Sic aeternos reficit cursus
Alternus amor, sic astrigeris
Bellum discors exsulat oris.
Haec concordia temperat aequis
Elementa modis, ut pugnantia
Vicibus cedant umida siccis
Iungantque fidem frigora flammis,
Pendulus ignis surgat in altum
Terraeque graves pondere sidant.
His de causis vere tepenti
Spirat florifer annus odores,
Aestas cererem fervida siccat,
Remeat pomis gravis autumnus,
Hiemem defluus inrigat imber.
Haec temperies alit ac profert,
Quicquid vitam spirat in orbe.
Eadem rapiens condit et aufert
Obitu mergens orta supremo.
Sedet interea conditor altus
Rerumque regens flectit habenas
Rex et dominus, fons et origo,
Lex et sapiens arbiter aequi,
Et quae motu concitat ire,
Sistit retrahens ac vaga firmat.
Nam nisi rectos revocans itus
Flexos iterum cogat in orbes,
Quae nunc stabilis continet ordo,
Dissaepta suo fonte fatiscant.
Hic est cunctis communis amor,

in immer gleichem Wechsel der Stunden
verkündet Vesper nächtliches Dunkel,
bringt hold den Tag uns Luzifer wieder.
So lenkt die Liebe untereinander
den ewgen Kreislauf, bannt sie die Zwietracht
aus dem Bereich des Sternengewölbes.
Nur Eintracht regelt, gleichmäßig wägend,
die Stoffe, daß in friedlichem Wettstreit
das Feuchte mit dem Trockenen wechsle,
das Kalte mit dem Heißen sich eine,
das Feuer schwebend steige zur Höhe
und schwer der Erde Lasten sich senken.
Es haucht das Jahr nach diesen Gesetzen,
von Blüten schwer, im Lenz seine Düfte,
es reift das Korn im glühenden Sommer,
dann kommt der Herbst, mit Früchten beladen,
den Winter näßt der flutende Regen.
So nährt und fördert richtiges Gleichmaß,
was immer atmend lebt auf der Erde;
und eben dies läßt unwiderstehlich,
was es gezeugt, im Tode vergehen.
Indessen sitzt der Schöpfer des Weltalls
auf hohem Thron und hält es am Zügel,
er König, Herr und Quell sowie Ursprung,
Gesetz und weiser Wahrer des Rechtes.
Gab er dem All selbst die Bewegung,
er zähmt sie auch, das Schweifende sichernd.
Denn wenn die grade Bahn er nicht anhält
und nicht zur Kreisbewegung zurückzwingt,
so wird, was feste Ordnung jetzt bindet,
zerfallen müssen, fern seinem Ursprung.
Das ist die Liebe, allen gemeinsam,

Repetuntque boni fine teneri,
Quia non aliter durare queant,
Nisi converso rursus amore
Refluant causae, quae dedit esse.

Iamne igitur vides, quid haec omnia, quae diximus, consequatur?

Quidnam? inquam.

Omnem, inquit, bonam prorsus esse fortunam.

Et qui id, inquam, fieri potest?

Attende, inquit; cum omnis fortuna, vel iucunda vel
aspera, tum remunerandi exercendive bonos, tum puniendi corrigendive improbos causa deferatur, omnis
bona, quam vel iustam constat esse vel utilem.

Nimis quidem, inquam, vera ratio et, si, quam paulo
ante docuisti, providentiam fatumve considerem, firmis
viribus nixa sententia. Sed eam, si placet, inter eas, quas
inopinabiles paulo ante posuisti, numeremus.

Qui? inquit.

Quia id hominum sermo communis usurpat, et quidem
crebro, quorundam malam esse fortunam.

Visne igitur, inquit, paulisper vulgi sermonibus accedamus, ne nimium velut ab humanitatis usu recessisse videa-
mur?

Ut placet, inquam.

Nonne igitur bonum censes esse, quod prodest?

Ita est, inquam.

die nach dem höchsten Gute verlangen,
weil niemals sie zu dauern vermögen,
wenn sie nicht Liebe wieder zurückführt
zum Urgrund, der das Dasein verliehen.

Siehst du also nun, was aus all dem, was wir gesagt haben, folgt?

Was denn? sagte ich.

Daß jedes Geschick durchaus gut ist, sagte sie.

Und wie, sagte ich, kann das geschehen?

Merke auf, sprach sie. Da jedes Geschick, es sei angenehm oder widrig, zugemessen wird, damit bald die Guten belohnt oder erprobt, bald die Bösewichte bestraft oder gebessert werden, so ist ein jedes gut, weil es bestimmt gerecht oder nutzbringend ist.

Gewiß eine überaus wahre Beweisführung, sagte ich, und ein fest gegründeter Gedanke, wenn ich Vorsehung und Schicksal in Betracht ziehe, worüber du mich eben erst belehrt hast. Aber wenn es dir so recht ist, laß uns ihn zu denen zählen, die du eben noch als nicht vorstellbar bezeichnet hast.

Weshalb denn? sprach sie.

Weil die übliche Rede der Menschen, und zwar häufig, geltend macht, das Geschick mancher Menschen sei böse.

Willst du also, sprach sie, daß wir uns den Reden der Menge ein Weilchen angleichen, damit es nicht den Eindruck erwecke, als wären wir gleichsam von den Gewohnheiten der menschlichen Gesellschaft allzusehr abgewichen?

Nach deinem Belieben, sagte ich.

Du hältst also doch das, was nützt, für gut?

So ist es, sagte ich.

Quae vero aut exercet aut corrigit, prodest?

Fateor, inquam.

Bona igitur?

Quidni?

Sed haec eorum est, qui vel in virtute positi contra aspera bellum gerunt vel a vitiis declinantes virtutis iter arripiunt.

Negare, inquam, nequeo.

Quid vero: iucunda, quae in praemium tribuitur bonis, num vulgus malam esse decernit?

Nequaquam. Verum uti est, ita quoque esse optimam censet.

Quid reliqua, quae cum sit aspera, iusto supplicio malos coercet, num bonam populus putat?

Immo omnium, inquam, quae excogitari possunt, iudicat esse miserrimam.

Vide igitur, ne opinionem populi sequentes quiddam valde inopinabile confecerimus.

Quid? inquam.

Ex his enim, ait, quae concessa sunt, eventi eorum quidem, qui sunt vel in possessione vel in provectu vel in adeptione virtutis, omnem, quaecumque sit, bonam, in improbitate vero manentibus omnem pessimam esse fortunam.

Hoc, inquam, verum est, tametsi nemo audeat confiteri.

Es nützt aber das, was übt oder bessert?

Das gebe ich zu, sagte ich.

Es ist demnach gut?

Warum nicht?

Dieses [Geschick] aber kommt denen zu, die entweder, auf ihre Tugend gestützt, gegen das Widerwärtige Krieg führen, oder die, von den Lastern sich lossagend, sich eifrig auf den Weg zur Tugend begeben.

Das kann ich nicht bestreiten, sagte ich.

Wie denn? Ist das Angenehme, das den Guten als Belohnung gewährt wird, etwa nach der Überzeugung der Menge etwas Böses?

Keineswegs: So wie es das wirklich *ist*, so hält sie es auch für etwas sehr Gutes.

Wie? Hält im übrigen das Volk etwa dasjenige [Geschick] für gut, das, weil es hart ist, die Bösen durch gerechte Bestrafung zur Ordnung weist?

Nein, sagte ich, vielmehr sieht es darin das Schlimmste von allem, was sich denken läßt.

Überlege also wohl, ob wir nicht, indem wir der Auffassung des Volkes nachgingen, etwas ganz Unvorstellbares erschlossen haben.

Was? sagte ich.

Aus dem nämlich, äußerte sie, was zugestanden worden ist, geht hervor, daß jedwedes Geschick derer, die im Besitz der Tugend sind oder in ihr fortschreiten oder zu ihr gelangen, gut ist, es sei wie es wolle; daß hingegen ein jedes äußerst böse ist für die, die in der Schlechtigkeit beharren.

Das ist wahr, sagte ich, obgleich wohl niemand wagt, es einzugestehen.

Deshalb, sprach sie, darf ein weiser Mann, sooft er auch

Quare, inquit, ita vir sapiens moleste ferre non debet,
quotiens in fortunae certamen adducitur, ut virum fortem
non decet indignari, quotiens increpuit bellicus tumultus.
Utrique enim, huic quidem gloriae propagandae, illi vero
conformandae sapientiae, difficultas ipsa materia est. Ex
quo etiam virtus vocatur, quod virtus suis viribus nitens
non superetur adversis. Neque enim vos in provectu positi
virtutis diffluere deliciis et emarcescere voluptate venistis;
proelium cum omni fortuna nimis acre conseritis, ne vos
aut tristis opprimat aut iucunda corrumpat; firmis medium
viribus occupate. Quicquid aut infra subsistit aut ultra
progreditur, habet contemptum felicitatis, non habet praemium laboris. In vestra enim situm manu, qualem vobis
fortunam formare malitis. Omnis enim, quae videtur
aspera, nisi aut exercet aut corrigit, punit.

> Bella bis quinis operatus annis
> Ultor Atrides Phrygiae ruinis
> Fratris amissos halamos piavit.
> Ille dum Graiae dare vela classi
> Optat et ventos redimit cruore,
> Exuit patrem miserumque tristis
> Foederat natae iugulum sacerdos.
> Flevit amissos Ithacus sodales,
> Quos ferus vasto recubans in antro
> Mersit immani Polyphemus alvo.

in einen Kampf mit dem Geschick gerät, nicht unwillig
werden; so wie es sich für einen tapferen Mann nicht
geziemt, sich zu entrüsten, wenn der Schlachtenlärm
dröhnt. Für beide nämlich stellt die Beschwerlichkeit eine
Anregung dar: für diesen zur Ausbreitung seines Ruhmes,
für jenen zur Ausbildung seiner Weisheit. Und darum
wird sie auch Tugend genannt, weil sie, die Tugend [=
virtus], auf ihre Kräfte [= *vires*] gestützt, von Widerwärtigkeiten nicht besiegt wird. Denn auch ihr, die ihr Fort-
schritte in der Tugend gemacht habt, seid nicht gekommen, um euch in Genüsse zu verlieren und um in der
Wollust dahinzuwelken; mit *jedem* Geschick kämpft ihr
einen harten geistigen Kampf, damit ein trauriges euch
nicht niederdrücke oder ein angenehmes euch nicht ver-
derbe; haltet mit festen Kräften die Mitte! Was auch
immer dahinterbleibt oder darüber hinausgeht, das bringt
Geringschätzung der Glückseligkeit, nicht Belohnung der
Mühsal mit sich. Es liegt nämlich in eurer Hand, was für
ein Geschick ihr euch zu schaffen vorzieht; denn jedes, das
hart erscheint – wenn es nicht entweder übt oder bessert,
so straft es.

Als schon ein Jahrzehnt der Atride[11] kämpfte,
konnte er das Bett seines Bruders rächen
durch Zertrümmerung des Troianerreiches.
Als der Flotte einst er befahl zu segeln,
mußte er den Wind sich mit Blut erkaufen
und als Vater nicht, doch als Opferpriester
seiner Tochter Hals voller Leid durchbohren. –
Der Gefährten Tod wohl beweint Odysseus,[12]
die der grause Schlund Polyphems verschlungen,
der im Innern haust seiner Felsenhöhle.

Sed tamen caeco furibundus ore
Gaudium maestis lacrimis rependit.
Herculem duri celebrant labores:
Ille Centauros domuit superbos,
Abstulit saevo spolium leoni
Fixit et certis volucres sagittis,
Poma cernenti rapuit draconi
Aureo laevam gravior metallo,
Cerberum traxit triplici catena.
Victor immitem posuisse fertur
Pabulum saevis dominum quadrigis.
Hydra combusto periit veneno,
Fronte turpatus Achelous amnis
Ora demersit pudibunda ripis.
Stravit Antaeum Libycis harenis,
Cacus Euandri satiavit iras,
Quosque pressurus foret altus orbis,
Saetiger spumis umeros notavit.
Ultimus caelum labor inreflexo
Sustulit collo pretiumque rursus
Ultimi caelum meruit laboris.
Ite nunc, fortes, ubi celsa magni
Ducit exempli via. Cur inertes
Terga nudatis? Superata tellus
Sidera donat.

Aber der, beraubt seines Augenlichtes,
büßt die Lust voll Wut und mit bittren Tränen. –
Hercules[13] erwarb seinen Ruhm durch Mühen:
So bezähmte er der Centauren Hochmut,
raubte dann das Fell des gewaltgen Löwen,
schoß mit sichrem Pfeil nach den Vogelwesen,
stahl die Äpfel fort vor des Drachen Blicken,
daß am Golde schwer seine Linke schleppte;
holte Cerberus, dreifach angekettet.
Siegreich, sagt man, warf er den grimmen Herrscher
selbst als Futter vor seinen wilden Rossen.
Am verbrannten Gift mußte Hydra sterben.
An der Stirn entstellt, barg sich Achelous
in des Stromes Flut mit beschämtem Antlitz.
Er auf Libyens Sand überwand Antäus,
des Euander Zorn mußte Cacus büßen.
Und die Schulter, die bald das hohe Weltall
tragen sollte, troff von dem Schaum des Ebers.
Endlich trug er dann mit gebeugtem Nacken
an des Himmels Last, bis er schließlich selber
ihn erwarb als Preis seiner größten Mühsal. –
Geht nun tapfer mit, wo das hehre Vorbild
seinen Weg euch führt! Warum gebt ihr feige
eure Rücken preis? Wer die Erde meistert,
wird die Sterne schaun.

LIBER QUINTUS

Dixerat orationisque cursum ad alia quaedam tractanda atque expedienda vertebat. Tum ego: Recta quidem, inquam, exhortatio tuaque prorsus auctoritate dignissima, sed quod tu dudum de providentia quaestionem pluribus aliis implicitam esse dixisti, re experior. Quaero enim, an esse aliquid omnino et quidnam esse casum arbitrere.

Tum illa: Festino, inquit, debitum promissionis absolvere viamque tibi, qua patriam reveharis, aperire. Haec autem etsi perutilia cognitu, tamen a proposi nostri tramite paulisper aversa sunt verendumque est, ne deviis fatigatus ad emetiendum rectum iter sufficere non possis.

Ne id, inquam, prorsus vereare. Nam quietis mihi loco fuerit ea, quibus maxime delector, agnoscere; simul cum omne disputationis tuae latus indubitata fide constiterit, nihil de sequentibus ambigatur.

Tum illa: Morem, inquit, geram tibi, simulque sic orsa est: Si quidem, inquit, aliquis eventum temerario motu nullaque causarum conexione productum casum esse definiat, nihil omnino casum esse confirmo et praeter subiectae rei significationem inanem prorsus vocem esse decerno.

Sie hatte gesprochen und wandte sich im Fortgang ihrer Rede einigen anderen Gegenständen zu, um sie zu behandeln und zu erledigen, da sagte ich: Die Ermahnung ist richtig und deiner Bedeutung durchaus angemessen; über das aber, was du vorhin von der Vorsehung gesagt hast, daß die Frage danach mit vielen anderen verflochten sei, stelle ich wirklich einen Versuch an. Ich frage nämlich, ob du der Ansicht bist, daß der Zufall überhaupt etwas sei und was er denn sei.

Darauf sagte jene: Ich beeile mich, die Schuld meines Versprechens einzulösen und dir den Weg zur Rückkehr in deine Welt zu erschließen. Aber obwohl es sehr nützlich ist, dies kennenzulernen, so liegt es doch ein wenig abseits von dem Wege dessen, was wir uns zum Ziel gesetzt haben, und es bleibt zu befürchten, daß du, durch Umwege ermattet, nicht in der Lage sein könntest, den rechten Weg zu durchlaufen.

Ich sagte: Das sollst du ganz und gar nicht befürchten. Denn es wird für mich wie eine Erholung sein, dasjenige zu erkennen, was mich ganz besonders erfreut. Wie denn deine Untersuchung nach jeder Seite hin auf unzweifelhafter Glaubwürdigkeit beruht, so dürfte auch von dem folgenden nichts strittig sein.

Darauf sagte sie: Ich werde dir willfahren. Und alsbald begann sie folgendermaßen und sprach: Sofern irgend jemand ein aus planlosem Anlaß und aus keinerlei ursächlichem Zusammenhang hervorgegangenes Ereignis als Zufall bezeichnet, stelle ich die Behauptung auf, daß es einen Zufall überhaupt nicht gibt, und erkläre, daß es die Be-

Quis enim coercente in ordinem cuncta deo locus esse ullus temeritati reliquus potest? Nam nihil ex nihilo exsistere vera sententia est, cui nemo umquam veterum refragatus es, quamquam id illi non de operante principio, sed de materiali subiecto hoc omnium de natura rationum quasi quoddam iecerint fundamentum. At si nullis ex causis aliquid oriatur, id de nihilo ortum esse videbitur. Quodsi hoc fieri nequit, ne casum quidem huiusmodi esse possibile est, qualem paulo ante definivimus.

Quid igitur, inquam, nihilne est, quod vel casus vel fortuitum iure appellari queat? An est aliquid, tametsi vulgus lateat, cui vocabula ista conveniant?

Aristoteles meus id, inquit, Physicis et brevi et veri propinqua ratione definivit.

Quonam, inquam, modo?

Quotiens, ait, aliquid cuiuspiam rei gratia geritur aliudque quibusdam de causis, quam quod intendebatur, obtingit, casus vocatur; ut, si quis colendi agri causa fodiens humum defossi auri pondus inveniat, hoc igitur fortuito quidem creditur accidisse. Verum non de nihilo est, nam proprias causas habet, quarum inprovisus inopinatusque concursus casum videtur operatus. Nam nisi cultor agri humum foderet, nisi eo loci precuniam suam depositor obruisset, aurum non esse inventum.

zeichnung für eine untergeordnete Sache und darüber hinaus ein durchaus gehaltloses Wort ist. Da Gott allem seine feste Ordnung gibt, wie könnte denn irgendein Platz für das Planlose übrigbleiben? Denn daß aus nichts nichts entstehe, ist ein wahrer Satz,[1] dem niemals jemand von den Alten widersprochen hat, wenngleich sie das nicht hinsichtlich der wirkenden Grundkraft, sondern hinsichtlich der stofflichen Grundlage zum Ausdruck gebracht haben, gleichsam als die Grundlegung für alle die Natur betreffenden Beweisführungen. Wenn aber etwas ohne irgendwelche Ursachen entstehen soll, so muß es scheinen, als sei es aus nichts entstanden. Wenn das nun unmöglich ist, so ist auch ein Zufall von der Art, wie wir ihn eben näher bestimmt haben, nicht möglich.

Ich sagte: Wie also? Gibt es nichts, was mit Recht Zufall oder Zufälligkeit genannt werden kann? Oder gibt es irgend etwas, mag es der Menge auch unbekannt sein, auf was diese Bezeichnungen zutreffen?

Das hat, sprach sie, mein Aristoteles in den »Physika« [II, 4] in einer kurzen und der Wahrheit nahekommenden Beweisführung festgestellt.

In welcher Weise denn? sagte ich.

Er sagt: Sooft etwas um irgendeiner Angelegenheit willen betrieben wird und aus gewissen Gründen etwas anderes eintritt als beabsichtigt war, wird es Zufall genannt; so wie, wenn jemand, um den Acker zu bebauen, den Erdboden umgräbt und eine Menge verscharrten Goldes findet, hierin also ein zufälliges Geschehnis erblickt wird. Es rührt in der Tat nicht vom Nichts her; denn es hat seine eigenen Ursachen, deren unvorhergesehenes und unvermutetes Aufeinandertreffen anscheinend den Zufall bewirkt hat. Denn grübe der Landwirt den Boden nicht um

Hae sunt igitur fortuiti causae compendii, quod ex ob-
viis sibi et confluentibus causis, non ex gerentis intentione
provenit. Neque enim vel qui aurum obruit vel qui agrum
exercuit, ut ea pecunia repperiretur, intendit; sed uti dixi,
quo ille obruit, hunc fodisse convenit atque concurrit.
Licet igitur definire casum esse inopinatum ex confluentibus causis in his, quae ob aliquid geruntur, eventum.
Concurrere vero atque confluere causas facit ordo ille in-
evitabili conexione procedens, qui de providentiae fonte
descendens cuncta suis locis temporibusque disponit.

> Rupis Achaemeniae scopulis, ubi versa sequentum
>   Pectoribus figit spicula pugna fugax,
> Tigris et Euphrates uno se fonte resolvunt
>   Et mox abiunctis dissociantur aquis.
> Si coeant cursumque iterum revocentur in unum,
>   Confluat, alterni quod trahit unda vadi;
> Convenient puppes et vulsi flumine trunci
>   Mixtaque fortuitos implicet unda modos,
>   Quos tamen ipsa vagos terrae declivia casus

und hätte der Verwahrer sein Geld nicht an eben dieser
Stelle vergraben, so wäre das Gold nicht gefunden worden. Dies sind die Ursachen des zufälligen Gewinns; denn
aus den einander entgegenkommenden und zusammenfließenden Ursachen ist er hervorgegangen, nicht aus der
Absicht einer handelnden Person. Nämlich weder derjenige, der das Gold verscharrt hat, noch der, der den Acker
bestellt hat, hat beabsichtigt, daß dieses Geld aufgefunden
werden sollte; sondern wie ich sagte, fügte es sich so und
traf zusammen, daß dieser dort grub, wo jener vergraben
hat. Es darf demnach festgestellt werden: Der Zufall ist
das unvermutete Ergebnis aus zusammenfließenden Ursachen bei dem, was um irgendeines Zweckes willen betrieben
wird. Daß aber die Ursachen aufeinandertreffen und zusam-
menfließen, das bewirkt jene in unausweichbarer Verknüpfung ablaufende Ordnung, die vom Quell der Vorsehung
herkommt und allem seinen Ort und seine Zeit zuweist.

Hoch vom Parthischen Fels, wo im Kampf sich der
        Flüchtende wendet
 und den Verfolgern die Brust mit seinen Pfeilen
        durchbohrt,
kommen aus gleicher Quelle der Euphrat hervor und
        der Tigris;[2]«
bald voneinander gelöst, fließen getrennt sie dahin.
Gehen sie wieder vereint, zu einem Laufe verbunden,
 fließt zusammen, was erst jeder gesondert geführt:
Schiffe treffen sich dann, auch Stämme, vom Strome
        entwurzelt –
 was so von ungefähr kommt, eint die vereinigte Flut.
Gleichwohl den unsteten Lauf regiert die sich neigende
        Erde,

Gurgitis et lapsi defluus ordo regit.
Sic, quae permissis fluitare videtur habenis,
Fors patitur frenos ipsaque lege meat.

Animadverto, inquam, idque, uti tu dicis, ita esse consentio. Sed in hac haerentium sibi serie causarum estne ulla nostri arbitrii libertas, an ipsos quoque humanorum motus animorum fatalis catena constringit?

Est, inquit; neque enim fuerit ulla rationalis natura, quin eidem libertas adsit arbitrii. Nam quod ratione uti naturaliter potest, id habet iudicium, quo quidque discernat; per se igitur fugienda optandave dinoscit. Quod vero quis optandum esse iudicat, petit; refugit vero, quod aestimat esse fugiendum. Quare, quibus in ipsis inest ratio, inest etiam volendi nolendique libertas. Sed hanc non in omnibus aequam esse constituo. Nam supernis divinisque substantiis et perspicax iudicium et incorrupta voluntas et efficax optatorum praesto est potestas. Humanas vero animas liberiores quidem esse necesse est, cum se in mentis divinae speculatione conservant, minus vero, cum delabuntur ad corpora, minusque etiam, cum terrenis artubus colligantur. Extrema vero est servitus, cum vitiis deditae rationis propriae possessione ceciderunt.

und die Gesetze des Stroms meistern den
　　　　　　　　　　wirbelnden Fall.
Ähnlich der Zufall auch – er scheint ohne Zügel
　　　　　　　　　　zu treiben –
duldet den Zaum und verläuft selber nach festem
　　　　　　　　　　Gesetz.

Ich sehe es ein, sagte ich, und gebe zu, daß es so ist, wie du
ausführst. Aber besteht in diesem Ablauf fest miteinander
verbundener Ursachen irgendwelche Freiheit unseres Willens, oder bindet die Schicksalskette auch selbst die Re-
gungen des Menschengeistes?

Sie besteht, sagte sie; es könnte nämlich ein denkendes
Wesen, dem die Freiheit des Willens fehlte, gar nicht
geben. Denn was von Natur die Vernunft anwenden kann,
das besitzt Urteilsvermögen, wodurch es alles unterscheidet; es erkennt also von sich aus, was zu meiden und was
erwünscht ist. Was aber jemand als erwünscht ansieht,
danach strebt er; was jedoch nach seiner Meinung vermie-
den werden muß, davor weicht er zurück. Deshalb haben
diejenigen, denen Vernunft zu eigen ist, auch die Freiheit
des Wollens und des Nichtwollens. Ich stelle freilich fest,
daß sie nicht bei allen die gleiche ist. Denn erhabenen und
göttlichen Wesen steht ein scharfsinniges Urteilsvermögen
zu Gebote sowie ein unbeschränkter Wille und die Macht,
Gewünschtes durchzusetzen. Die menschlichen Seelen[3] allerdings sind zwar ziemlich frei, solange sie in der Betrachtung des göttlichen Geistes verharren, weniger dann,
wenn sie in die Substanz abgleiten, und noch weniger,
wenn sie von irdischen Gliedern eingeschlossen werden.
Die äußerste Knechtschaft stellt es jedoch dar, wenn sie
den Lastern verfallen sind und den Besitz der eigenen

Nam ubi oculos a summae luce veritatis ad inferiora et tenebrosa deicerint, mox inscitiae nube caligant, perniciosis turbantur affectibus, quibus accedendo consentiendoque, quam invexere sibi, adiuvant servitutem et sunt quodam modo propria libertate captivae. Quae tamen ille ab aeterno cuncta prospiciens providentiae cernit intuitus et suis quaeque meritis praedestinata disponit.

> Πάντ' ἐφορᾶν καὶ πάντ' ἐπακούειν
> Puro clarum lumine Phoebum
> Melliflui canit oris Homerus;
> Qui tamen intima viscera terrae
> Non valet aut pelagi radiorum
> Infirma perrumpere luce.
> Haud sic magni conditor orbis.
> Huic ex alto cuncta tuenti
> Nulla terrae mole resistunt,
> Non nox atris nubibus obstat.
> Quae sint, quae fuerint veniantque,
> Uno mentis cernit in ictu.
> Quem, quia respicit omnia solus,
> Verum possis dicere solem.

Tum ego: En, inquam, difficiliore rursus ambiguitate confundor.

Quaenam, inquit, ista est? Iam enim, quibus perturbere, coniecto.

Vernunft eingebüßt haben. Denn sobald sie die Augen vom Lichte der höchsten Wahrheit weg zum Niederen und Dunklen gewendet haben, werden sie von der Wolke der Unwissenheit verfinstert, von gefährlichen Leidenschaften aufgewühlt, und indem sie sich diesen überlassen und einverstanden mit ihnen sind, fördern sie die Knechtschaft, die sie sich selber zugezogen haben, und sind in gewisser Weise Gefangene aufgrund der eigenen Freiheit. Doch das erkennt jener von Ewigkeit her alles überschauende Blick der Vorsehung und setzt nach Recht und Billigkeit alles Vorausbestimmte fest.

> »Jegliches sehe und jegliches höre«[4]
> Phöbus, in hellem Lichte erstrahlend,
> singt hold redenden Mundes Homerus;
> doch er vermag mit dem kraftlosen Glanze
> seiner Strahlen das Innre der Erde
> oder der Meere nicht zu durchdringen.
> Nicht so der Schöpfer des mächtigen Weltalls:
> Der aus der Höhe auf alles herabsieht,
> ihm widersteht nicht die Masse der Erde,
> trotzt nicht die Nacht voll finsterer Wolken.
> Das, was jetzt ist, was war, was bevorsteht,
> schaut ein einziger Blick seines Geistes;
> kann er allein das All überschauen,
> darfst du die wahre Sonne ihn heißen.

Siehe, sagte ich darauf, da werde ich wieder von einer noch beschwerlicheren Ungewißheit verwirrt.

Welche ist denn das? sprach sie. Ich vermute allerdings, wodurch du beunruhigt wirst.

Ich sagte: Allzu gegensätzlich und widerspruchsvoll

Nimium, inquam, adversari ac repugnare videtur prae-
noscere universa deum et esse ullum libertatis arbitrium.
Nam si cuncta prospicit deus neque falli ullo modo potest,
evenire necesse est, quod providentia futurum esse praevi-
derit. Quare si ab aeterno non facta hominum modo, sed
etiam consilia voluntatesque praenoscit, nulla erit arbitrii
libertas; neque enim vel factum aliud ullum vel quaelibet
exsistere poterit voluntas, nisi quam nescia falli providentia divina praesenserit. Nam si aliorsum, quam provisae
sunt, detorqueri valent, non iam erit futuri firma praescientia, sed opinio potius incerta, quod de deo credere
nefas iudico.

Neque enim illam probo rationem, qua se quidam credunt hunc quaestionis nodum posse dissolvere. Aiunt
enim non ideo quid esse eventurum, quoniam id providentia futurum esse prospexerit, sed e contrario potius,
quoniam quid futurum est, id divinam providentiam latere
non posse eoque modo necessarium hoc in contrariam
relabi partem; neque enim necesse esse contingere, quae
providentur, sed necesse esse, quae futura sunt, provideri,
quasi vero, quae cuius rei causa sit, praescientiane futurorum necessitatis an futurorum necessitas providentiae, la-
boretur ac non illud demonstrare nitamur, quoquo modo
sese habeat ordo causarum, necessarium esse eventum
praescitarum rerum, etiam si praescientia futuris rebus
eveniendi necessitatem non videatur inferre.

scheint es zu sein, daß Gott alles vorherwisse und daß eine
Willensfreiheit bestehe. Denn wenn Gott alles voraussieht
und sich in keiner Weise täuschen kann, so muß sich mit
Notwendigkeit das ereignen, was die Vorsehung als zukünftig geschehend vorausgesehen hat. Deshalb wird es,
wenn sie von Ewigkeit her nicht nur die Handlungen,
sondern auch das Planen und das Wollen der Menschen im
voraus kennt, keinerlei Willensfreiheit geben; denn es
wird sich weder irgendeine Handlung anders noch eine
beliebige Willensäußerung ereignen können, wovon die
göttliche Vorsehung, die sich nicht zu irren vermag, nicht
vorher gewußt hätte. Denn wenn sie anderswohin, als
vorhergesehen, gewendet werden können, so wird es nicht
mehr ein sicheres Vorauswissen des Zukünftigen darstellen, sondern eher eine ungewisse Vermutung; und das von
Gott zu glauben sehe ich als einen Frevel an. Ich billige
auch jene Beweisführung nicht, durch die manche den
Knoten dieser Frage auflösen zu können meinen. Sie behaupten nämlich, daß etwas nicht deshalb geschehen
werde, weil es ja die Vorsehung als künftig geschehend
vorhergesehen habe, sondern vielmehr im Gegenteil, daß
es, weil in Zukunft geschehend, der göttlichen Vorsehung
nicht verborgen bleiben könne und daß es auf diese Weise
unvermeidlich ins Gegenteil umschlage, nämlich daß es
nicht notwendig sei, daß sich das ereigne, was vorausgesehen werde, sondern daß notwendigerweise vorausgesehen
werde, was zukünftig geschehen werde; gleich als ob es
darum ginge, welches der *Grund* der Sache sei: das Vorauswissen der der Notwendigkeit zukünftigen Geschehens, oder die Notwendigkeit zukünftigen Geschehens
der der Vorsehung; und als ob wir nicht darauf hinarbeite-
ten, jenes nachzuweisen, daß, wie immer es um die Rang-

Etenim si quispiam sedeat, opinionem, quae eum sedere coniectat, veram esse necesse est atque e converso rursus, si de quopiam vera sit opinio, quoniam sedet, eum sedere necesse est. In utroque igitur necessitas inest, in hoc quidem sedendi, at vero in altero veritatis; sed non idcirco quisque sedet, quoniam vera est opinio, sed haec potius vera est, quoniam quempiam sedere praecessit. Ita cum causa veritatis ex altera parte procedat, inest tamen communis in utraque necessitas.

Similia de providentia futurisque rebus ratiocinari patet. Nam etiam si idcirco, quoniam futura sunt, providentur, non vero ideo, quoniam providentur, eveniunt; nihilo minus tamen a deo vel ventura provideri vel provisa necesse est evenire, quod ad perimendam arbitrii libertatem solum satis est. Iam vero quam praeposterum est, ut aeternae praescientiae temporalium rerum eventus causa esse dicatur? Quid est autem aliud arbitrari ideo deum futura, quoniam sunt eventura, providere quam putare, quae olim acciderunt, causam summae illius esse providentiae?

Ad haec sicuti, cum quid esse scio, id ipsum esse necesse est, ita, cum quid futurum novi, id ipsum futurum esse necesse est. Sic fit igitur, ut eventus praescitae rei nequeat evitari.

ordnung der Gründe stehen möge, das Eintreten im voraus gewußter Dinge unumgänglich sei, auch wenn das Vorauswissen eine Notwendigkeit des Eintretens zukünftiger Dinge nicht zu verursachen scheine. Wenn nämlich irgend jemand sitzt, so ist notwendigerweise die Meinung, welche mutmaßt, daß er sitze, wahr; und wieder im Gegensatz dazu sitzt jemand mit Notwendigkeit, wenn die Meinung über ihn, daß er sitze, wahr ist. In beidem ist also eine Notwendigkeit enthalten: in diesem die des Sitzens, in dem anderen die der Wahrheit. Es sitzt aber jemand nicht deswegen, *weil* die Meinung wahr ist, sondern diese ist vielmehr wahr, weil jemands Sitzen vorausgegangen ist. Obgleich so der Grund der Wahrheit nur auf der einen Seite in Erscheinung tritt, so ist dennoch in beiden eine gemeinsame Notwendigkeit enthalten. Ähnliches kann offenbar über die Vorsehung und die zukünftigen Dinge gefolgert werden. Denn wenn sie auch deswegen vorausgesehen werden, weil sie zukünftig sind, nicht jedoch geschehen, weil sie vorausgesehen werden, so ist es nichtsdestoweniger notwendig, daß sie entweder von Gott als bevorstehend vorausgesehen werden, oder daß sie, wenn vorausgesehen, auch wie vorausgesehen eintreffen, was allein schon hinreicht, die Freiheit des Willens zu vereiteln. Wie ganz verkehrt ist es doch, zu behaupten, daß der Verlauf zeitlicher Dinge der Grund des ewigen Vorauswissens sei! Wenn angenommen wird, daß Gott das Zukünftige deswegen vorhersehe, weil es geschehen werde, was ist denn das anderes als zu glauben, daß das, was ehemals geschehen ist, der Grund jener höchsten Vorsehung sei?

Überdies: So wie etwas, von dem ich weiß, daß es ist, auch notwendigerweise sein muß, so muß auch, wenn ich

Postremo si quid aliquis aliorsum, atque sese res habet, existiment, id non modo scientia non est, sed est opinio fallax ab scientiae veritate longe diversa. Quare si quid ita futurum est, ut eius certus ac necessarius non sit eventus, id eventurum esse praesciri qui poterit? Sicut enim scientia ipsa impermixta est falsitati, ita id, quod ab ea concipitur, esse aliter, atque concipitur, nequit. Ea namque causa est, cur mendacio scientia careat, quod se ita rem quamque habere necesse est, uti eam sese habere scientia comprehendit. Quid igitur? Quonam modo deus haec incerta futura praenoscit? Nam si inevitabiliter eventura censet, quae etiam non evenire possibile est, fallitur, quod non sentire modo nefas est, sed etiam voce proferre. At si ita, uti sunt, ita ea futura esse decernit, ut aeque vel fieri ea vel non fieri posse cognoscat, quae est haec praescientia, quae nihil certum, nihil stabile comprehendit? Aut quid hoc refert vaticinio illo ridiculo Tiresiae: »Quidquid dicam, aut erit aut non«? Quid etiam divina providentia humana opinione praestiterit, si uti homines incerta iudicat, quorum est incertus eventus? Quodsi apud illum rerum omnium certissimum fontem nihil incerti esse potest, certus eorum est eventus, quae futura firmiter ille praescierit.

etwas als zukünftig kenne, dies mit Notwendigkeit zukünftig sein. So also geschieht es, daß das Eintreffen einer
im voraus gewußten Sache unvermeidlich ist. Schließlich:
Wenn jemand etwas ganz anders beurteilt, als die Sache
sich verhält, so stellt das nicht nur kein Wissen dar, sondern eine trügerische, von wirklichem Wissen weit abwei-
chende Meinung. Wenn deshalb etwas in dem Sinne ein
Zukünftiges ist, daß sein Eintreffen nicht sicher und nicht
notwendig ist, wie wird man da im voraus wissen können,
daß es eintreffen wird? Ebensowenig nämlich, wie dem
Wissen selbst etwas Falsches beigemischt ist, kann sich
das, was von ihm erkannt wird, anders verhalten, als es
erkannt wird. Denn dies ist der Grund dafür, warum dem
Wissen das Unwahre fehlt: daß eine jede Sache sich mit
Notwendigkeit so verhält, wie das Wissen erkennt, daß sie
sich verhalte. Wie nun? In welcher Weise weiß denn Gott
eine solche ungewisse Zukunft voraus? Wenn er nämlich
der Meinung ist, daß unumgänglich das geschehen werde,
was womöglich auch *nicht* geschieht, so irrt er sich. Dies
zu denken und auszusprechen ist gleich frevelhaft. Aber
wenn er der festen Meinung ist, daß es sich seinem Wesen
entsprechend zukünftig ereignen werde, so daß er fest-
stellt, daß es sich ebensowohl ereignen wie nicht ereignen
könne, was hat es dann mit diesem Vorauswissen auf sich,
das nichts Sicheres, nichts Gefestigtes umfaßt? Oder welchen Unterschied weist das auf zu jener lächerlichen Weis-
sagung des Teiresias:[5] »Was ich auch sagen werde – es
wird sein oder nicht sein«? Was würde auch die göttliche
Vorsehung vor menschlicher Auffassung voraushaben,
wenn sie, gleich den Menschen, das für ungewiß erklärt,
dessen Eintreffen ungewiß ist? Wenn nun bei jenem ge-
wissesten Quell aller Dinge nichts Ungewisses sein kann,

Quare nulla est humanis consiliis actionibusque libertas, quas divina mens sine falsitatis errore cuncta prospiciens ad unum alligat et constringit eventum.

Quo semel recepto quantus occasus humanarum rerum consequatur, liquet. Frustra enim bonis malisque praemia poenaeve proponuntur, quae nullus meruit liber ac voluntarius motus animorum. Idque omnium videbitur iniquissimum, quod nunc aequissimum iudicatur, vel puniri improbos vel remunerari probos, quos ad alterutrum non propria mittit voluntas, sed futuri cogit certa necessitas. Nec vitia igitur nec virtutes quicquam fuerint, sed omnium meritorum potius mixta atque indiscreta confusio. Quoque nihil sceleratius excogitari potest, cum ex providentia rerum omnis ordo ducatur nihilque consiliis liceat humanis, fit, ut vitia quoque nostra ad bonorum omnium referantur auctorem. Igitur nec sperandi aliquid nec deprecandi ulla ratio est. Quid enim vel speret quisque vel etiam deprecetur, quando optanda omnias series indeflexa conectit?

Auferetur igitur unicum illud inter homines deumque commercium, sperandi scilicet ad deprecandi.

so ist das Eintreten dessen gewiß, was jener mit Bestimmtheit als künftig geschehend vorausgewußt hat.

Darum gibt es keinerlei Freiheit für menschliche Planungen und Handlungen, weil sie der göttliche Geist, der sie allesamt, ohne zu Falschem abzuirren, vorhersieht, auf ein einziges Ziel hin fesselt und einschränkt. Ist dies einmal anerkannt, so leuchtet ein, welch ein Niedergang menschlicher Angelegenheiten sich daraus ergibt. Vergebens nämlich werden für die Guten und die Bösen Belohnungen oder Strafen ausgesetzt; denn es hat sie keine uneingeschränkte und freiwillige Tätigkeit des Geistes verdient. Und als das Allerungerechteste wird das erscheinen, was jetzt als das Gerechteste angesehen wird: daß die Bösewichte bestraft und die Rechtschaffenen belohnt werden, die zu dem einen oder anderen nicht der eigene Wille treibt, sondern die sichere Notwendigkeit des zukünftigen Geschehens zwingt. Es dürfte somit weder irgendwelche Laster noch Tugenden geben, sondern vielmehr ein vermischtes, nicht zu unterscheidendes Durcheinander aller Verdienste [bzw. alles Verschuldeten]. Und es kann nichts Frevelhafteres als dies erdacht werden: Da alle Ordnung der Dinge von der Vorsehung hergeleitet wird und den menschlichen Entschlüssen keinerlei Freiheit gegeben ist, so geschieht es, daß auf den Schöpfer alles Guten auch unsere Laster zurückgeführt werden.

Es gibt also keinen vernünftigen Grund, irgend etwas zu erhoffen und zu erbitten. Was soll denn jemand erhoffen oder auch erbitten, wenn ihr unveränderter Ablauf alle begehrenswerten Dinge festlegt? So wird also jene einzige Verbindung zwischen den Menschen und Gott, nämlich die der Hoffnung und des Gebets, in Wegfall kommen; denn um den Preis einer rechten Demut verdienen wir uns

Si quidem iustae humilitatis pretio inaestimabilem vicem divinae gratiae promeremur, qui solus modus est, quo cum deo colloqui homines posse videantur illique inaccessae luci prius quoque, quam impetrent, ipsa supplicandi ratione conniungi; quae si recepta futurorum necessitate nihil virium habere credantur, quid erit, quo summo illi rerum principi conecti atque adhaerere possimus? Quare necesse erit humanum genus, uti paulo ante cantabas, dissaeptum atque disiunctum suo fonte fatiscere.

> Quaenam discors foedera rerum
> Causa resolvit? Quis tanta deus
> Veris statuit bella duobus,
> Ut, quae carptim singula constent,
> Eadem nolint mixta iugari?
> An nulla est discordia veris
> Semperque sibi certa cohaerent?
> Sed mens caecis obruta membris
> Nequit oppressi luminis igne
> Rerum tenues noscere nexus?
> Sed cur tanto flagrat amore
> Veri tectas reperire notas?
> Scitne, quod appetit anxia nosse?
> Sed quis nota scire laborat?
> At si nescit, quid caeca petit?
> Quis enim quicquam nescius optet,
> Aut quis valeat nescita sequi,
> Quove inveniat? Quis repertam

ja die unschätzbare Gegengabe der göttlichen Gnade, was
die alleinige Art und Weise ist, in der die Menschen sich
mit Gott besprechen zu können und mit jenem unzugänglichen Licht eher noch, als sie seiner teilhaftig werden,
eben in der Form des Gebets in Verbindung treten zu
können scheinen. Wenn sie [Hoffnung und Gebet] bei
Anerkennung der Unausweichlichkeit zukünftigen Geschehens als wirkungslos angesehen werden: Was wird es
noch geben, wodurch wir mit jenem höchsten Urheber
der Dinge in fester Verbindung bleiben können? Darum
wird, wie du vorhin erst gesungen hast,[6] das Menschengeschlecht, von seinem Ursprung getrennt und entfernt, mit
Notwendigkeit verkümmern.

> Denn welcher Zwiespalt löst die Verbindung
> der Dinge? Welcher Gott rief so heftig
> zum Kampfe zwischen zwiefacher Wahrheit?
> So daß wohl jede einzelne feststeht,
> sich beide aber niemals verknüpfen?
> Vielleicht auch *ist* kein Zwiespalt der Wahrheit
> und hängt sie dennoch sicher zusammen
> und kann, gehemmt durch Blindheit des Leibes,
> der Geist nur nicht in minderem Lichte
> der Dinge zarte Bindung erkennen?
> Doch weshalb glüht er voller Verlangen,
> die ihm verhüllte Wahrheit zu schauen?
> Ob er wohl kennt, was ruhlos er anstrebt?
> Doch wer will kennen, was er schon wußte?
> Und kennt er's nicht, was sucht er im Dunkel?
> Das Niegewußte – wer kann es wünschen,
> und wer vermag seiner Spur zu folgen?
> Wo sucht er es? Und, wenn es gefunden,

Queat ignarus noscere formam?
An, cum mentem cerneret altam,
Pariter summam et singula norat?
Nunc membrorum condita nube
Non in totum est oblita sui
Summamque tenet singula perdens.
Igitur quisquis vera requirit,
Neutro est habitu; nam neque novit
Nec penitus tamen omnia nescit,
Sed, quam retinens meminit, summam
Consulit alte visa retractans,
Ut servatis queat oblitas
Addere partes.

Tum illa: Vetus, inquit, haec est de providentia querela Marcoque Tullio, cum divinationem distribuit, vehementer agitata tibique ipsi res diu prorsus multumque quaesita, sed haudquaquam ab ullo vestrum hactenus satis diligenter ac firmiter expedita. Cuius caliginis causa est, quod humanae ratiocinationis motus ad divinae praescientiae simplicitatem non potest admoveri; quae si ullo modo cogitari queat, nihil prorsus relinquetur ambigui. Quod ita demum patefacere atque expedire temptabo, si prius ea, quibus moveris, expendero.

wer kann erkennen, was er nicht kannte?
Als einst des Höchsten Geist er erschaute,
sah er das Ganze nebst seinen Teilen.
Noch jetzt hat in der Hülle des Körpers
er seiner selbst nicht gänzlich vergessen:
das Ganze bleibt ihm, einzelnes schwindet.
Wer Wahrheit sucht, ist keines von diesem:
ist weder der, dem alles bekannt ist,
noch der, der völlig unwissend wäre.
Doch an das Ganze fest sich erinnernd,
fragt er um Rat, was innen er schaute,
daß die vergeßnen Teile zum Ganzen
er fügen könne.

Darauf sprach jene: Dieser Streit um die Vorsehung ist alt, und er ist von Marcus Tullius[7], als er über die Sehergabe handelte, leidenschaftlich durchgefochten worden und ist auch eine von dir selbst gewiß lange und vielfältig untersuchte Angelegenheit; bis jetzt aber ist er keineswegs von irgendeinem von euch umsichtig und bestimmt genug zum Austrag gebracht worden. Der Grund für ein solches Dunkel liegt darin, daß die Tätigkeit menschlicher Überlegungskraft der Einheitlichkeit des göttlichen Vorauswissens nicht nahe gebracht werden kann; wenn man sich diese irgendwie vorstellen könnte, so bliebe durchaus nichts Zweifelhaftes mehr übrig. Dies werde ich dann erst deutlich zu machen und zu erledigen versuchen, wenn ich zuvor das erwogen haben werde, durch was du beunruhigt wirst. Ich frage nämlich, weshalb du jene Beweisführung der Erklärer für minder stichhaltig ansiehst, die, weil sie in dem Vorauswissen keinen Grund für die Unumgänglichkeit zukünftiger Dinge erblickt, die Auffassung

Quaero enim, cur illam solventium rationem minus efficacem putes, quae quia praescientiam non esse futuris
rebus causam necessitatis existimat, nihil impediri praescientia arbitrii libertatem putat. Num enim tu aliunde
argumentum futurorum necessitatis trahis, nisi quod ea,
quae praesciuntur, non evenire non possunt? Si igitur
praenotio nullam futuris rebus adicit necessitatem, quod
tu etiam paulo ante fatebare, quid est, quod voluntarii
exitus rerum ad certum cogantur eventum? Etenim posi-
tionis gratia, ut, quid consequatur, advertas, statuamus
nullam esse praescientiam. Num igitur, quantum ad hoc
attinet, quae ex arbitrio veniunt, ad necessitatem cogantur?

Minime.

Statuamus iterum esse, sed nihil rebus necessitatis in-
iungere; manebit, ut opinor, eadem voluntatis integra
atque absoluta libertas.

Sed praescientia, inquies, tametsi futuris eveniendi necessitas non est, signum tamen est necessario ea esse ventura. Hoc igitur modo, etiam si praecognitio non fuisset,
necessarios futurorum exitus esse constaret. Omne etenim
signum tantum, quid sit, ostendit, non vero efficit, quod
designat. Quare demonstrandum prius est nihil non ex
necessitate contingere, ut praenotionem signum esse huius
necessitatis appareat.

vertritt, daß durch das Vorauswissen die Willensfreiheit keineswegs behindert werde. Leitest du denn einen Beweis für die Notwendigkeit zukünftigen Geschehens anderswoher ab und nicht davon, daß das, was vorhergewußt wird, nicht ungeschehen bleiben könne? Wenn also, wozu du dich vorhin auch bekannt hast, die Vorherkenntnis den zukünftigen Dingen keine Notwendigkeit auferlegt, was ist es denn, wodurch die freigewollten Geschehnisse der Dinge zu fest bestimmtem Eintreffen gezwungen würden? Damit du erkennst, was sich daraus ergibt, laß uns doch annahmeweise den Fall setzen, es gäbe kein Vorauswissen. Wird dann also, soweit das von Belang ist, zur Notwendigkeit gezwungen, was aus freiem Ermessen herkommt?

Keineswegs.

Setzen wir anderseits den Fall, es gäbe es [ein Vorauswissen], es lege jedoch den Dingen keinerlei Notwendigkeit auf; alsdann wird, wie ich denke, eben diese Freiheit des Willens unangetastet und uneingeschränkt bestehen bleiben.

Wenn das Vorauswissen aber auch, wirst du sagen, eine Notwendigkeit für zukünftiges Geschehen nicht darstellt, so ist es doch das Anzeichen dafür, daß es sich notwendigerweise einstellen wird. Auf diese Weise also würde feststehen, daß der Ausgang zukünftiger Geschehnisse notwendig ist, auch wenn eine Vorherkenntnis nicht vorhanden gewesen wäre. Jedes Anzeichen nämlich weist nur auf das hin, was ist, bewirkt aber nicht wahrhaft das, was es bezeichnet. Deshalb ist zunächst nachzuweisen, daß es nichts gibt, was nicht aus Notwendigkeit geschähe, damit es sich zeige, daß die Vorherkenntnis das Anzeigen dieser Notwendigkeit ist. Andernfalls, wenn es letztere nicht

Alioquin si haec nulla est, ne illa quidem eius rei signum poterit esse, quae non est. Iam vero probationem firma ratione subnixam constat non ex signis neque petitis extrinsecus argumentis, sed ex convenientibus necessariisque causis esse ducendam.

Sed qui fieri potest, ut ea non proveniant, quae futura esse providentur? Quasi vero nos ea, quae providentia futura esse praenoscit, non esse eventura credamus ac non illud potius arbitremur, licet eveniant, nihil tamen, ut evenirent, sui natura necessitatis habuisse; quod hinc facile perpendas licebit. Plura etenim, dum fiunt, subiecta oculis intuemur, ut ea, quae in quadrigis moderandis atque flectendis facere spectantur aurigae, atque ad hunc modum cetera. Num igitur quicquam illorum ita fieri necessitas ulla compellit?

Minime. Frustra enim esset artis effectus, si omnia coacta moverentur.

Quae igitur, cum fiunt, carent existendi necessitate, eadem, prius quam fiant, sine necessitate futura sunt. Quare sunt quaedam eventura, quorum exitus ab omni necessitate sit absolutus. Nam illud quidem nullum arbitror esse dicturum, quod, quae nunc fiunt, prius quam fierent, eventura non fuerint. Haec igitur etiam praecognita liberos habent eventus. Nam sicut scientia praesentium rerum nihil his, quae fiunt, ita praescientia futurorum nihil his, quae ventura sunt, necessitatis importat. Sed hoc, inquis, ipsum dubitatur, an earum rerum, quae necessarios exitus non habent, ulla possit esse praenotio.

gibt, wird auch jene [Vorherkenntnis] nicht das Anzeichen sein können von etwas, was es nicht gibt. Nun steht aber fest, daß eine auf verläßliche Methode gestützte Beweisführung nicht aus Anzeichen und aus von außen geholten Argumenten, sondern aus übereinstimmenden und notwendigen Gründen hergeleitet werden muß.

Wie aber kann es geschehen, daß sich dasjenige nicht ereignet, was als zukünftig vorhergesehen wird? Als ob wir glaubten, daß das nicht geschehen werde, was die Vorsehung als zukünftig geschehend im voraus weiß, und nicht vielmehr jener Ansicht wären, daß es, mag es immerhin geschehen, seinem eigenen Wesen nach dennoch keinerlei Notwendigkeit des Geschehens besessen habe, was du hieraus leicht wirst ermessen können: Wir sehen nämlich vieles, wie es unter unseren Augen geschieht; etwa wenn die Wagenlenker dabei beobachtet werden, was sie im Lenken und Wenden der Viergespanne leisten, und anderes dieser Art. Drängt denn irgendeine Notwendigkeit dazu, daß irgendeins von jenen Dingen so geschehe?

Durchaus nicht. Die Wirkung der Gewandtheit wäre ja vergeblich, wenn alles unter Zwang vor sich ginge.

Was also, indem es geschieht, eine Notwendigkeit des Geschehens nicht aufweist, das ist, bevor es geschieht, ein ohne Notwendigkeit in Zukunft Geschehendes. Es gibt deshalb gewisse sich zukünftig ereignende Dinge, deren Ausgang gänzlich frei ist von aller Notwendigkeit. Von dem, was jetzt geschieht, wird doch meiner Meinung nach keiner sagen, daß es, ehe es geschah, nicht etwas sich in Zukunft Ereignendes gewesen sei; dies hat also auch als etwas im voraus Gewußtes die Unabhängigkeit des Geschehens; denn wie das Wissen von den gegenwärtigen Dingen nicht die Notwendigkeit für das verursacht, was

Dissonare etenim videntur, putasque, si praevideantur, consequi necessitatem; si necessitas desit, minime praesciri nihilque scientia conprehendi posse nisi certum; quodsi, quae incerti sunt exitus, ea quasi certa providentur, opinionis id esse caliginem, non scientiae veritatem. Aliter enim, ac sese res habeat, arbitrari ab integritate scientiae credis esse diversum.

Cuius erroris causa est, quod omnia, quae quisque novit, ex ipsorum tantum vi atque natura cognosci aestimat, quae sciuntur. Quod totum contra est. Omne enim, quod cognoscitur, non secundum sui vim, sed secundum cognoscentium potius comprehenditur facultatem. Nam, ut hoc brevi liqueat exemplo, eandem corporis rotunditatem aliter visus, aliter tactus agnoscit. Ille eminus manens totum simul iactis radiis intuetur, hic vero cohaerens orbi atque coniunctus circa ipsum motus ambitum rotunditatem partibus conprehendit. Ipsum quoque hominem aliter sensus, aliter imaginatio, aliter ratio, aliter intelligentia contuetur.

geschieht, so auch nicht das Vorauswissen des Zukünftigen die Notwendigkeit für das, was sich ereignen wird.
Doch eben darüber, sagst du, ist man im Zweifel, ob
irgendeine Vorherkenntnis der Dinge möglich sei, die
nicht einen unumgänglichen Ausgang nehmen. Das
scheint nämlich nicht übereinzustimmen, und du bist der
Ansicht, daß sich, wenn sie vorausgesehen werden, daraus
ihre Notwendigkeit ergebe; daß sie, wenn die Notwendigkeit nicht vorhanden sei, keinesfalls vorausgewußt werden
und daß durch das Wissen nur Sicheres erfaßt werden
könne. Wenn nun das, dessen Ausgang ungewiß ist, als
etwas Sicheres vorausgesehen werde, so handele es sich
um eine verschwommene Vermutung, nicht um wirkliches Wissen. Denn anders zu urteilen, als eine Sache sich
verhalte, das stehe, glaubst du, im Widerspruch zur Lau-
terkeit des Wissens.

Die Ursache dieses Irrtums ist die, daß jeder der Meinung ist, es werde alles, was er wisse, lediglich vermöge
der eigenen Kraft und Natur des Gewußten erkannt. Das
völlige Gegenteil davon ist der Fall. Alles nämlich, was
erkannt wird, das wird nicht gemäß der Kraft seiner
selbst, sondern vielmehr gemäß der Fähigkeit der Erkennenden erfaßt. Denn – damit das an einem kurzen Beispiel
deutlich werde – dieselbe runde Form eines Körpers
nimmt das Gesicht anders wahr als der Tastsinn; jenes
bleibt in der Entfernung und erblickt das Ganze gleichsam
mittels ausgesandter Strahlen; dieser hingegen, in enger
Berührung mit der Rundung, bewegt sich unmittelbar um
sie herum und erfaßt sie ihren Teilen nach als gerundete
Gestalt. Auch den Menschen selbst schauen anders die
Sinne an, anders die Vorstellungskraft, anders die Vernunft, anders die Erkenntniskraft. Die Sinne nämlich be-

Sensus enim figuram in subiecta materia constitutam, imaginatio vero solam sine materia iudicat figuram. Ratio vero hanc quoque transcendit speciemque ipsam, quae singularibus inest, universali consideratione perpendit. Intellegentiae vero celsior oculus exsistit; supergressa namque universitatis ambitum ipsam illam simplicem formam pura mentis acie contuetur.

In quo illud maxime considerandum est; nam superior comprehendendi vis amplectitur inferiorem, inferior vero ad superiorem nullo modo consurgit. Neque enim sensus aliquid extra materiam valet vel universales species imaginatio contuetur vel ratio capit simplicem formam, sed intelligentia quasi desuper spectans concepta forma, quae subsunt, etiam cuncta diiudicat, sed eo modo, quo formam ipsam, quae nulli alii nota esse poterat, conprehendit. Nam et rationis universum et imaginationis figuram et materiale sensibile cognoscit nec ratione utens nec imaginatione nec sensibus, sed illo uno ictu mentis formaliter, ut ita dicam, cuncta prospiciens. Ratio quoque, cum quid universale respicit, nec imaginatione nec sensibus utens imaginabilia vel sensibilia comprehendit. Haec est enim, quae conceptionis sua universale ita definit: Homo est animal bipes rationale.

gutachten die Gestalt, wie sie durch den untergeordneten
Stoff bestimmt wird, die Vorstellungskraft aber die Gestalt allein, ohne den Stoff. Die Vernunft jedoch geht auch
über diese hinaus und erwägt die Form selber, die den
einzelnen innewohnt, in verallgemeinernder Schau. Der
Erkenntniskraft vollends wird ein erhabenerer Blick zuteil: Da sie den Bereich des Allgemeinen überschritten hat,
überschaut sie mit der klaren Schärfe des Geistes jene
einfache Form an sich. Dabei ist noch jenes besonders in
Betracht zu ziehen, daß nämlich die höhere Kraft des Ver-
stehens die niedere umfaßt, die niedere aber unter keinen
Umständen zur höheren aufsteigt; denn weder haben die
Sinne außerhalb der Materie irgendwelche Wirksamkeit,
noch überschaut die Vorstellungskraft die Allgemeinheit
der Formen, noch erfaßt die Vernunft die einfache Form;
die Erkenntniskraft jedoch hat die Form erfaßt, und
gleichsam von oben her auf das blickend, was unter ihr
liegt, beurteilt sie auch das Ganze, aber in der Weise, daß
sie die reine Form, die von keinem anderen erkannt werden konnte, begreift. Denn nicht mit Hilfe der Vernunft
oder der Vorstellungskraft oder der Sinne erkennt sie das
Allgemeine der Vernunft, die nichtstoffliche Gestalt der
Vorstellungskraft und die sinnengebundene Materie, sondern sie sieht mit jener einzigen Schau des Geistes das
Ganze sozusagen formgemäß vor sich. Auch die Vernunft,
wenn sie ein Allgemeines überdenkt, erfaßt das Vorstellbare oder das Sinnenmäßige nicht mit Hilfe der Vorstellungskraft oder der Sinne. Dies ist es nämlich, was sie als
das Allgemeine ihrer Auffassung näher bestimmt: Der
Mensch ist ein zweibeiniges, vernunftbegabtes Geschöpf.
– Wenn dies eine allgemeine Erkenntnis darstellt, so ist
doch keinem unbekannt, daß es sich um eine vorstellbare

Quae cum universalis notio sit, tum imaginabilem sensibilemque esse rem nullus ignorat, quod illa non imaginatione vel sensu, sed in rationali conceptione considerat. Imaginatio quoque, tametsi ex sensibus visendi formandique figuras sumpsit exordium, sensu tamen absente sensibilia quaeque collustrat non sensibili, sed imaginaria ratione iudicandi.

Videsne igitur, ut in cognoscendo cuncta sua potius facultate quam eorum, quae cognoscuntur, utantur? Neque id iniuria; nam cum omne iudicium iudicantis actus exsistat, necesse est, ut suam quisque operam non ex aliena, sed ex propria potestate perficiat.

> Quondam porticus attulit
> Obscuros nimium senes,
> Qui sensus et imagines
> E corporibus extimis
> Credant mentibus imprimi,
> Ut quondam celeri stilo
> Mos est aequore paginae,
> Quae nullas habeat notas,
> Pressas figere litteras.
> Sed mens si propriis vigens
> Nihil motibus explicat,
> Sed tantum patiens iacet
> Notis subdita corporum
> Cassasque in speculi vicem
> Rerum reddit imagines,
> Unde haec sic animis viget
> Cernens omnia notio?

und sinnenmäßige Sache handelt, um etwas, was jene [die Vernunft] nicht durch Vorstellungskraft und Sinne, sondern in denkender Auffassung erwägt. Auch die Vorstellungskraft, wenngleich sie hinsichtlich der Betrachtung und Formung der Gestalten von den Sinnen ausgeht, macht, auch wenn die Sinne unbeteiligt sind, doch alles Sinnenmäßige nicht auf eine den Sinnen, sondern der Vorstellungskraft gemäße Betrachtungsweise deutlich. Siehst du somit ein, daß beim Erkennen sich alles lieber seiner eigenen Befähigung bedient, als derjenigen des Erkannten? Und dies nicht zu Unrecht; denn da jedes Urteil eine Tat des Urteilenden darstellt, so ist es erforderlich, daß jeder das, was er tut, nicht aus fremder, sondern aus eigener Kraft zustande bringe.

> Die Stoa[8] brachte ehemals
> unverständliche Greise auf,
> welche meinten, dem Geiste sei
> Bild und Eindruck von außen her
> durch die Dinge so eingeprägt,
> wie mit hurtigem Griffel[9] man
> wohl zuweilen die Zeichen tief
> in der Schreibtafel Fläche drückt,
> die noch niemals beschrieben ward...
> Wenn indessen aus eigner Kraft
> unser Geist nichts zu deuten weiß,
> sondern stets nur ergeben ruht
> und des äußeren Eindrucks harrt,
> leere Bilder der Dinge nur,
> einem Spiegel gleich, wiedergibt:
> woher kommt dann der Wissenstrieb,
> der ihn alles erkennen heißt?

Quae vis singula perspicit,
Aut quae cognita dividit?
Quae divisa recolligit
Alternumque legens iter
Nunc summis caput inserit,
Nunc decedit in infima,
Tum sese referens sibi
Veris falsa redarguit?
Haec est efficiens magis
Longe causa potentior
Quam quae materiae modo
Impressas patitur notas.
Praecedit tamen excitans
Ac vires animi movens
Vivo in corpore passio,
Cum vel lux oculos ferit
Vel vox auribus instrepit.
Tum mentis vigor excitus,
Quas intus species tenet,
Ad motus similes vocans
Notis applicat exteris
Introrsumque reconditis
Formis miscet imagines.

Quodsi in corporibus sentiendis, quamvis afficiant instru-
menta sensuum forinsecus obiectae qualitates animique
agentis vigorem passio corporis antecedat, quae in se
actum mentis provocet excitetque interim quiescentes in-
trinsecus formas, si in sentiendis, inquam:

Welche Kraft schaut das einzelne?
Welche gliedert Bekanntes auf?
Welche einigt Getrenntes neu,
wenn sie wechselnde Wege sucht,
bald zum Höchsten das Haupt erhebt,
bald in unterste Tiefen steigt,
schließlich, ganz zu sich selbst gewandt,
Falsches aufdeckt und Wahres lehrt?
Wirkungsvoller ist diese Kraft,
und viel machtvoller ist ihr Grund,
als wenn sie bloß zu leiden weiß,
was als Eindruck von außen kommt.
Wohl geht ihr die Empfindungskraft
des lebendigen Leibs vorauf,
die erregend den Geist belebt:
so, wenn Licht in die Augen fällt,
wenn ein Laut zu den Ohren dringt.
Rasch erwacht dann des Geistes Kraft,
ruft zu gleicher Beweglichkeit,
was als Vorstellung in ihm ruht,
gleicht sie äußerem Merkmal an,
und den Formen des Innern mischt
sie die Bilder der Außenwelt.

Wenn nun bei der Wahrnehmung von Körpern, obwohl
ihre von außen her bewirkten Eigenschaften auf die Sin-
neswerkzeuge Einfluß haben und der Wirkungskraft des
handelnden Geistes ein körperliches Empfinden vorauf-
geht, das den Geist anregt, sich mit ihm zu beschäftigen,
und das die inzwischen im Innern schlummernden Formen weckt, ich sage: Wenn der Geist bei der Wahrnehmung von Körpern nicht durch das Empfinden zu festen

corporibus animus non passione insignitur, sed ex sua
vi subiectam corpori iudicat passionem, quanto magis ea,
quae cunctis corporum affectionibus absoluta sunt, in dis-
cernendo non obiecta extrinsecus sequuntur, sed actum
suae mentis expediunt. Hac itaque ratione multiplices co-
gnitiones diversis ac differentibus cessere substantiis. Sensus enim solus cunctis aliis cognitionibus destitutus immo-
bilibus animantibus cessit, quales sunt conchae maris
quaeque alia saxis haerentia nutriuntur. Imaginatio vero
mobilibus beluis, quibus iam inesse fugiendi appetendive
aliquis videtur affectus. Ratio vero humani tantum generis
est sicut intelligentia sola divini; quo fit, ut ea notitia
ceteris praestet, quae suapte natura non modo proprium,
sed ceterarum quoque notitiarum subiecta cognoscit.

Quid igitur, si ratiocinationi sensus imaginatioque re-
fragentur nihil esse illud universale dicentes, quod sese
intueri ratio putet? Quod enim sensibile vel imaginabile
est, id universum esse non posse; aut igitur rationis verum
esse iudicium nec quicquam esse sensibile aut, quoniam
sibi notum sit plura sensibus et imaginationi esse subiecta,
inanem conceptionem esse rationis, quae, quod sensibile
sit ac singulare, quas quiddam universale consideret.

Eindrücken gelangt, sondern aus eigener Kraft über das Empfinden, dem der Körper ausgesetzt ist, entscheidet – um wieviel eher richtet sich das, was von sämtlichen körperlichen Beeinflussungen frei ist, bei seinem wägenden Urteil nicht nach dem von außen her Herantretenden, sondern setzt es die Betätigung seines Geistes ein! Aus disem Grunde also sind den verschiedenen und unterschiedlichen Wesen vielfältige Auffassungsweisen zugeteilt worden. Nämlich die Sinne allein, aller anderen Auffassungsweisen entbehrend, sind den unbeweglichen Lebewesen überlassen worden, wozu die Seemuscheln gehören und all das andere, was an den Felsen hangend gedeiht; die Vorstellungskraft aber den beweglichen Tieren, bei denen sich bereits ein gewisses Verlangen, zu meiden oder zu begehren, zu finden scheint. Vernunft aber ist nur dem Menschengeschlecht eigen, wie Erkenntniskraft allein der Gottheit. So kommt es, daß dasjenige Wissen die anderen übertrifft, das seinem Wesen nach nicht nur das ihm selbst, sondern auch das den übrigen Wissensarten Zugrundeliegende erkennt. Was also, wenn die Sinne und die Vorstellungskraft Einwendungen wider die Vernunft erheben, indem sie sagen, jenes Allgemeine, das die Vernunft zu schauen vermeine, sei nichts? Was nämlich sinnenmäßig wahrnehmbar oder was vorstellbar sei, das könne ein Allgemeines nicht sein; es sei also entweder das Urteil der Vernunft wahr und es gebe nichts durch die Sinne Wahrnehmbares, oder aber, da ihr ja bekannt sei, daß vieles den Sinnen und der Vorstellungskraft unterworfen ist, es sei eine nichtige Auffassung der Vernunft, wenn sie das, was sinnengemäß erfaßbar und vereinzelt ist, als etwas Allgemeines ansehe. Weiter: wenn die Vernunft dem entgegenhält, daß sie auch das sinnenmäßig

Ad haec si ratio contra respondeat se quidem et quod
sensibile et quod imaginabile sit in universitatis cognitio-
nem aspirare non posse, quoniam eorum notio corporales
figuras non posset excedere, de rerum vero cognitione
firmiori potius perfectiorique iudicio esse credendum? In
huius modi igitur lite nos, quibus tam ratiocinandi quam
imaginandi etiam sentiendique vis inest, nonne rationis
potius causam probaremus?

Simile est, quod humana ratio divinam intellegentiam
futura, nisi ut ipsa cognoscit, non putat intueri. Nam ita
disseris: Si qua certos ac necessarios habere non videantur
eventus, ea certo eventura praesciri nequeunt. Harum igitur rerum nulla est praescientia; quam si etiam in his esse
credamus, nihil erit, quod non ex necessitate proveniat. Si
igitur, uti rationis participes sumus, ita divinae iudicium
mentis habere possemus, sicut imaginationem sensumque
rationi cedere oportere iudicavimus, sic divinae sese menti
humanam summittere rationem iustissimum censeremus.

Wahrnehmbare und das Vorstellbare im Hinblick auf
das Allgemeine betrachte, daß sich jene hingegen zur
Erkenntnis des Allgemeinen nicht versteigen können,
da ja ihr Wissen über die körperlichen Gestalten nicht
hinauszukommen vermöge, daß man aber, wenn es um
das Erkennen der Dinge geht, dem zuverlässigeren und
vollkommeneren Urteil vertrauen müsse: würden wir,
denen sowohl die Kraft der Vernunft wie die der Vorstellung wie auch die der Sinne verliehen ist, in einem derarti-
gen Streit nicht lieber die Sache der Vernunft gelten lassen?

Ähnlich verhält es sich, wenn die menschliche Vernunft
meint, die göttliche Erkenntniskraft könne das Zukünftige nicht anders schauen, als sie selbst es erkenne. Du
stellst es so dar: Wenn etwas keinen sicheren und notwendigen Ausgang zu nehmen scheint, so kann es nicht als
etwas mit Bestimmtheit in Zukunft Eintreffendes im voraus gewußt werden. Es gibt also keinerlei Vorauswissen
von diesen Dingen; wenn wir glauben, es gebe ein solches
auch von ihnen, so wird nichts sein, was sich nicht mit
Notwendigkeit ereigne. Wenn wir demnach, so wie wir
der Vernunft teilhaftig sind, so das Urteilsvermögen des
göttlichen Geistes haben könnten, dann würden wir,
ebenso wie wir uns dahin entschieden, daß Vorstellungskraft und Sinne der Vernunft nachstehen müßten, für völlig gerechtfertigt halten, daß sich die menschliche Vernunft dem göttlichen Geiste unterordne. Erheben wir uns
darum, wenn wir es vermögen, zum Gipfel jener höchsten
Erkenntniskraft! Dort nämlich wird die Vernunft erblik-
ken, was sie in sich nicht schauen kann, und zwar dies, daß
eine sichere und deutliche Vorherkenntnis irgendwie auch
das, was keinen sicheren Ausgang nimmt, dennoch sieht

Quare in illius summae intellegentiae cacumen, si possumus, erigamur; illic enim ratio videbit, quod in se non
potest intueri, id autem est, quonam modo etiam, quae
certos exitus non habent, certa tamen videat ac definita
praenotio neque id sit opinio, sed summae potius scientiae
nullis terminis inclusa simplicitas.

Quam variis terras animalia permeant figuris!
Namque alia extento sunt corpore pulveremque
    verrunt
Continuumque trahunt vi pectoris incitata sulcum.
Sunt, quibus alarum levitas vaga verberetque ventos
Et liquido longi spatia aetheris enatet volatu.
Haec pressisse solo vestigia gressibusque gaudent
Vel virides campos transmittere vel subire silvas.
Quae variis videas licet omnia discrepare formis,
Prona tamen facies hebetes valet ingravare sensus.
Unica gens hominum celsum levat altius cacumen,
Atque levis recto stat corpore despicitque terras.
Haec, nisi terrenus male desipis, admonet figura:
Qui recto caelum vultu petis exserisque frontem,

und daß das nicht eine Mutmaßung darstellt, sondern vielmehr die durch keinerlei Grenzen eingeschränkte Einheitlichkeit des höchsten Wissens.

In wie verschiedener Form gehen über die
Erde hin die Tiere:
Langgestreckt ist der Leib von etlichen,
und den Staub aufrührend
ziehen sie ihre Spur ohne Ende hin
mit der Kraft des Leibes.
Andere wieder sind, die im Wind sich auf
leichten Flügeln heben
und in geschwindem Flug im unendlichen
Raum des Äthers schwimmen.
Andere prägen gern in den Erdboden
ihrer Tritte Spuren,
schweifen auf grünender Flur oder bergen sich
in den weiten Wäldern.
Diese alle, wie sehr an Gestalt sie sich
unterscheiden mögen,
tragen die Stirnen gesenkt, die die Sinneskraft
dumpf darniederhalten.
Einzig das Menschenvolk vermag voller
Stolz das Haupt zu heben,
aufrechten Leibes zu stehn und herabzusehn
auf das Erdenwesen.
Diese deine Gestalt, sofern du nicht
irdisch denkst, ermahnt dich:
Der du offenen Blicks zum Himmel schaust
und die Stirne aufhebst,
richte zugleich den Geist auf das Höhere,
so daß er nicht etwa

In sublime feras animum quoque, ne gravata pessum
Inferior sidat mens corpore celsius levato.

Quoniam igitur, uti paulo ante monstratum est, omne,
quod scitur, non ex sua, sed ex conprehendentium natura
cognoscitur, intueamur nunc, quantum fas est, quis sit
divinae substantiae status, ut, quaenam etiam scientia eius
sit, possimus agnoscere.

Deum igitur aeternum esse cunctorum ratione degen-
tium commune iudicium est. Quid sit igitur aeternias con-
sideremus. Haec enim nobis naturam pariter divinam
scientiamque patefaciet. Aeternitass igitur est interminabilis vitae tota simul et perfecta possessio, quod ex collatione
temporalium clarius liquet. Nam quicquid vivit in tempore, id praesens a praeteritis in futura procedit, nihilque
est in tempore constitutum, quod totum vitae suae
spatium pariter possit amplecti. Sed crastinum quidem
nondum apprehendit, hesternum vero iam perdidit; in ho-
dierna quoque vita non amplius vivitis quam in illo mobili
transitorioque momento. Quod igitur temporis patitur
condicionem, licet illud, sicuti de mundo censuit Aristoteles, nec coeperit umquam esse nec desinat vitaque eius
cum temporis infinitate tendatur, nondum tamen tale est,
ut aeternum esse iure credatur. Non enim totum simul
infinitae licet vitae spatium comprehendit atque complectitur, sed futura nondum, transacta iam non habet.

niedergeduckt verharrt, während höher nur
sich der Leib emporreckt.

Weil sonach, wie vorhin erst gezeigt worden ist, alles, was
gewußt wird, nicht aus seiner eigenen, sondern aus der
Natur derer heraus begriffen wird, die es erkennen, so laß
uns jetzt betrachten, soweit es zulässig ist, wie das Wesen
Gottes beschaffen sei, damit wir feststellen können, von
welcher Art wohl sein Wissen sei. Daß Gott ewig ist, das
ist doch die gemeinsame Überzeugung aller vernunftge-
recht Lebenden. Untersuchen wir daher, was Ewigkeit sei.
Sie nämlich wird uns göttliches Wesen und Wissen gleichermaßen sichtbar machen. Ewigkeit also ist zugleich der
gänzliche und vollendete Besitz unbegrenzten Lebens, was
aus einem Vergleich mit der Zeitlichkeit noch einleuchtender hervorgeht. Denn das, was in der Zeit lebt, schreitet in
der Gegenwart aus der Vergangenheit in die Zukunft fort,
und nichts, was für die Zeit bestimmt ist, könnte den
gesamten Bereich seines Lebens gleichmäßig umspannen,
sondern es hat das Morgige noch nicht erfaßt, das Gestri-
ge aber schon verloren; und auch beim Erleben des Heuti-
gen lebt ihr nicht länger als [jeweils] in einem flüchtigen
und vorübergehenden Augenblick. Was also zeitlicher Bedingung unterliegt, das mag, wie Aristoteles[10] es von der
Welt meint, weder angefangen haben, zu sein, noch damit
aufhören; und mag sich sein Leben zusammen mit der
Unendlichkeit der Zeit ausdehnen, so ist es doch noch
nicht von der Art, daß man es mit Recht für ewig halten
darf. Denn es erfaßt und umspannt nicht gleichzeitig den
freilich unendlichen Zeitraum des Lebens, sondern es besitzt das Zukünftige noch nicht und das Durchlebte nicht
mehr. Was also die gesamte Fülle des unbegrenzten Le-

Quod igitur interminabilis vitae plenitudinem totam pariter comprehendit ac possidet, cui neque futuri quicquam absit nec praeteriti fluxerit, id aeternum esse iure perhibetur, idque necesse est et sui compos praesens sibi semper adsistere et infinitatem mobilis temporis habere praesentem. Unde non recte quidam, qui, cum audiunt visum Platoni mundum hunc nec habuisse initium temporis nec habiturum esse defectum, hoc modo conditori conditum mundum fieri coaeternum putant. Aliud est enim per interminabilem duci vitam, quod mundo Plato tribuit, aliud interminabilis vitae totam pariter complexum esse praesentiam, quod divinae mentis proprium esse manifestum est.

Neque deus conditis rebus antiquior videri debet temporis quantitate, sed simplicis potius proprietate naturae. Hunc enim vitae immobilis praesentarium statum infinitus ille temporalium rerum motus imitatur, cumque eum effingere atque aequare non possit, ex immobilitate deficit in motum, ex simplicitate praesentiae decrescit in infinitam futuri ac praeteriti quantitatem et, cum totam pariter vitae suae plenitudinem nequeat possidere, hoc ipso, quod aliquo modo numquam esse desinit, illud, quod implere atque exprimere non potest, aliquatenus videtur aemulari alligans se ad qualemcumque praesentiam huius exigui volucrisque momenti; quae, quoniam manentis illius praesentiae quandam gestat imaginem, quibuscumque contigerit, id praestat, ut esse videantur.

bens gleichzeitig in sich faßt und besitzt, wem weder
etwas Zukünftiges fernliegt noch etwas Vergangenes entschwunden ist, das wird mit Recht als ewig bezeichnet,
und mit Notwendigkeit muß es seiner mächtig, gegenwärtig, auf sich gestellt sein und die Unendlichkeit der flüchtigen Zeit als Gegenwart betrachten. Deshalb sind einige im
Unrecht, die, wenn sie hören, Platon[11] habe angenommen,
daß diese Welt zeitlich keinen Anfang gehabt habe und
kein Ende haben werde, die Ansicht vertreten, auf diese
Weise werde die erschaffene Welt gleich ewig wie der
Schöpfer. Es ist nämlich ein anderes, wenn ein unbegrenz-
tes Leben geführt wird, wie Platon es der Welt zuschreibt;
ein anderes, wenn die Gesamtheit des unbegrenzten Lebens gleichzeitig als etwas Gegenwärtiges erfaßt wird, was
offenbar ein wesentliches Merkmal des göttlichen Geistes
ist.

Gott darf auch nicht hinsichtlich der Dauer der Zeit für
älter als das erschaffene Weltall gelten, sondern vielmehr
hinsichtlich der Besonderheit seines einheitlichen Wesens.
Diesen Zustand der Gegenwärtigkeit eines unbeweglichen
Lebens nämlich ahmt jene endlose Bewegung zeitlicher
Dinge nach, und da sie ihn nicht nachzuschaffen und ihm
nicht gleichzukommen vermag, sinkt sie von der Unbeweglichkeit zur Bewegung ab, steigt sie von der Einheitlichkeit der Gegenwart herab zur grenzenlosen Weite der
Zukunft und der Vergangenheit. Und weil sie die ganze
Fülle ihres Lebens nicht gleichmäßig in Besitz haben
kann, so scheint sie eben dadurch, daß sie in irgendeiner
Weise niemals aufhört, zu sein, jenem, was sie nicht völlig
ausfüllen und nicht zum Ausdruck bringen kann, in ge-
wissem Grade nachzustreben, indem sie sich an die Gegenwart – mag sie so oder so beschaffen sein – dieses

Quoniam vero manere non potuit, infinitum temporis iter arripuit, eoque modo factum est, ut continuaret eundo vitam, cuius plenitudinem complecti non valuit permanendo. Itaque si digna rebus nomina velimus imponere, Platonem sequentes deum quidem aeternum, mundum vero dicamus esse perpetuum.

Quoniam igitur omne iudicium secundum sui naturam, quae sibi subiecta sunt, comprehendit, est autem deo semper aeternus ac praesentarius status, scientia quoque eius omnem temporis supergressa motionem in suae manet simplicitate praesentiae infinitaque praeteriti ac futuri spatia complectens omnia, quasi iam gerantur, in sua simplici cognitione considerat. Itaque si praevidentiam pensare velis, qua cuncta dinoscit, non esse praescientiam quasi futuri, sed scientiam numquam deficientis instantiae rectius aestimabis. Unde non praevidentia, sed providentia potius dicitur, quod porro a rebus infimis constituta quasi ab excelso rerum cacumine cuncta prospiciat.

Quid igitur postulas, ut necessaria fiant, quae divino lumine lustrentur, cum ne homines quidem necessaria faciant esse, quae videant? Num enim, quae praesentia cernis, aliquam eis necessitatem tuus addit intuitus?

Minime.

knappen und flüchtigen Augenblicks bindet. Da diese ja
ein gewisses Abbild jener beständigen Gegenwärtigkeit
aufzeigt, so gibt sie allem, dem sie zuteil geworden ist, den
Anschein, daß es sei. Weil sie jedoch nicht beständig zu
sein vermochte, beschritt sie den endlosen Weg der Zeit,
und auf diese Weise ist es geschehen, daß sie durch das
Fortschreiten das Leben weiter ausdehnte, dessen Fülle
durch das Beharren zu erfassen sie nicht imstande war.
Wenn wir also den Dingen angemessene Namen beilegen
wollen, so laß uns, Platon[12] folgend, Gott als ewig, die
Welt aber als dauernd bezeichnen. Da doch jedes Urteil
seiner eigenen Natur entsprechend das versteht, was ihm
zugrunde liegt, Gottes Zustand aber immer der der Ewigkeit und Gegenwärtigkeit ist, so verbleibt auch sein Wissen, das über jede Bewegung der Zeit erhaben ist, in der
Einheitlichkeit seiner Gegenwart, und indem es die unendlichen Zeiträume der Vergangenheit und der Zukunft
umspannt, sieht es kraft seiner einheitlichen Erkenntnis
alles als eben jetzt geschehend an. Willst du also das Voraussehen beurteilen, durch das er alles erkennt, so wirst du
es nicht als ein Vorauswissen wie das der Zukunft, sondern richtiger als ein Wissen einer niemals aufhörenden
Gegenwart einschätzen. Deshalb spricht man besser nicht
von Voraussehen, sondern von Vorsehung, weil sie, niederen Dingen fernstehend, gleichsam vom hehren Gipfel
der Dinge herab alles ingesamt vor sich erblickt. Warum
also verlangst du, daß das, was Gottes Auge sieht, mit
Notwendigkeit geschehen solle, da auch die Menschen
das, was sie sehen, nicht zur Notwendigkeit werden lassen? Ob dein Blick wohl dem, was du als gegenwärtig
erkennst, irgendwelche Notwendigkeit auferlegt?

Durchaus nicht.

Atqui si est divini humanique praesentis digna collatio, uti vos vestro hoc temporario praesenti quaedam videtis, ita ille omnia suo cernit aeterno. Quare haec divina praenotio naturam rerum proprietatemque non mutat taliaque apud se praesentia spectat, qualia in tempore olim futura provenient. Nec rerum iudicia confundit unoque suae mentis intuitu tam necessarie quam non necessarie ventura dinoscit; sicuti vos, cum pariter ambulare in terra hominem et oriri in caelo solem videtis, quamquam simul utrumque conspectum, tamen discernitis et hoc voluntarium, illud esse necessarium iudicatis. Ita igitur cuncta dispiciens divinus intuitus qualitatem rerum minime perturbat apud se quidem praesentium, ad condicionem vero temporis futurarum. Quo fit, ut hoc non sit opinio, sed veritate potius nixa cognitio, cum exstaturum quid esse cognoscit, quod idem existendi necessitate carere non nesciat.

Hic si dicas, quod eventurum deus videt, id non evenire non posse, quod autem non potest non evenire, id ex necessitate contingere, meque ad hoc nomen necessitatis adstringas, fatebor rem quidem solidissimae veritatis, sed cui vix aliquis nisi divini speculator accesserit. Respondebo namque idem futurum, cum ad divinam notionem refertur, necessarium, cum vero in sua natura perpenditur, liberum prorsus atque absolutum videri.

Wenn es nun einen der göttlichen wie der menschlichen Gegenwart angemessenen Vergleich gibt, so erkennt jener [= Gott], wie ihr einiges in dieser eurer zeitlichen Gegenwart erblickt, alles in seiner ewigen; weshalb diese göttliche Vorherkenntnis das Wesen und die Besonderheit der Dinge nicht ändert und das als etwas Gegenwärtiges bei sich erblickt, was sich so in der Zeit dereinst als etwas Zukünftiges ereignen wird. Sie bringt auch nicht die Urteile über die Dinge durcheinander, und mit einem einzigen Blick ihres Geistes unterscheidet sie sowohl das, was mit Notwendigkeit, als auch das, was nicht mit Notwendigkeit kommen wird. So wie ihr, wenn ihr zur gleichen Zeit einen Menschen auf der Erde umhergehen und die Sonne am Himmel aufgehen seht, dennoch zwischen beidem, obwohl es zugleich erblickt wird, unterscheidet und jenes für freiwillig, dieses für notwendig erklärt. So verwirrt also der göttliche Blick, der alles wahrnimmt, keineswegs die Eigenschaft der Dinge, die bei ihm zwar gegenwärtig, die in zeitlicher Bedingtheit aber zukünftig sind. Daher kommt es, daß das nicht eine Mutmaßung, sondern vielmehr eine auf Wahrheit gegründete Erkenntnis ist, wenn er erkennt, es werde etwas da sein, von dem ihm zugleich wohlbekannt ist, daß es nicht mit Notwendigkeit eintreten muß. Wenn du hier sagen möchtest, daß das, was Gott als in Zukunft geschehend erblicke, sich unmöglich nicht ereignen könne, daß aber das, was sich unmöglich nicht ereignen könne, aus Notwendigkeit eintreffe, und wenn du mich auf dieses Wort Notwendigkeit verpflichten möchtest, so will ich bekennen, daß es zwar eine Sache von zuverlässigster Wahrheit darstellt, daß ihr aber kaum jemand, es sei denn, daß er das Göttliche schaue, näher gekommen ist. Ich will nämlich erwidern, daß das gleiche

Duae sunt etenim necessitates, simplex una, veluti quod necesse est omnes homines esse mortales, altera condicionis, ut, si aliquem ambulare scias, eum ambulare necesse est. Quod enim quisque novit, id esse aliter, ac notum est, nequit. Sed haec condicio minime secum illam simplicem trahit. Hanc enim necessitatem non propria facit natura, sed condicionis adiectio. Nulla enim necessitas cogit incedere voluntate gradientem, quamvis eum tum, cum graditur, incedere necessarium sit. Eodem igitur modo, si quid providentia praesens videt, id esse necesse est, tametsi nullam naturae habeat necessitatem.

Atqui deus ea futura, quae ex arbitrii libertate proveniunt, praesentia contuetur; haec igitur ad intuitum relata divinum necessaria fiunt per condicionem divinae notionis, per se vero considerata ab absoluta naturae suae libertate non desinunt. Fient igitur procul dubio cuncta, quae futura deus esse praenoscit, sed eorum quaedam de libero proficiscuntur arbitrio; quae quamvis eveniant, exsistendo tamen naturam propriam non amittunt, qua, prius quam fierent, etiam non evenire potuissent.

Quid igitur refert non esse necessaria, cum propter divinae scientiae condicionem modis omnibus necessitatis instar eveniet?

Zukünftige, wenn es auf die göttliche Kenntnis bezogen
wird, als notwendig erscheint, dagegen als gänzlich frei
und unbeeinflußt, wenn seine eigene Natur in Erwägung
gezogen wird. Es gibt nämlich zwei Notwendigkeiten:
Die eine ist einfach, zum Beispiel, daß alle Menschen
sterblich sind; die andere ist bedingt, wie etwa, daß jemand, wenn du weißt, daß er umhergeht, notwendigerweise umhergeht. Was nämlich irgendwer weiß, das kann
sich nicht anders verhalten, als es gewußt wird. Aber diese
bedingte Notwendigkeit zieht keineswegs jene einfache
nach sich; erstere nämlich wird nicht durch ihre eigene
Natur, sondern durch das Hinzutun einer Bedingung zur
Notwendigkeit gemacht. Denn keine Notwendigkeit
zwingt einen freiwillig Einherschreitenden, zu gehen,
wenn es auch notwendig ist, daß er geht, wenn er einher-
schreitet. Genauso ist also, wenn die Vorsehung etwas als
gegenwärtig erblickt, notwendig, daß das sei, wenn es
auch keinerlei naturgegebene Notwendigkeit aufweist.
Nun schaut aber Gott dasjenige Zukünftige, das aus der
Freiheit des Willens entsteht, als etwas Gegenwärtiges; es
wird dies also, wenn man es auf göttliche Sicht bezieht,
durch göttliche Erkenntnis bedingt, zur Notwendigkeit;
für sich betrachtet, büßt es jedoch die vollkommene Freiheit seiner Natur nicht ein. Zweifellos also wird alles geschehen, was Gott als zukünftig vorausweiß, etliches
davon geht aber aus dem freien Willen hervor; auch wenn
dies eintrifft, gibt es dennoch mit seinem Erscheinen seine
eigene Natur nicht auf, der zufolge es, ehe es geschah,
auch *nicht* hätte eintreten können. Daß es nicht notwendig
ist – was hat das also schon zu bedeuten, wenn es wegen
der Bedingtheit durch das göttliche Wissen unter allen
Umständen so geschehen wird, als sei es notwendig?

Hoc scilicet, quod ea, quae paulo ante proposui, sol oriens et gradiens homo, quae dum fiunt, non fieri non possunt, eorum tamen unum prius quoque, quam fieret, necesse erat exsistere, alterum vero minime. Ita etiam, quae praesentia deus habet, dubio procul exsistent, sed eorum hoc quidem de rerum necessitate descendit, illud vero de potestate facientium. Haud igitur iniuria diximus haec, si ad divinam notitiam referantur, necessaria, si per se considerentur, necessitatis esse nexibus absoluta, sicuti omne, quod sensibus patet, si ad rationem referas, universale est, si ad se ipsa respicias, singulare.

Sed si in mea, inquies, potestate situm est mutare propositum, evacuabo providentiam, cum, quae illa praenoscit, forte mutavero. Respondebo, propositum te quidem tuum posse deflectere, sed quoniam et id te posse et, an facias quove convertas, praesens providentiae veritas intuetur, divinam te praescientiam non posse vitare, sicuti praesentis oculi effugere non possis intuitum, quamvis te in varias actiones libera voluntate converteris.

Quid igitur inquies? Ex meane dispositione scientia divina mutabitur, ut, cum ego nunc hoc, nunc illud velim, illa quoque noscendi vices alternare videatur?

Minime.

Doch wohl dies: daß das, was ich vorhin erwähnte, die
aufgehende Sonne und der schreitende Mensch, unmöglich nicht geschehen könne, während es geschieht; daß
jedoch für das eine davon, auch bevor es geschah, die
Notwendigkeit des Eintretens bestand, für das andere
aber keineswegs. So wird auch ohne Zweifel das eintreten,
was Gott als ein Gegenwärtiges innehat; jenes aber entstammt der Notwendigkeit der Dinge, dieses der Macht
derer, die es ausführen. Wir haben also nicht mit Unrecht
gesagt, daß es, wenn auf das göttliche Wissen bezogen,
notwendig, und wenn für sich betrachtet, von den Fesseln
der Notwendigkeit frei sei; gleichwie alles den Sinnen
Zugängliche, wenn man es auf die Vernunft bezieht, ein
Allgemeines darstellt; wenn man es an sich betrachtet, ein
einzelnes. Aber, wirst du sagen, wenn es in meiner Macht
liegt, einen Vorsatz zu ändern, so werde ich die Vorsehung
zunichte machen, wenn ich etwa ändere, was jene im voraus weiß. – Ich will darauf erwidern, daß du wohl deinen
Vorsatz abändern, nicht aber dem göttlichen Vorauswissen ausweichen kannst, da ja die Wahrheit der Vorsehung
in der Gegenwärtigkeit sieht, daß du das kannst und ob
du es tust und auf was du dich hinwendest; so wie du
dem Blick des Auges im Gegenwärtigen nicht entgehen
kannst, wenngleich du dich aus freiem Willen mannigfalti-
gem Tun zuwenden magst. Was wirst du nun sagen? Daß
sich das göttliche Wissen auf deine Veranlassung ändern
werde? So daß auch jenes, wenn du bald dies, bald das
willst, dem Anschein nach einen Wechsel seiner Erkenntnis vornimmt?

Keineswegs.

Die göttliche Beobachtung nämlich geht allem voran,
was in Zukunft geschieht, lenkt und ruft es zur Gegen-

Omne namque futurum divinus praecurrit intuitus et ad praesentiam propriae cognitionis retorquet ac revocat nec alternat, ut aestimas, nunc hoc, nunc aliud praenoscendi vice, sed uno ictu mutationes tuas manens praevenit atque complectitur. Quam comprehendendi omnia visendique praesentiam non ex futurarum proventu rerum, sed ex propria deus simplicitate sortitus est.

Ex quo illud quoque resolvitur, quod paulo ante posuisti, indignum esse, si scientiae dei causam futura nostra praestare dicantur. Haec enim scientiae vis praesentaria notione cuncta complectens rebus modum omnibus ipsa constituit, nihil vero posterioribus debet.

Quae cum ita sint, manet intermerata mortalibus arbitrii libertas, nec iniquae leges solutis omni necessitate voluntatibus praemia poenasque proponunt. Manet etiam spectator desuper cunctorum praescius deus, visionisque eius praesens semper aeternitas cum nostrorum actuum futura qualitate concurrit bonis praemia, malis supplicia dispensans. Nec frustra sunt in deo positae spes precesque, quae cum rectae sunt, inefficaces esse non possunt. Aversamini igitur vitia, colite virtutes, ad rectas spes animum sublevate, humiles preces in excelsa porrigite. Magna vobis est, si dissimulare non vultis, necessitas indicta probitatis, cum ante oculos agitis iudicis cuncta cernentis.

wärtigkeit der eigenen Erkenntnis zurück und weiß nicht abwechselnd bald das eine, bald das andere voraus, wie du denkst, sondern kommt, fest beharrend, deinen Abänderungen mit einem einzigen Blicke zuvor und erfaßt sie vollständig. Diese Gegenwärtigkeit eines alles Umfassens und alles Sehens hat Gott nicht durch den Ausgang zukünftiger Ereignisse erlangt, sondern vermöge seiner eigenen Einheitlichkeit. Dadurch findet auch das seine Lösung, was du vorhin erwähnt hast: daß es unwürdig sei, wenn gesagt werde, unsere zukünftigen Geschehnisse stellten die Ursache für Gottes Wissen dar. Denn die Wirkungskraft dieses Wissens, die in der Gegenwärtigkeit ihrer Erkenntnis alles ingesamt umspannt, hat allen Dingen selber ihr Ziel bestimmt, und sie verdankt vollends dem, was hinterher kommt, gar nichts. Weil dies so ist, bleibt für die Sterblichen die unverfälschte Freiheit des Willens bestehen, und nicht unbillig sind die Gesetze, die für die von aller Notwendigkeit freien Willensregungen Belohnungen und Strafen aussetzen. Bestehen bleibt auch der, der von oben her beobachtend aller Dinge im voraus kundig ist – Gott –, und die immerdar gegenwärtige Ewigkeit seines Blickes deckt sich, wenn er den Guten Belohnungen, den Bösen Strafen zuteilt, mit der zukünftigen Beschaffenheit unserer Taten. Und nicht vergeblich sind die auf Gott gesetzten Hoffnungen sowie die Gebete; sind sie von rechter Art, so können sie nicht ohne Wirkung sein. Verschmäht also die Laster, pflegt die Tugenden, erhebt den Geist zu rechten Hoffnungen, richtet demütige Gebete nach oben! Es ist euch, wenn ihr sie nicht verleugnen wollt, die dringende Notwendigkeit zur Rechtschaffenheit auferlegt worden; denn ihr lebt vor den Augen eines alles wahrnehmenden Richters.

Erstes Buch

1. Durch Xenophanes aus Kolophon um die Mitte des 6. Jahrhunderts v.Chr. in Elea in Unteritalien begründet und durch seinen bedeutenderen Schüler Parmenides (vgl. Anm. III, 23 und IV, 8) weiter entwickelt, stellt die Schule der Eleaten die erste der später so zahlreichen griechischen Philosophenschulen dar. Xenophanes bemüht sich, die Religiosität seiner Zeit zu veredeln, und ist ein abgesagter Feind der homerischen Mythologie. Für ihn ist es ein Sakrileg, daß man den Göttern irdische Unzulänglichkeiten zuschreibe; und die ihm unverständliche Tatsache, daß die Menschen ihren Gottheiten menschliche Gestalt verleihen, veranlaßt ihn zu der bissigen Folgerung, daß sich die Ochsen, wenn sie Götter hätten und ihnen Gestalt geben wollten, entsprechend verhalten müßten. Die höchste Gottheit ist für ihn das ewige, unbewegliche Sein, unentstanden und unwandelbar; ihrem Wesen ist nicht durch mystisches Schauen, sondern allein durch rationales Denken beizukommen, und auch dann nur annäherungsweise; denn alle irdische Wahrheit kommt über Scheinwahrheit nicht hinaus.

Parmenides, um 540 geboren, setzt in einem in Fragmenten erhaltenen Lehrgedicht »Die Natur« die Gedanken seines Lehrers fort. Er unterscheidet eine auf trügerische Sinneswahrnehmung und Meinung beruhende Scheinwelt von dem alleinigen, wahren Sein, das durch das Denken erkennbar, ja mit ihm identisch ist. Dieses höchste Sein ist für ihn, wie schon für Xenophanes, unentstanden und unvergänglich, und er vergleicht es, gleichsam als könne er in seiner subtilen Gedankenwelt ohne eine plastische Vorstellung doch nicht auskommen, einer »allseitig wohlgerundeten Kugelgestalt«; wir werden im dritten Buche sehen, wie dieses alleinige, höchste Seiende der alleinigen höchsten Gottheit von Boethius gleichgesetzt wird.

2. Die Akademie Platons (vgl. Einleitung) hat ihren Namen daher, daß Platon seine Schule nahe dem heiligen Hain des athenischen Heros Akademos gründet. Aus dieser Schule geht Aristoteles als ihr nächst dem Gründer angesehenstes Mitglied hervor; er wird Erzieher Alexanders des Großen und gründet später in Athen die philosophische Schule der Peripatetiker (384–322).

3. Die Sirenen sind Fabelwesen mit Vogelleibern und Jungfrauenköpfen. Sie locken die vorüberfahrenden Schiffer durch verführerischen Gesang an und saugen ihnen die Lebenskraft aus; weshalb Odysseus, als er auf der Heimreise von Troia die gefährliche Stelle passiert, seinen Gefährten die Ohren zustopft und sich selbst am Mastbaum festbinden läßt. (Vgl. Odyssee 12, 36ff.)

4. Hesperisches Meer = Westmeer, nach dem griech. ἕσπερος = Abend, Westen, Abendstern; lat. Vesper. (Vgl. Anm. I, 23.)

5. Lethargie = Teilnahmslosigkeit. Das Wort geht zurück auf den Namen des Unterweltflusses Lethe, aus dem die Verstorbenen trinken, um die Erinnerung an ihr irdisches Dasein zu verlieren.

6. Corus (auch Caurus) = Nordwestwind.

7. Boreas = Nordwind. – Das nördlich von Griechenland gelegene, westlich von Makedonien und östlich vom Schwarzen Meer begrenzte Thrakien gilt bei den Griechen als kaltes, barbarisches Land. (Vgl. Anm. III, 25.)

8. Phöbus (griech. Phoibos) = der Reine, Lichte ist Beiname Apollons. In der späteren Mythologie wird Phoibos Apollon dem Sonnengott Helios (lat. Sol) gleichgesetzt.

9. Sokrates, die eindrucksvollste philosophische Persönlichkeit des Altertums, wird durch die von ihm bekämpften Sophisten sowie durch die Demokraten der Gottlosigkeit und der Verführung der Jugend bezichtigt und trinkt nach seiner Verurteilung im Jahre 399 v.Chr. gelassen den Schierlingsbecher. Sein Andenken ist durch Platon und Xenophon bewahrt worden.

10. Die epikureische Schule wird um 300 v.Chr. von Epikur in

einem Garten in Athen begründet. Ihre Lehre zielt ab auf die Glückseligkeit und die Lust als auf das höchste irdische Gut. Aber diese Zielsetzung bedarf einer Erläuterung und Epikur selbst einer Ehrenrettung, zumal ihn schon das Altertum, vielleicht aufgrund vereinzelter Auswüchse, mißversteht und seine Lehren auf die niedrige Ebene des bloß Sinnlichen herabzieht, wobei der Leser an Horazens gutgelauntes »Epicuri de grege porcum« denken mag. Und auch Boëthius steht, wie wir am Anfang des dritten Buches sehen, dieser Auffassung recht nahe. Es widerspricht ihr aber allein schon der Wahlspruch Epikurs: λάθε βιώσας, zu deutsch: Lebe in der Zurückgezogenheit! Das ist eine gewiß etwas individualistische, aber einem rechten »Epikureer«, wenn wir nach heutiger Gepflogenheit einen heiteren, unbeschwerten Genußmenschen darunter verstehen wollen, keineswegs zumutbare Forderung; denn ihre Befolgung gewährleistet ja durchaus nicht die Befriedigung platter Lustbedürfnisse. Sie schließt vielmehr nach dem Willen und der Ansicht Epikurs die wahre Freiheit ein: das Freisein nämlich von Schmerz im weiteren Sinne, das Freisein von Gemütsunruhe, von äußerer Beeindruckung, von Ämtern, von der Politik, von der Ehe sogar, und nicht zuletzt das Freisein von der Weltangst. In unserer von Ängsten vielfacher Art gekennzeichneten gegenwärtigen Welt wahrhaftig eine einleuchtende Vorbedingung menschlicher Glückseligkeit.

11. Die philosophische Schule der Stoiker wird von dem sog. jüngeren Zenon aus Kition auf Zypern um 300 v. Chr. zu Athen in der Stoa Poikile, der Bunten (mit Wandbildern ausgestatteten) Säulenhalle, begründet und von Chrysippos gründlich ausgebaut. In der mittleren Stoa durch Panaitios und Poseidonios ihrer anfänglichen Herbheit entkleidet, wird die Lehre in der Zeit der jüngeren Stoa, besonders durch Epiktet und Marc Aurel, zur wesentlich praktischen Tagesmoral. – Ihre Grundansicht: Es gibt nur *ein* Gut, die Tugend, und nur *ein* Übel, die Schlechtigkeit. Ihre Grundforderung: Lebe in Übereinstimmung mit der Natur und mit deiner vernünftigen Einsicht. Ihr Grundanliegen: die

Ataraxie, die Nichtbeeinflußbarkeit durch äußeres Geschehen, und die Apathie, die Unbestimmbarkeit des seelischen Lebens durch ungebändigte Triebe und Affekte.

12. Anaxagoras lebt von 500 bis 428 in Athen. Er wirkt aufklärend gegen Aberglauben, bemüht sich um verständige Deutung von Naturereignissen und lehrt einen unpersönlich gedachten Weltordner, den Nous. Wegen Asebie (d.i. Gottlosigkeit) wie später Sokrates angezeigt und verurteilt, kann er sich auf Verwendung des mit ihm befreundeten Perikles der Todesstrafe entziehen. Er stirbt als Verbannter in Lampsakos am Hellespont.

13. Es handelt sich hier nicht um den Begründer der Stoa, sondern um den älteren Zenon, der der eleatischen Schule angehört und ein Schüler des Parmenides ist. Nach einer nicht sicher verbürgten Nachricht findet er in den Wirren einer Verschwörung einen grausamen Tod durch einen Tyrannen Nearchos.

14. Der Stoiker Canius wird auf Befehl des römischen Kaisers Caligula (37 bis 41) hingerichtet und legt dabei, wie Seneca zu berichten weiß, ein eindrucksvolles Zeugnis für die stoische Ataraxie ab. – Lucius Annaeus Seneca, der Jüngere, schrieb außer neun Tragödien hauptsächlich Popularphilosophisches in stoizistischem Geiste. Berühmt ist seine »Apokolokyntosis« = Verkürbissung, eine giftige Satire auf den kurz vorher ermordeten Kaiser Claudius (41–54), den Gemahl der Messalina und später der Agrippina. Als Erzieher Neros, des Sohnes der Agrippina, nach dessen Regierungsantritt zunächst einflußreich, wird Seneca im Jahre 65 durch Nero (54–68) wegen vorgeblicher Beteiligung an einer Verschwörung gegen ihn zum Selbstmord gezwungen. – Barea Soranus zeichnet sich unter Nero als Proconsul in Kleinasien durch seine Gerechtigkeitsliebe aus und wird Nero dadurch nur verdächtig. Unlauterer ehrgeiziger Bestrebungen bezichtigt, werden Soranus und seine Tochter Servilia hingerichtet. (Vgl. Tacitus, Annalen 16, 23–33.)

15. Boethius zitiert hier die griechische sprichwörtliche Redensart ὄνος λύρας = »der Esel der Leier«. So pflegt man damals zu sagen, wenn ein Mensch irgendeiner Situation so teil-

nahmslos oder abwehrend gegenübersteht wie der als unmusikalisch geltende Esel dem Klang der Leier.

16. Vgl. Ilias I, 363.

17. Vgl. Platons »Staat« V 18, p 473 D.

18. Campanien: Ebenes, sehr fruchtbares Land an der Westküste Italiens, um den Golf von Neapel. Hier liegen die durch den Vesuvausbruch vom 24. August 79 n.Chr. verschütteten Städte Pompeii, Herculaneum und Stabiae. Noch heute wird das reiche Land La Campagna felice genannt.

19. Der Praefectus praetorii (= praetorio), ursprünglich allgewaltiger Vorsteher der kaiserlichen Leibgarde, ist zur Zeit des Boëthius nur noch oberster Beamter der zivilen Behörden. (Vgl. Anm. III, 4).

20. Der römische Consul gehört nach Ablauf seiner Amtsperiode dem Senat als sog. Consular an.

21. Gemeint ist Epikur.

22. Pythagoras, griechischer Philosoph und Mathematiker, dem der bekannte Pythagoreische Lehrsatz zugeschrieben wird, lebt um 580 bis 500 v.Chr. und gründet in Kroton in Unteritalien den philosphischen, sittlich-religiös gerichteten Bund der Pythagoreer. Pythagoras genießt hohe Verehrung, wird allmählich fast zu einer legendären Gestalt und wirkt über die sog. Neupythagoreer, die seine Lehren um die Zeitenwende herum wieder aufleben lassen, bis auf den Neuplatonismus, dem auch Boëthius angehört.

23. Lucifer (vom griech. Phosphoros) = Lichtbringer oder Morgenstern heißt der Planet Venus, wenn er vor Sonnenaufgang im Osten zu sehen ist, und Hesperos = Abendstern, wenn er abends am Westhimmel steht. Schon die Alten erkennen beide als *einen* Stern. Die auffallende Übertragung der Bezeichnung Lucifer auf den Teufel, der doch der »Fürst der Finsternis« ist, soll auf allegorische Auslegung einer alttestamentlichen Bibelstelle (Jesaias 14,12) zruückgehen.

24. Der Zephir ist der milde Westwind, der den Frühling bringt.

25. Am nördlichen Himmel liegt in der Nähe des Großen Bären (im Altertum spricht man aus mythologischen Gründen mit Vorliebe von der Großen und der Kleinen Ursa = Bärin) das Sternbild Bootes (= Ochsentreiber), in dem sich der Arcturus als Stern erster Größe befindet; er bringt die Herbststürme.

26. Der Sirius, der hellste aller Fixsterne, liegt im Sternbild des Großen Hunds, weshalb er Hundsstern genannt wird. Er leitet die sog. Hundstage, von Ende Juli bis Ende August, ein.

27. Vgl. Ilias II, 204.

28. Im Sternbild des Krebses = im heißesten Sommer.

29. Ceres (= griech. Demeter) ist die Göttin der Fruchtbarkeit der Felder.

30. Bacchus (= griech. Bakchos oder Dionysos) ist der Gott des Weines. Die unübliche, aber richtige Aussprache des lateinischen Namens erkennt man am besten aus seiner griechischen Schreibweise.

Zweites Buch

1. Fortuna, die römische Göttin des Glücks, des Schicksals, des Zufalls, wird unter den verschiedensten Beinamen hoch geehrt. Sie entspricht der schon von Hesiod erwähnten griechischen Glücksgöttin Tyche.

2. Der hier (wie im 11. Gedicht des III. Buches) verwendete sog. Hinkjambus (griech. Choliambos), nach seinem Erfinder, Hipponax aus Ephesos, 6. Jahrhundert v. Chr., auch Hipponakteischer Vers genannt, besteht aus fünf Jamben und einem Trochäus. Dadurch kommt in den Vers etwas Überraschendes, Aufschreckendes oder auch Lähmendes. Der groteske Vers wird deshalb z. B. von Catull (vgl. Anm. III, 1) verwendet, wenn er etwa seine zerrissenen Gefühle deutlich zu machen wünscht (vgl. »Miser Catulle, desinas ineptire«). Mag dieser Hinkiambos auch nicht eben schön sein, so läßt sich doch nicht verkennen, daß sich durch sparsame und geschmackvolle Vornahme eines Rhythmuswechsels beträchtliche Wirkungen erzielen lassen, und zum Inhalt

des hier vorliegenden Gedichtes des Boethius paßt er jedenfalls ausgezeichnet. Man vergleiche, wie Eduard Mörike, nächst Goethe doch wohl unser feinster Verskünstler, das Erschrecken des »Verlassenen Mägdleins« malt, indem er in der entscheidenden Strophe auf drei von Daktylen gebildete Verszeilen die vierte mit einem plötzlichen Wechsel des Rhythmus folgen läßt:

> Plötzlich da kommt es mir,
> treuloser Knabe,
> daß ich die Nacht von dir
> geträumet habe.

3. Der Euripos ist eine schmale Meerenge zwischen dem griechischen Festlande (Böotien) und der Insel Euböa.

4. Croesus (= Kroisos), durch Reichtum berühmter lydischer König im 6. Jahrhundert v.Chr., unterliegt im Kampfe gegen den Perserkönig Cyrus (= Kyros); an ihn richtet Solon, einer der Sieben Weisen, die bekannten mahnenden Worte, daß niemand vor seinem Tode glücklich gepriesen werden dürfe. (Herodot I, 86.)

5. Lucius Aemilius Paulus der Jüngere, mit dem Beinamen Macedonicus, römischer Feldherr, besiegt 168 v.Chr. bei Pydna den König Perseus von Makedonien entscheidend und nimmt ihn gefangen.

6. Vgl. Ilias XXIV, 527–528.

7. Die höheren römischen Beamten hatten das Vorrecht, in Rom einen Wagen (= currus) zu benutzen und bei der Ausübung ihres Amtes auf der sella curulis, einem lehnenlosen und mit Elfenbein verzierten Stuhl, zu sitzen.

8. Vgl. hierzu Goethe, Sprüche in Reimen:
»Der Mensch erfährt, er sei auch, wer er mag,
ein letztes Glück und einen letzten Tag.«

9. Der Auster ist der Südwind.

10. Der Aquilo ist der Nordost- oder auch Nordwind.

11. Der Eurus ist der Südostwind.

12. Die Serer sind ein durch Seidenfabrikation bekannter, im westlichen China ansässiger Volksstamm des Altertums.

13. Tyros ist eine alte, durch Glas- und Purpurherstellung berühmte phönizische Inselstadt an der Küste Syriens.

14. Die älteste Periode der römischen Geschichte, die zum größeren Teile noch im Dunkel der Sage liegende Königszeit, endet um 510 v.Chr. mit der Vertreibung des letzten, tyrannischen Königs Tarquinius Superbus und seiner verhaßten Sippe. Die Erinnerung daran erlischt bei den Römern niemals völlig, so daß Senat und Volk selbst einem Caesar (100–44 v.Chr.) die Wiederaufnahme der Königswürde versagen. Die große Zeit der römischen Geschichte ist die der um 510 begründeten Republik. Als auch sie schließlich trotz aller Reformbestrebungen verfällt, ist die Zeit reif für das im Jahre 31 v.Chr. beginnende Kaisertum. Über dessen Ende vgl. die Einleitung.

15. Busiris ist ein grausamer König von Ägypten, der die Gewohnheit hat, die Fremden, die sein Land besuchen, zu töten. Er wird von Hercules erschlagen. (Vgl. Anm. IV, 13.)

16. Marcus Atilius Regulus, römischer Consul, versucht im Ersten Punischen Kriege (264–241), in dem er zunächst siegreich ist, Karthago zu nehmen, wird aber geschlagen und gefangen genommen. Von den Karthagern nach Rom gesandt, um dort für den Frieden zu reden, tut Regulus das Gegenteil des ihm Aufgetragenen und wird, als er auf sein Wort nach Karthago zurückkehrt, dort grausam hingerichtet. Das Andenken an diese gewiß von der Sage ausgeschmückte, aber altrömische virtus durchaus kennzeichnende Begebenheit hat Horaz in der Ode III, 5 aufbewahrt.

17. Nero, römischer Kaiser von 54 bis 68 n.Chr., begabt, kunstliebend, eitel. Auf sein Schuldkonto kommen der Muttermord, die Christenverfolgung und gewiß auch der Brand Roms. Er baut das berühmte Goldene Haus, einen gewaltigen, mit verschwenderischer Pracht ausgestatteten Palast. Als ein Aufstand gegen Nero ausbricht, tötet er sich mit den Worten: »Welch ein Künstler stirbt in mir!« (Vgl. Anm. I, 14 und IV, 7.)

18. Die septem triones, die sieben Pflugochsen, bezeichnen das Sternbild des Großen Wagens (des Großen Bären) in der Nähe

des Nordpols; deshalb wird der Name metonymisch für »Norden« gebraucht. Im Französischen und im Englischen heißt noch jetzt septentrional nördlich. (Vgl. Anm. I, 25.)

19. Der Notus ist der Südwind.

20. Die strenge Begriffsunterscheidung, die wir heute zwischen Astronomie = Sternkunde und Astrologie = Sterndeutung machen, ist dem orientalischen Altertum als der eigentlichen Heimat dieser Wissenschaft noch fremd, und Forschung und Aberwitz gehen noch einträchtig nebeneinander her. Erst die Griechen sind um eine gesonderte wissenschaftliche Astronomie bemüht.

21. Klaudios Ptolemaios, im 2. Jahrhundert n. Chr. in Alexandria bedeutender Mathematiker, Geograph und Astronom, dem allerdings zuzuschreiben ist, daß die den Griechen schon seit dem 3. Jahrhundert v. Chr. bekannte Lehre vom heliozentrischen Weltsystem durch die von dem längst überholten geozentrischen abgelöst wird. Durch Copernicus (1473–1543) muß das wieder in Ordnung gebracht werden.

22. M. Tullius Cicero, berühmtester römischer Schriftsteller und Redner, geb. 106 v. Chr., wird ein Jahr nach der Ermordung seines Gegners Caesar (44 v. Chr.) gleichfalls umgebracht. Die von Boethius zitierte Stelle findet sich in der Schrift »De re publica« VI Kap. 20 § 22.

23. Die Parther sind ein Reitervolk aus der Gegend östlich des Kaspischen Meeres; sie werden seit dem 1. Jahrhundert v. Chr. in Kämpfe mit den Römern verwickelt, denen sie auch in den beiden ersten nachchristlichen Jahrhunderten noch zu schaffen machen. (Vgl. das erste Gedicht des fünften Buches.)

24. Auf diese Stelle führt man (Hermes 42, 159) die bekannte Redensart »Si tacuisses, philosophus mansisses« zurück, auf deutsch: Hättest du geschwiegen, wärest du Philosoph geblieben.

25. Gaius Fabricius Luscinus, römischer Consul und Legat im 3. Jahrhundert v. Chr., ist durch Unerschrockenheit, Unbestechlichkeit und strenge Rechtschaffenheit berühmt und ringt selbst

seinem großen Gegner, dem König Pyrrhos von Epeiros, höchste Bewunderung ab. Er ist beteiligt an den beiden Schlachten bei Herakleia (280) und Ausculum (279), in denen Pyrrhos zwar siegt, aber ungeheure Verluste erleidet (= »Pyrrhussieg«).

26. Boëthius will an dieser Stelle, wie aus dem Zusammenhang hervorgeht, drei wirklich ruhmvolle Namen nennen. Gemeint sein dürfte L. Iunius Brutus, der nach der Vertreibung des letzten römischen Königs um das Jahr 510 v.Chr. der erste Consul ist und sich durch seine Rechtlichkeit und Strenge sowie durch seinen heldenhaften Tod bekannt macht.

27. M. Porcius Cato, der sog. ältere Cato mit dem Beinamen Censorius, 234–149 v.Chr., Schriftsteller, Redner, Historiker und Staatsmann, typischer Vertreter eines starren Römertums. Von ihm ist am bekanntesten sein uns von Plutarch überliefertes »Ceterum censeo«, mit dem er vor dem 3. Punischen Kriege (149–146) jede seiner Reden schließt: »Im übrigen bin ich der Meinung, daß Karthago zerstört werden müsse.« Über einen gleichnamigen Nachkommen Catos vgl. Anm. IV, 7.

28. Horaz erwähnt in carm. I 35, 17ff., wo er von den Attributen der »saeva Necessitas«, der schrecklichen Göttin der Notwendigkeit, des Verhängnisses, spricht, auch ihren grausamen Haken (»nec severus uncus abest«). Er denkt hierbei wohl an den uncus, mit dem Verurteilte zur Richtstätte geschleift werden.

29. Phoebe = Schwester des Phöbus (vgl. Anm. I, 8), heißt ursprünglich Artemis (lat. Diana) und führt den Namen Phöbe (griech. Phoibe) als Mondgöttin.

Drittes Buch

1. Gaius Valerius Catullus, ca. 87 bis 54 v.Chr., gewandter, ewig verliebter Dichter höchst anmutiger Verse (vgl. Anm. II, 2), aber auch treffsicherer Spötter und insbesondere ausgesprochener Caesargegner. Bei dem von ihm angegriffenen Nonius dürfte es sich nicht um Nonius Sufenas handeln, der als Volkstri-

bun kein curulisches Amt innehat, sondern wahrscheinlicher um einen anderen Zeitgenossen Catulls, den zu curulischer Würde aufsteigenden, seine Laufbahn unter Caesar als Legat in Afrika und Spanien beginnenden Nonius Asprenas.

2. Bei Ennodios, dem Bischof von Pavia 513–521, der eine Lobschrift auf Theoderich verfaßt, findet sich Decoratus, der vor 524 stirbt, als Advocatus und Quaestor erwähnt.

3. In der römischen republikanischen Zeit sind die beiden Praetoren, die später Consuln heißen, ursprünglich die obersten Beamten der Staatsverwaltung. In der Folgezeit werden sie zu hohen richterlichen Beamten. In der Kaiserzeit vollends verringern sich ihre Aufgaben und ihre Geltung in demselben Maße wie sich ihre Zahl vermehrt.

4. Während der Inhaber des alten, hohen Amtes eines Stadtpräfekten von Rom (= praefectus urbi) u. a. auch die Oberaufsicht über das Marktgebaren und die Getreideversorgung ausübt, wird diese Aufgabe später einem besonderen, subalternen »Getreideaufseher« übertragen, der bei Livius praefectus annonae heißt (die annona ist die staatlich magazinierte Getreidereserve) und bei Tacitus als praefectus rei frumentariae bezeichnet wird (res frumentaria = das Getreidewesen, der Proviant).

5. Wie Cicero in den Tusculanen erzählt, wird Dionysios, seit 405 v. Chr. Tyrann von Syrakus von dem Schmeichler Damokles wegen seines (scheinbar) ungetrübten Glückes gepriesen, bis ihm Dionysios die Fragwürdigkeit dieses Glückes beweist, indem er Damokles an glänzender Tafel speisen läßt, während über dessen Haupte ein an einem Pferdehaar befestigtes scharfes Schwert hängt.

6. Caracalla, römischer Kaiser von 211 bis 217 n. Chr., grausamer, verschwenderischer Herrscher, ermordet seinen Halbbruder und Mitregenten Geta im Jahre 212 und läßt auch den Hofjuristen Papinianus, der den Mord mißbilligt, umbringen.

7. Der griechische Forschungsreisende Pytheas von Massilia besucht auch das nördliche Europa und kommt bis zu den englischen Inseln und zur »ultima Thule«, worunter man sich –

wenn nicht eine der Shetlandinseln – mit Vorbehalt die Insel Island zu denken hat.

8. Vgl. Euripides: Andromache 319–320.

9. Vgl. Euripides ebendort 418–420.

10. Lynkeus ist einer der fünfzig Argonauten, die das Goldene Vlies aus Kolchis nach Griechenland holen. Seine scharfen Augen durchdringen selbst die Steine. Horaz spricht von den »Lyncei oculi«, und Goethe im Faust II nennt den Turmwächter in Fausts Burg Lynkeus (»Zum Sehen geboren, zum Schauen bestellt...«).

11. Alkibiades, ein schöner, ehrgeiziger Jüngling von altem Adel; Platon entwirft ein Bild von ihm in seinem »Symposion«. Alkibiades wird von Perikles erzogen, von Sokrates sehr geliebt. Nach mannigfachen politischen Irrungen und Wirrungen muß Alkibiades schließlich ins Exil gehen. Im Jahre 404 v. Chr., wenige Jahre vor dem Tode seines Lehrers Sokrates, wird er durch die Perser ermordet.

12. Das Tyrrhenische Meer ist der zwischen Italien, Sizilien, Sardinien und Korsica liegende Teil des Mittelmeeres. Es hat seinen Namen von dem alten, wohl aus Kleinasien eingewanderten, das Meer westlich von Italien beherrschenden Volk der Etrusker (oder Tusker, vgl. Toscana), die griechisch Tyrrhenoi heißen.

13. Platons »Timaios«, von jeher als eines seiner tiefsten und schwierigsten Werke angesehen, beschäftigt sich, auf pythagoreischen Gedanken fußend, mit dem Problem der Erschaffung der Welt und ist Boëthius offenbar gut bekannt.

14. Diese Stelle zeigt ganz besonders deutliche Anklänge an neuplatonische Gedankengänge, und zwar vorzüglich an die berühmte Emanationslehre Plotins: Das höchste, unwandelbare Wesen, das Ur-Eine, strahlt, ohne selbst an seiner unausschöpfbaren Substanz zu verlieren, in immer abgeschwächterer, weil weiter von ihrem Ursprung sich entfernender Kraft alles Bestehende aus. Die nächstliegende und somit höchste Emanationsstufe stellt den Nous, den Weltgeist, dar, unter dem man sich, wenn man es platonisch ausdrücken will, die Gesamtheit und den Inbegriff der

Ideen zu denken hat. Die zweite und somit wertmäßig mindere Emanationsstufe bringt die Weltseele hervor, die die Einzelseelen umfaßt. Diese bilden die psychische Welt und stehen als solche immer noch hoch über der materiellen. (In einem anderen Zusammenhange, aber durchaus im Sinne Plotins, drückt Boëthius dies im fünften Buche so aus: »Die menschlichen Seelen... sind zwar ziemlich frei, solange sie in der Betrachtung des göttlichen Geistes verharren; weniger dann, wenn sie in die Substanz abgleiten« usw.) Die dritte und unterste Stufe wird also durch die physische, materielle Welt gebildet. Wird ihr zwar ein wirklicher Wert abgesprochen, so ist sie dennoch nach Plotins Ansicht in die kosmische Harmonie eingegliedert, und der in sie abgesunkenen Seele bleiben Möglichkeit und Fähigkeit erhalten, zum Ur-Einen zurückzufinden, wozu ihr die Ekstase, d.i. die Verzückung, die mystische Versenkung, verhilft. »Gnädig führst du erleuchtet zurück, die zu dir sich bekennen«, sagt Boëthius.

15. Das corollarium (= griech. porisma) ist ein Zusatz oder Anhang, im besonderen eine Anweisung, aus gegebenen Stücken andere zu erschließen.

16. Der Tagus ist ein Fluß auf der Pyrenäischen Halbinsel und heißt heute in Spanien Tajo und in Portugal, wo er bei Lissabon in den Atlantischen Ozean mündet, Tejo. Antike römische Dichter wissen zu berichten, daß er goldsandhaltig sei.

17. Der Hermus ist ein kleinasiatischer Fluß, der gleichfalls als goldhaltig gilt. Er kommt aus Phrygien und mündet in den Sinus Hermaeus (heute: Meerbusen von Izmir/Türkei).

18. Der Indus ist ein bedeutender Strom im westlichen Vorderindien; er mündet in das Arabische Meer.

19. Über den Hinkjambus, der hier vorliegt, vgl. Anm. II, 2.

20. Platons Lehre von der ἀνάμνησις oder Rückerinnerung geht auf seine bekannte Ideenlehre zurück. Er versteht unter den Ideen die unwandelbaren, ewigen Urbilder alles (konkreten und abstrakten) Seienden, wie sie die Seele einst geschaut, nach ihrem Eingang in den irdischen Leib aber wieder vergessen hat. Alle von nun an erworbene Erkenntnis ist also nichts anderes als

Wiedererinnerung oder Anamnesis. (Vgl. den Phaidros, den Phaidon sowie den Menon.) Diese Ideenlehre, das Hauptstück der platonischen Philosophie, ist vom Neuplatonismus wieder aufgenommen worden, und so bekennt sich auch Boëthius zu der sich aus ihr ergebenden Theorie von der Anamnesis, die er (vgl. den Schluß des vierten Gedichts im fünften Buche) der ganz andersartigen, der Folgezeit allerdings leichter eingehenden Lehre der Stoiker schroff gegenüberstellt.

21. Die Gigantomachie, d.i. der Kampf des wilden Riesenge-schlechts der Giganten gegen die Götter, von denen sie besiegt werden, ist ein oft behandeltes Thema der Kunst.

22. Labyrinthe, das sind mehr oder weniger sagenhafte Bau-werke mit einem verzwickten System von Gängen und Räumen, aus denen man nicht herausfindet, werden von verschiedenen antiken Schriftstellern erwähnt. Plinius zählt deren vier auf. Be-kannt ist die Sage vom Ariadnefaden: In einem Labyrinth auf Kreta haust der Minotaurus, ein stierköpfiges, menschenfressen-des Ungeheuer. Theseus, ein durch Stärke und Tapferkeit ausge-zeichneter Held, unternimmt es, in das Labyrinth einzudringen, und erschlägt den Minotaurus. Mit Hilfe eines ihm von Ariadne, der Tochter des kretischen Königs Minos, geschenkten und von ihm am Eingang des Labyrinths befestigten Fadens tastet sich Theseus glücklich wieder heraus.

23. Hierüber spricht Platon im Sophistes 244 E. (Über Parme-nides vgl. Anm. I, 1.)

24. Mit dieser Frage befaßt sich Platon im Timaios. Und im Kratylos erörtert er das Problem, ob die Worte der Sprache aus der Natur der bezeichneten Dinge oder nur aus menschlicher Konvention herrühren; er löst es, indem er weit über diese zuerst in der Sophistik auftretende Fragestellung hinausgeht.

25. Thrakiens Sänger (vgl. über Thrakien Anm. I, 7) ist Or-pheus, der Sohn der Muse Kalliope. Von Apollon mit einer wunderbaren Leier beschenkt, bezaubert er alle Wesen durch seinen Gesang. Als seine Gattin Eurydike an einem Schlangenbiß stirbt, begibt sich Orpheus in die Unterwelt, um sie zurückzuho-

len. Wie es ihm dort ergeht, schildert das vorliegende Gedicht, das nur dahin zu berichtigen ist, daß es nicht Hades ist, der Eurydike freigibt, sondern seine Gemahlin Persephone, und daß Orpheus nicht in der Unterwelt stirbt, sondern daß er in seiner thrakischen Heimat, weil hinfort allen Frauen abhold, von bacchantischen Weibern zerrissen wird.

26. Tainaros (oder Tainaron) ist ein Vorgebirge im Süden der Peloponnes; dort befindet sich der Eingang zur Unterwelt.

27. Der Eingang zur Unterwelt wird von dem dreiköpfigen Hund Kerberos bewacht. Im übrigen ist die Unterwelt von Flüssen umgeben, deren bekanntester die Styx ist, über die der Fährmann Charon die Verstorbenen überzusetzen hat.

28. Die Erinyen, auch Eumeniden genannt (lat. Furiae), sind die in der Unterwelt wohnenden Rächerinnen aller Untaten und deshalb gefürchtet und verhaßt. (Schiller: »Das furchtbare Geschlecht der Nacht.«)

29. Ixion, König des thessalischen Volkes der Lapithen, wird von Zeus, an dessen Gemahlin er sich hat vergreifen wollen, dazu verurteilt, in der Unterwelt ewig auf ein sich drehendes, glühendes Rad geflochten zu sein.

30. Um die Allwissenheit der Götter auf die Probe zu stellen, setzt ihnen bei einem Gastmahl der kleinasiatische König Tantalos seinen Sohn Pelops als Speise vor. Er muß das büßen, indem er in der Unterwelt ewig bis an den Mund im Wasser steht, während über ihm die köstlichsten Früchte hängen. Wenn er sich bückt, um zu trinken, weicht das Wasser zurück; dasselbe tun die Früchte, wenn er nach ihnen greift. Und so muß er immer Durst und Hunger erleiden: das sind die »Tantalusqualen«. (Vgl. Odyssee XI, 582.)

31. Weil sich der Riese Tityos an der Leto (= lat. Latona), die durch Zeus zur Mutter von Apollon und Artemis wird, vergehen will, wird er von den Geschwistern mit Pfeilen erschossen. Er liegt in der Unterwelt, und zwei Geier zerreißen ihm ständig die Leber. (Vgl. Odyssee XI, 576.)

32. Der Schatten Fürst heißt Hades (lat. Pluto; seine Gemahlin

Persephone heißt lateinisch Proserpina). Erst in nachhomerischer Zeit wird der Name des Hades auch auf die Unterwelt übertragen.

33. Während die ältere Mythologie unter dem Tartaros einen noch weit unterhalb der Schattenwelt liegenden weiten Raum versteht, wie ihn Zeus zur Einkerkerung der von ihm besiegten Titanen benutzt, wird er in späterer Zeit der Unterwelt gleichgesetzt.

Viertes Buch

1. Welcher von den der Antike bereits bekannten Planeten hier gemeint sein könnte, ist nicht mit Gewißheit festzustellen, doch mag einiges für Saturn sprechen.

2. Auf der Heimfahrt von Troia (vgl. Anm. I, 3) gelangt Odysseus mit dem letzten ihm verbliebenen Schiffe zu der Insel Aiaia, auf der die Zauberin Kirke (= Circe) wohnt. Während sie einen Teil der Gefährten des Odysseus in Schweine verwandelt, bleibt er selbst vermöge eines ihm von Hermes gespendeten Krautes davor bewahrt und kann Kirke auch zur Lösung des Zauberbanns zwingen. (Vgl. Odyssee X, 133ff.) Über den Sonnengott Helios, dessen Tochter Kirke ist, siehe Anm. I, 8.

3. Der Gott aus Arkadien ist Hermes (= Mercur), ein Sohn des Zeus und in Arkadien geboren. Er hat u.a. das Amt eines Götterboten inne und trägt als solcher Flügel an den Sohlen.

4. Die Schlußfolgerung (nach Aristoteles Syllogismus genannt) besteht in ihrer einfachsten Form darin, daß aus dem Urteil des Obersatzes und dem des Untersatzes, der beiden Prämissen, ein drittes Urteil, die Schlußfolgerung oder Conclusion, abgeleitet wird. Sind die Voraussetzungen der beiden Vordersätze oder Prämissen, so führt Boethius sehr richtig aus, einwandfrei zutreffend, so ist die Schlußfolgerung unwiderlegbar.

5. Hier wird offenbar an eine Mondfinsternis gedacht.

6. Vgl. Anm. IV, 13.

7. M. Annaeus Lucanus, römischer Dichter, 39–65 n.Chr.,

endet auf Befehl Neros durch Selbstmord. Er verfaßt ein Epos über den Bürgerkrieg zwischen Caesar und Pompeius, 49–46 v.Chr., das nach der für Caesar siegreichen Schlacht bei Pharsalus im Jahre 48 »Pharsalia« heißt. Die daraus von Boethius zitierte Stelle I, 128 lautet: »Victrix causa deis placuit, sed victa Catoni.« Der hier erwähnte Cato Uticensis ist der Urenkel des älteren Cato (vgl. Anm. II, 27); als Gegner Caesars faßt er dessen »siegreiche Sache« anders auf als die Götter.

8. Zu Parmenides, dem man diese Stelle zuschreiben muß, vgl. Anm. I, 1.

9. Vgl. Ilias XII, 176.

10. Dem Zeus der Griechen entspricht der oberste römische Gott Iuppiter (Iupiter), der gelegentlich den Beinamen Donnergott (Iuppiter tonitrualis oder bei Horaz; Iuppiter tonans) führt.

11. Agamemnon, der Sohn des Atreus, König von Mykenai in der Peloponnes, ist der griechische Oberbefehlshaber in dem sagenumwobenen, im Kern aber historischen zehnjährigen Troianischen Kriege, der ausgelöst wird durch den Raub der schönen Helena, der Gattin des Königs Menelaos von Sparta, des Bruders von Agamemnon, durch Paris, den Sohn des Königs Priamos von Troia. Als eine Windstille die Ausfahrt der griechischen Kriegsflotte aus dem Hafen Aulis in Böotien verzögert, muß sich der »Atride« auf Anraten des Sehers Kalchas dazu entschließen, seine Tochter Iphigeneia der Göttin Artemis zu opfern, die dann allerdings heimlich eine Hirschkuh an die Stelle der Jungfrau setzt und Iphigeneia in das Land der Taurer (d.i. die heutige Krim) entrückt und sie dort zu ihrer Priesterin macht. Diese Sage gibt dem im 5. Jahrhundert v.Chr. in Athen lebenden Dramatiker Euripides den Stoff für zwei Dramen: »Iphigeneia in Aulis« und »Iphigeneia bei den Taurern«. Man denke auch an Goethes »Iphigenie«.

12. Ein besonders aufregendes Abenteuer erlebt Odysseus (vgl. Anm. IV, 2) bei dem einäugigen, menschenfressenden Riesen Polyphem, der einige der Gefährten des Odysseus verschlingt, dann aber von diesem mittels eines spitzen, glühenden

Pfahles geblendet wird. Davon erzählt der IX. Gesang der Odyssee.

13. Von den berühmten zwölf Arbeiten, die Herakles auf Geheiß des Königs von Mykenai ausführt, zählt Boethius nur die folgenden sieben auf: Herakles raubt das Fell des Löwen von Nemea, erlegt die menschenfressenden Vögel am See Stymphalos, holt die goldenen Äpfel der Hesperiden, den Kerberos aus der Unterwelt und die menschenfressenden Rosse des thrakischen Königs Diomedes, tötet die neunköpfige Wasserschlange Hydra vom Sumpfe Lerna und greift den wilden Eber vom Berge Erymanthos. Von den Arbeiten, die Herakles zwischendurch erledigt, nennt Boethius fünf: Den Kampf mit dem Kentauren Pholos und dessen Gefährten, die Herakles verjagt (Kentauren haben Pferdeleiber und menschliche Oberkörper); den Kampf mit dem Flußgott Acheloos um Deianeira, die Herakles für sich gewinnt, nachdem sich Acheloos, besiegt und »an der Stirn entstellt«, nämlich des einen seiner Stierhörner beraubt, zurückgezogen hat; den Kampf mit dem Riesen Antaios, der, weil er bei Berührung der Erde immer wieder neue Kraft gewinnt, von Herakles in der Luft erdrosselt wird; den Kampf mit dem Riesen Cacus, der dem Herakles Rinder stiehlt und dafür erschlagen wird; dies ereignet sich bei der von Euandros aus Arkadien gegründeten Kolonie Palatium, die an der Stelle des späteren Rom liegt; Euandros stiftet dem Herakles zum Dank für die Befreiung von dem Unhold einen Altar, die Ara Maxima; und schließlich: an Stelle des Titanen Atlas, der ihm dafür die goldenen Äpfel der Hesperiden, seiner Töchter, verschafft, trägt Herakles das Himmelsgewölbe.

Fünftes Buch

1. Über Xenophanes, auf den dieser Satz zurückzuführen ist, vgl. Anm. I, 1.

2. Euphrat und Tigris entspringen nicht aus derselben Quelle, wohl aber nahe beieinander.

3. Hierzu vgl. die Ausführungen in Anm. III, 14.

4. Vgl. Ilias III, 277 und Odyssee XII, 323.

5. Mit diesen von Boëthius zitierten Worten (»Quidquid dicam aut erit aut non«), die Horaz Sat. II 5, 59 dem alten, blinden Seher Teiresias (lat. Tiresias) aus Theben in den Mund legt, macht sich der Dichter über die Seherkunst lustig. Bei Homer und bei Sophokles spielt Teiresias noch eine durchaus ernsthafte Rolle.

6. Vgl. das sechste Gedicht des vierten Buches am Schluß.

7. Obwohl Ciceros (vgl. Anm. II, 22) Schrift »De divinatione« eine Ergänzung zu einer vorhergehenden über das Wesen der Götter (De natura deorum) darstellt, recht instruktiv ist und bis auf eine Schrift des gelehrten Stoikers Poseidonios (vgl. Anm. I, 11) über die Seherkunst (περὶ μαντιχῆς) zurückgreift, bleibt in Rücksicht auf die hier von Boethius angestellten Untersuchungen dennoch zu bedauern, daß Ciceros Monographie »Über das Schicksal« (De fato) verstümmelt ist.

8. Über die Stoiker wird bereits oben in Anm. I, 11 gesprochen, und in Anm. III, 20 findet sich bei Erörterung der platonischen Anamnesis-Lehre ein vorläufiger Hinweis auf das in dem vorliegenden Gedicht von Boethius behandelte Problem. Der Vergleich mit einer Schreibtafel ist allerdings nicht eigentliches Eigentum der Stoa; er wird schon von Aristoteles verwendet, nur daß er den Griffel durch den Geist führen läßt und nicht, wie zu des Boethius Entrüstung die Stoiker wollen, durch die von außen kommenden Empfindungen und Wahrnehmungen. Die stoizistische Lehrmeinung übt indessen die nachhaltigere Wirkung auf die Philosophie des Mittelalters (»tabula rasa«) aus. Und

wenn Boethius gegen Ende des Gedichts immerhin zugeben
muß; »Wohl geht ihr [der Geisteskraft] die Empfindungskraft
des lebendigen Leibs vorauf«, so klingt das fast wie eine Vorweg-
nahme des philosophischen, die Pädagogik unserer Zeit stark
beeinflussenden Grundgedankens des englischen Empiristen
John Locke (1632–1704): »Nihil est in intellectu, quod non ante
fuerit in sensu«; zu deutsch: Nichts ist im Verstand, was nicht
vorher in den Sinnen gewesen wäre.

9. Weil man im Altertum zunächst auf Wachstafeln schreibt, so
ist der metallene Griffel (stilus) an dem einen Ende spitz, am
anderen abgeplattet, so daß die Schriftzeichen durch Plattdrük-
ken beseitigt und die Schreibtafeln zu abermaligem Gebrauch
geglättet werden können.

10. In seinem Bestreben, eine klare Unterscheidung der göttlichen Ewigkeit von der »Ewigkeit« des Kosmos herauszuarbei-
ten, wendet sich Boethius hier, wenn auch mit sichtlicher Behut-
samkeit, gegen die Autorität des Aristoteles und seine Theorie
von der zeitlichen Anfangs- und Endlosigkeit des Kosmos. Die
Frage nach der räumlichen Unendlichkeit wird auch von Aristoteles verneint.

11. Über Platons kosmologisches Werk Timaios, dem diese
und ähnliche Stellen hauptsächlich entstammen, vgl. Anm. III,
13.

12. Vgl. Anm. V, 11.

Philosophie
im insel taschenbuch

167/1/12.95

Philosophie
im insel taschenbuch